アルベルトゥス・マグヌスの感覚論

アルベルトゥス・マグヌスの感覚論

―― 自然学の基礎づけとしての ――

小林　剛著

知泉書館

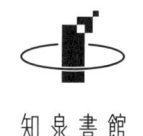

目　次

アルベルトゥス・マグヌスの感覚論

――自然学の基礎づけとしての――

序　論

一　自然学の根拠としての実体形相

アリストテレスは自身の『形而上学』Γ巻第五章で、ヘラクレイトスに従う人々の考えを紹介している[1]。彼らヘラクレイトス主義者たちによれば、自然界はその全体が絶えず運動変化しており、そのようなものについて真理を語ることはできない[2]。アリストテレスはこのような考えに対していくつか疑問に思われる点を提示する[3]。次のテキストはそのようなものの中の一つである。

引用一

> 量に即した運動変化と、性質に即した運動変化とは同じではない。だから（運動変化は）量に即してならとどまっていないだろうが、しかし我々は形相に即してすべてを知るのである[4]。

これだけでは何を意味しているのか非常に分かりにくい。しかしアルベルトゥス・マグヌスはここにこそまさに、上記のヘラクレイトス主義者たちの考えをめぐって浮かんでくる疑問全体の真の解決があると考えた[5]。それゆえ彼はこの箇所について、自身の『形而上学』で註解するだけでなく、この同じ著作の中で、アリストテレスの『形而上学』Γ巻第五章についての註解を終えた後、付論(digressio)と呼ばれる章を設け、特別にこの問題について詳しく検討している。[6]

アルベルトゥスはまず、引用一でアリストテレスが言っている「量に即した運動変化」とは、「質料〔素材〕の量に即した[7]」運動変化のことであると註解し、「質料の諸部分は、存在するものに流入・流出する[8]」と説明する。そのため付論の章でも、「量に即した」という表現を、「質料の諸部分、質料の諸部分の量の連続的な流入・流出に即した[9]」と言い換えている。一方、「性質に即した運動変化」とは、「本質的性質に即した[10]」運動変化のことであると註解し、「本質的性質」とは「ものの名、形象〔形相〕、内容を表すもの[11]」のことであると説明する。これは恐らく中世でよく言われる「固有性(proprietas, passio)」のことを指しているのであろう。さらに、「量に即してはとどまっていない」という部分の後に、「感覚可能な物体は、形象〔形相〕に即してはとどまっている[12]」という言葉を補っている。最後の「形相に即してすべてを知る」という部分については、「形相の現実態である存在が(中略)動かされず、数的に同じものにとどまっている[13]」ので、「事物について確かな何かを述語付けしたり、知ったりすることができる[14]」と註解している。そして付論の章では、述語付けされたり否定されたりするのは形相と存在だと述べている。[15]

以上のアルベルトゥスの解釈は、引用一よりは多少分かり易いかもしれないが、しかしこれだけではまだまだ、アルベルトゥスが具体的にどのようにこの箇所を解釈しているのか定かではない。引用一をめぐるアルベルトゥスの解釈をより明らかにするためには、アルベルトゥスがなぜこのような解釈をすることができるのか、その根拠を探る必要があると思われる。そのカギは、引用一の註解箇所の直後に出てくるアルベルトゥスの次の発言に隠されているように思われる。

引用二

だから我々は『生成消滅論』第一巻でも次のように述べたのである。すなわち、増大・成長するものにおいて、各部分は形相に即して成長・増大するのであって、質料に即してではない。なぜなら、各部分が流入・流出するのは形相と形相の存在のもとにおいてであり、形相と形相の存在は同一なもののままだからである。[16]

この箇所から、アルベルトゥスが「〔本質的〕性質に即した運動変化」の具体的な例として考えているのは、彼が自身の『生成消滅論』で語った増大・成長という運動変化であると解釈して良いと思われる。アルベルトゥスの『形而上学』のケルン版校訂者は引用二の箇所で、アルベルトゥスの『生成消滅論』第一巻第三論考第七章を参照箇所として挙げている。この箇所はアリストテレスの『生成消滅論』第一巻第五章を註解した部分である。それではまず、このアルベルトゥスの註解のもととなったアリストテレスのテキストを見てみることにしよう。

アリストテレスはこの箇所でまず、増大減少という運動変化の成立条件をいくつか挙げるが、その中で主要なものは次の三つであると思われる。

引用三

（1）増大する〔あるいは減少する〕当のものはとどまっていて、（2）何かが付け加わると増大が、何かが取り去られると減少が起き、（3）さらに、感覚されるどの小部分も、より大きくなるかより小さくなるかしている（カッコ内の数字は筆者）[17]。

そしてアリストテレスはこの主要三条件を踏まえながら、増大減少を「形相に即して」「質料に即して」という用語を用いて次のように説明する。

引用四

ところで、どの部分も増大する、しかも、何かが付け加わることによって形相に即して増大するということはあり得るが、しかし質料に即して増大するということはあり得ない。なぜなら、水を同じ尺度で測る場合のように考えなければならないからである。つまり、入ってくる水は常に別々のものなのである。肉という質料もこのようにして増大するのであって、それは、すべてどの部分にも付け加わるというのではなく、或る部分は取り去られ、或る部分は付け加わるのである。しかし形や形相はどの小部分にも付け加えられる[18]。

この二つのテキストを、アルベルトゥスのアリストテレス註解をもとに読み解いてみることにしよう。上述の通りアルベルトゥスは、アリストテレスが引用一で言う「量に即した運動変化」を「質料の量に即した運動変化」、つまり、質料の諸部分が、存在するものに連続的に流入する、あるいはそこから流出するのに即した運動変化のことであると解釈する。それをアルベルトゥスに従って、引用四で語られている水の例で言い換えれば、革袋など（水を測る「同じ尺度」の例としてアルベルトゥスは革袋を挙げる）[19]への水の連続的な流入、あるいはそこからの流出は或る意味で、質料の量に即した運動変化であると言うことが出来ると思われる。実際アルベルトゥスはこの箇所を、「流入・流出する水は、質料に即して語られる部分のようにして在る」[20]と註解している。同じく引用四の肉の例で言い換えるならば、身体器官への肉の連続的な付加・除去は或る意味で、質料の量に即した運動変化であるということが出来ると思われる。というのも、引用四の少し前の箇所で肉は、身体器官のような非同質的なものを構成する同質的なものの例として挙げられているからである[21]。

ところで、引用三でアリストテレスが語った、増大減少の主要三条件に従えば、増大減少は、今述べたような、アルベルトゥスが言うところの、質料の量に即した運動変化ではあり得ないということになると思われる。というのも、アルベルトゥスによれば、質料の量に即した運動変化において運動変化する当のものは、質料の諸部分、あるいはその量であり、引用四の例で言えば、革袋に入れられる水や、身体器官を構成する肉などである。しかしこれらは引用四で言われている通り「常に別々のもの」である。つまり、革袋に連続的に流入してくる、あるいはそこから流出していく水は時々刻々違う水であり、同様に、身体器官に連続的に付加されていく、あるいは連続的に取り除かれていく肉も時々刻々違う肉であろう。だが、引用三によれば、増大減少という運動変化をする当のものはとどまっていなければならないのである。

アリストテレスは引用四の冒頭で、「どの部分も、何かが付け加わることによって、形相に即して増大する」と述べているが、このうち「どの部分も」のところは、引用三における増大減少の主要三条件の（3）「感覚されるどの小部分も、より大きくなるかより小さくなるかしている」に当たると思われる。また「何かが付け加わることによって」のところは、同じく（2）「何かが付け加わると増大が〔起こり〕」に当たると思われる。それゆえ、「形相に即して」の部分は、（1）「増大する当のものはとどまっていて」に当たると解釈することができる。実際アルベルトゥスも引用二の最後のところで、各部分が流入・流出するとき、「形相と存在は同一なもののままである」と述べている。そして上述の通りアルベルトゥスは引用一の註解において、物体は形象〔形相〕に即してとどまっていると述べている。したがって、増大減少という運動変化において増大減少する当の物体は、形相と、その現実態である存在とがとどまっているのに即してとどまっているとアルベルトゥスは解釈していると思われる。さらに上述の通りアルベルトゥスは、「形相の現実態である存在が（中略）動かされず、数的に同じものとしてとどまっている」と言っているので、ここで「とどまっている」と言われているのは、数的に同じものとしてとどまっている、つまり、同じ一つのものとしてとどまっているという意味であり、革袋に流入する水や、身体器官に付け加わる肉のように、数的に異なるもの、ばらばらなものではないという意味であるとアルベルトゥスは解釈していると思われる。

　また、ここで「形相」と言われているものは、量や質や場所性などといった付帯性という形相ではなく、それら付帯性が内在するところの実体という形相、つまり実体形相のことであると思われる。実際アルベルトゥスは上述の通り「形相と形相の存在は同一なもののままである」と述べた箇所のすぐ後で、「しかし付帯性については同様ではない。なぜなら付帯性の存在は内在であって、それゆえ運動変化もするから[22]」と述べている。そしてその後、「〔ヘラクレイトス主義者たちが〕まったくもって誤った原因は、実体形相を知らず、ただ質料だけしか知らなかったからである[23]」と述べている。さらに、引用三における増大減少の主要条件（1）「増大する当のものはとどまっていて」を註解しているところでも、「実体的な存在と内容において[24]」という言葉を補っているのである。

　以上のことをすべて踏まえて、引用一のアリストテレスのテキストを、アルベルトゥスが具体的にどのように解釈しているのか、もう一度整理しておくことにしよう。「量に即した運動変化」とは、物体の質料（素材）の諸部分が連続的にその物体に流入したり、そこから流出したりすることである。それはたとえば水が革袋に流入したり、そこから流出したり、肉が身体器官に付加されたり、そこから除去されたりするのと同様である。これは「性質に即した運動変化とは同じではない」。つまり、物体の実体形相や、それを表す固有性に即した運動変化ではない。というのも、物体は「量に即してはとどまっていない」。つまり、連続的に流入・流出して来る物体の質料の諸部分は時々刻々異なるものであり、ばらばらであり、同じ一つのものとしてとどまってはいない。それに対して、実体形相や固有性に即して運動変化している物体そのものは、実体形相や、実体形相の現実態である存在が同じ一つのものとしてとどまっているのに即して、同様に同じ一つのものとしてとどまっているからである。それゆえ、そのように物体の同一性を保っている物体の実体形相やその現実態である存在を物体に述語付けしたり、それを否定したりすることによって、物体について確かな何かを知ることが出来るのである。

二　実体形相の原理としての天体

アルベルトゥスは、主として引用一の問題を詳しく扱っている上述の付論の章において、引用一についての自身の解釈を簡単にまとめた後[25]、そこからさらに浮かんでくると思われる疑問を三つ挙げている[26]。その中で三つ目の最後の疑問は、他の疑問に比べより根本的な疑問であるように思われる。実際アルベルトゥスも、この疑問を解決する困難さを特筆しており[27]、その解決に最も多くの紙面を割いている[28]。では早速その疑問を見てみることにしよう。

引用五

さてさらに、運動変化してしまった事物のうちに在る形相は、非存在に成るのか、それともとどまるのかと多くの人が問う。しかしもし形相が非存在に成るのならばその場合、或るものが存在者から無に成るのだが、これは、何かが無から生じることはないと言われる場合と同様不可能である。このことは哲学者がみな常に忌み嫌ったことである。ところで、このこと〔形相が非存在に成るという考え〕に従えばさらに、存在の原理と認識の原理とは、同一の内容を有する諸々のものにおいて同じではなく、それゆえ、存在の原理と認識の原理とは同名異義的である。あるいはまたこのこと〔形相が非存在に成るという考え〕に従えばさらに、事物を認識する原理は不可滅ではないが、このことはプラトンがイデアという形相を措定したほど忌み嫌ったことである[29]。

上述の通りアルベルトゥスは、物体について「確かな何かを述語付けしたり、知ったりすることができる」と述べている。これは引用一についての註解の中で語られたことである。一方引用一は、冒頭で述べた通り、自然界について真理を語ることはできないと考えたヘラクレイトス主義者たちに対するアリストテレスの疑念であった。これらのことを考え併せると、アルベルトゥスは物体について真理を語ることが出来ると考えていると思われる。そして序論一の最後で整理した通り、アルベルトゥスによれば、物体について確かな何か（真理）を知ることができるのは物体の実体形相による。その意味で物体の実体形相は、その現実態が存在であり、量や質や場所性などの付帯性もそこに内在するところのものであるから、或る物体全体の存在の原理であるというのは当然のことであろうが、ただ単にそれだけではなく、物体についての真理を認識する際の原理でもあるとアルベルトゥスは考えていると思われる。アルベルトゥスはこの真理認識の原理を別な箇所で、学問的知識の原理とも言い換えている[30]。

しかし真理とは、もしそれが、或るところではそうであるが別なところではそうではないとか、あるいは、或る時にはそうであるが別な時にはそうではないというようなものであるとしたら、それはもはや真理とは呼べないだろう。つまり、真理とは時間的空間的に不変的なものでなければならない。そうであるならば、そのような真理を認識する原理であるとされる実体形相もまた時間的空間的に不変的なものでなければならないだろう。しかし、或るところに在る物体が、量や質や場所性などの付帯性の変化だけでなく、実体変化も起こして、まったく別の物体に変わってしまったとき、その物体の実体形相であったものがもしまったく無くなってしまうのだとしたら、実体形相はもはや時間的空間的に不変的なものではないということになってしまうだろう。もしそうだとすれば、時間的空間的に不変的なものでなければならない真理の認識の原理ではあり得ないだろう。そうなれば我々は、アリストテレスが紹介するヘラクレイトス主義者たちが言っている通り、物体について、ひいては自然界全体について真理を語ることはできないという考えに再び戻らなければならないことになる。引用五の最後のところでアルベルトゥスが、「このこと（形相が非存在に成るという考え）に従えばさらに、事物を認識する原理は不可滅ではないが、このことはプラトンがイデアという形相を措定したほど嫌ったことである」と述べているのは、まさにこの問題意識であるように思われる。

それでは、上記のような不都合な問題を避けるために、物体の存在原理である実体形相は、物体が実体変化したときにまったく無くなってしまうけれども、真理認識の原理である実体形相は時間的空間的に不変的なものであると考えたらどうなるであろうか。その場合、物体についての真理認識の原理である実体形相と、物体の存在の原理である実体形相とは別のものであるということになるだろう。そうだとすると、物体は、その真理認識の原理である実体形相によって認識される通りに存在しているとはかぎらないということになる。つまり、真理認識の原理である実体形相は確かに何らかの意味で真理認識の原理ではあるのだろうけれども、しかし、それが係わる当の物体の真理を認識する原理ではないという、おかしなことになってしまうだろう。アルベルトゥスが引用五の中ほどで、「このこと（形相が非存在に成るという考え）に従えばさらに、存在の原理と認識の原理とは、同一の内容を有する諸々のものにおいて同じではなく、それゆえ、存在の原理と認識の原理とは同名異義的である」と述べた内容はこのようなことであろうと思われる。

以上のようにアルベルトゥスは、引用五の最初の方でも述べている通り、物体が実体変化したとき、その物体が有していた実体形相がまったくなくなってしまうということは不可能であると考えている。それでは物体の実体形相は、それが属している物体が実体変化してしまった後も、そのままその物体にとどまるのであろうか。あるいは、実体形相はそれだけで単独で存在し続けるのであろうか。あるいは人間の魂の中にとどまるのであろうか。アルベルトゥスはこれらいずれの可能性も否定する。引用五の箇所の続きを見ておくことにしよう。

引用六

しかしもし、事物そのものが運動変化してしまっても形相はとどまると言われるならば、これはまたしても不可能である。なぜなら、固有な質料にとどまっていないことになってしまうだろうからである。しかし、他の物の質料にとどまっていると言うのは不合理である。さらに、形相が、形相自体において在るのに応じてとどまるということもない。なぜなら自然物の形相は質料的なものであり、それ自体において存在を有しているのではないからである。さらに、魂のうちにとどまるのでもない。なぜなら形相は、魂のうちに在るのに応じて、外在する諸事物において何らかの存在を有しているわけではないからである。[31]

この箇所の最初の方でアルベルトゥス自身が述べている通り、物体の実体形相はそれに固有な質料（素材）にとどまらなければならない。しかし「運動変化してしまっ」た、つまりここでは実体変化してしまったという意味であると思われるが、そのような事物の質料では、そのすべての部分、あるいは根本的な部分が流出してしまっていることだろう。[32]だから、もしそのような実体変化の後もその事物に実体形相がとどまるとすれば、その実体形相は、それに固有な質料にはとどまっていないということになる。かといって、物体の実体形相は単独で存在し続けるような形相ではない。まさに今述べたように、物体の実体形相はかならずそれに固有な質料にとどまるという仕方で存在しなければならないのである。まったく同様に、人間の魂のうちに在るだけでは、このような本来の存在を有するということにはやはりならないのである。

　物体の実体形相は、それが属する物体が実体変化してまったく別の物体になってしまったとき、まったくなくなってしまうのでもなければ、実体変化してしまった物体にとどまるのでもなければ、単独で存在し続けるのでもなければ、人間の魂のうちにとどまるのでもないとアルベルトゥスは言う。ではいったい物体の実体形相はどこにどのようにして存在し続けるというのであろうか。

　アルベルトゥスは、自然物の実体形相と、自然における能動知性の光・光輝との関係を、人工物の形相とその製作者の知性との関係になぞらえて考えることによって上記の問題を解決しようとする。[33]そして自然物の実体形相は、確かに実体変化によって生成消滅し得る可滅的なものであるけれども、しかしそれの第一の形相原理である自然の能動知性における光・光輝は不可滅なものであり、そこにおいては自然物の実体形相も不可滅な仕方で存在しているという結論を導き出す。

まずは人工物とその製作者の関係についてアルベルトゥスが語っているテキストを見てみることにしよう。

引用七

さてもし人工物の形相を近接の形相原理に分析するならば、〔質料を〕動かす諸々の道具と製作者の身体の諸部分とに分析されるだろう。〔人工物の形相が〕質料と、〔質料を動かす〕道具の運動の中に生み出されるまで、道具と身体の諸部分とに形相を与え、これらを動かしていたのは技芸的知識である。さてもしさらに〔人工物の形相を〕形相原理に分析するならば、道具の運動と身体の諸部分の運動についての諸々の想像に分析されるだろう。この想像によって道具は運動へと秩序付けられていたのであり、この想像が、自らのうちに在る諸々の形相原理の理解を、精気において身体の諸部分へともたらしたのである。そしてもし〔人工物の形相を〕第一の形相原理に分析するならば、技芸的知識の光・光輝、知性の光・光輝に分析されるだろう。〔知性は〕この光・光輝を自らのうちに有しており、諸々の道具、運動に関するすべての想像の諸規定を前もって有している。形相そのものはこの諸規定によって導入されるのである。そしてこの光・光輝のうちに在る本質は、複数の力に係わるけれどもしかし純一であり、非質料的であり、不可滅であり、本質においてだけは同一であるが、本質がそのうちに在るところのかの四つのもの〔質料、道具・身体、想像、知性〕における存在では異なっており、存在に即しては一つのものにとどまらず、別のものにとどまるのである。[34]

ここで一番大事なことは、形相が、さらに他の諸々の「形相原理」と呼ばれるものに分析されると考えられているということである。逆に言えば形相とは、諸々の形相原理を総合したものであると言うことができるであろう。アルベルトゥスによれば、人工物の形相の直接の形相原理は、人工物の質料（素材）を動かす道具の運動と、その道具を動かす製作者の身体の諸部分の運動である。そしてこれら道具や身体の運動の直接の形相原理は、製作者が抱く諸々の想像である。そしてこの想像の形相原理であり、人工物の形相の第一の形相原理であるのは、製作者の知性が有する技芸的知識の光・光輝である。この光・光輝のうちに在る本質（内容）は不可滅である。そして人工物の形相も、その質料（素材）において有する本来的な存在に即して言えば可滅的であるが、しかし、その第一の形相原理である製作者の知性の光・光輝においては不可滅な仕方で存在しているとアルベルトゥスは考えているように思われる。

このような人工物との類比によって、アルベルトゥスは自然物についてどのように考えているのであろうか。引用七の少し後のテキストを見てみることにしよう。

引用八

> さてもし自然物の形相を形相原理に分析するならば、導き完成するものである元素の熱と、物体の精気とに分析されるだろう。精気は、生成し得るものの質料において作用する諸力の乗り物である。そしてさらに〔自然物の形相を形相原理に〕分析するならば、導き完成するものである熱と精気とに形相を与える諸天の光線と光線の角度に分析されるだろう。精気は諸々の生むものの諸力の道具である。そしてさらにまた〔自然物の形相を形相原理に〕分析するならば、かの光線を生成の場所へと送る諸物体（天体）の運動に分析されるだろう。そしてまたさらに〔自然物の形相の形相原理への〕分析をするならば、〔自然物の形相は〕以上のすべてのも

のに形相を与える能動知性の光・光輝にとどまるだろう。この光・光輝において〔自然物の形相は〕自身の最も形相的で最も純一な存在に即して存在し、この光・光輝において〔自然物の形相は〕いつでもどこにでも存在しているのである。しかし以上のすべてのものは生成において質料のうちに内在しており、それゆえ質料を変化させるものをも生むのである。したがってどの実体形相も非存在に成らないということは明らかである。もし自然の業が能動知性の業でないとしたら〔実体形相は〕間違いなく非存在と成ることだろう。形相が能動知性の光・光輝のうちに在るとき、ここでは形相は今・ここなく存在しているので、形相そのものがこのような光・光輝全体に現われているのである[35]。

アルベルトゥスによれば、自然物の実体形相をその直接の形相原理に分析すると、元素の熱の働きと精気の働きとになる。これらをさらにその直接の形相原理に分析すると、諸天体の光線とその角度になる。そしてこれらをさらにまた直接の形相原理に分析すると、諸天体の運動になる。諸天体の運動の直接の形相原理であり、自然物の実体形相の第一の形相原理は、諸天体を動かす能動知性の光・光輝である。この光・光輝において自然物の実体形相は「いつでもどこでも」「今・ここなく」、つまり、時間的空間的に不変的なものとして存在しており、「したがってどの実体形相も非存在にならない」、つまり不可滅な仕方で存在しているのである。

当時はアリストテレスに従って、天体を動かす知性と同様、天体そのものとその運動、その固有性である光・光輝も不可滅なものであると考えられていたので、自然物の実体形相は、天体を動かす能動知性の光・光輝においてだけではなく、天体の運動やその光・光輝においても不可滅な仕方で存在していたとアルベルトゥスは考えられていると解釈して良いだろう。

三　本書の内容と先行研究

以上序論の一と二で見た通り、アルベルトゥスによれば、自然物の実体形相は、その形相原理である天体の光・光輝、天体の運動、天体の動者たる能動知性の光・光輝において不可滅な仕方で存在しており、これを認識することによって我々は、自然物についての学問的真理を認識することが出来る。

ところでアルベルトゥスによれば、自然物についての学問的真理の認識の中には、当然のことながら、自然物の真に何たるか、その実在的定義の認識が含まれる[36]。そしてそのような自然物の定義には、その何たるか、何性(quiditas)の他に、引用一についての註解の中でも語られた「本質的性質」、すなわち固有性が含まれる。自然物の固有性は必ず、感覚可能な質を有し、運動変化している質料（素材）のもとに在る[37]。これは引用二や四で、増大減少について見た通りである。すなわち増大減少は、感覚可能な質料（素材）の流入・流出によって起こることであった。ところで、この増大減少において運動変化するとされているのは物体の量である。物体の量は、後に本書第四、五章で詳しく見る通り、想像という内部感覚の対象である。特に数学との関係でそうである。だから自然物は、何cmである、何gであるといった量によって他の自然物と区別される限りでは、数学の対象と同様、想像という内部感覚の対象である[38]。また自然物にはこの他に、色や感触などといった外部感覚（視覚や触覚など）の対象である質の固有性もあると考えられる。だから自然物は、このような感覚可能な質の固有性によって他の自然物と区別される限りでは、外部感覚の対象でもある[39]。

このようにアルベルトゥスによれば、自然物についての学問的認識には感覚認識が深く関係している。ではもっと具体的に、どのような仕方で関係しているのであろうか。それは、感覚認識に本質的には依存していない学問的真理の認識が何らかの知性的直観のような仕方で在って、そこに感覚認識が付加的に補助的に関係しているというようなものではない。そうではなくむしろ逆に、人間知性は学問的知識を感覚への振り返りによって感覚から集めて来るのである[40]。だから感覚認識と学問的知識とは、感覚認識が自然物についての学問的知識の起源であるという仕方で互いに関係していると解釈すべきであるように思われる。

ではいったいどのようにして、感覚認識を起源として、天体の光・光輝、運動、動者たる知性において不可滅な仕方で存在している自然物の実体形相を認識し、それによって、自然物の定義を含む自然物についての学問的真理を認識することが出来るとアルベルトゥスは考えているのであろうか。これが本書のテーマである。ここでポイントとなるのは、感覚認識、自然物の実体形相、天体という三者の関係である。

トカクツは、「アルベルトゥス・マグヌスとアリストテレス動物学研究プログラムの復活[41]」と題する論考の中で、アリストテレスの動物学著作で展開された学問研究プログラムが、テオフラストス以降失われていたが、アルベルトゥスの著作において復活したと主張している[42]。ところでレノックスは、アリストテレスの研究プログラム概念において最低限必要とされている条件として以下の四つを挙げている。すなわち①或る程度自己充足的な主題領域②理論的知識の獲得③根本原理④特有の方法の四つである[43]。トカクツはこれを踏まえ、これらいずれの条件もアルベルトゥスの動物学研究には備わっていると主張する。これが上記の論考の趣旨である[44]。

ところで、③についてトカクツは、アルベルトゥス動物学研究の根本原理は目的性・目的因であると考えている[45]。これはもちろん具体的には動物の形相の目的のことなのであるが、トカクツは、このような目的は質料のうちにはなく、「理性 (ratio)」のうちに在るとしている[46]。これは、引用されているテキスト[47]などからして上述の、天体の動者たる能動知性のことを指していると思われる。それゆえ、ここで言われている「目的」も上述の通り、この能動知性の光・光輝のうちに在る動物の実体形相のことであろう。また④についてトカクツは、アリストテレス的な自然学では、感覚認識を目的の観点から分析することによって実体の存在が明らかになると述べている。[48]ここで言われている「感覚認識の目的の観点からの分析」とは、後で「語り (narratio)」と言い換えられているようである。[49]この「語り」はアルベルトゥスにおいて「原因の割り当て (assignatio causarum)」と対置される。そしてこの両者はさらに、アリストテレスの『分析論後書』でなされている有名な「事実による論証」と「原因による論証」の区別と結び付けて考えられる。つまり「語り」は「事実による論証」に、「原因の割り当て」は「原因による論証」に対応するのである。トカクツによれば、この「語り」を行う理由は動物の定義に関わる。すなわち、動物の形態や機能の種類と特徴を確立し、互いに関係づけるためにこの「語り」を行う。[50]そしてこのことによって、「原因による論証」に当たる「原因の割り当て」へと移る前に、動物の形相の目的を知ることが「語り」の役割なのである。[51]このような「語り」は、まず初めに行われなければならない。トカクツは「諸学問において最も賢く、熟練した哲学者は、この学知（動物学）においてはまず語ることから始める」[52]というアルベルトゥスの言葉を引用して、この解釈の正当性を裏付けている。

しかしこのトカクツの論考においても、アルベルトゥスが考える「語り」という、感覚認識と切っても切れない認識活動の中で、「理性」のうちに在るとされる動物の形相の目的、すなわち動物の実体形相が一体どのようにして認識され得るのかという問題は残されたままである。

そこで本書では、まず第一章で、アルベルトゥスによれば、天体の光・光輝は、まず何よりも視覚対象に対してその現実態と形象とを与えるが、しかしそのままでは視覚対象とは成り得ず、不透明な物体において限定されて初めて視覚対象に成る、つまり色に成るということが語られる。第二章では、アルベルトゥスによれば、天体の光・光輝のように、感覚対象を生じさせるものが限定されてその感覚対象に成るという構造は、光・光輝↓色の場合と理性的能力↓音声の場合に独特な構造なので、天体の光・光輝は、他の感覚対象を生じさせるものに比べて理性的能力により類似しているということが、聴覚対象一般を生じさせる音一般との対比を通して語られる。第三章では、アルベルトゥスによれば、動物の実体形相は、それ全体が触覚能力でもあり、動物の身体全体の感覚対象である触覚対象のすべてを可能的に有しつつ、現実的には動物の身体を一つにしている。そしてそのような触覚能力の働きが限定を受けることによって諸々の触覚対象が生じる。同じように共通感覚能力も、感覚力全体を完成しており、すべての感覚対象を可能的に有しつつ、現実的には感覚力全体を一つにしている。そしてそのような共通感覚能力の働きが限定を受けることによって諸々の感覚対象が生じる。触覚能力と共通感覚能力は感覚対象を受動する能力であって、感覚対象を生じさせるものではないけれども、それにもかかわらず、上記の「限定」という点において天体の光・光輝と類似しており、それゆえ理性的能力と類似していると語られる（以上が第一部外部感覚論）。

　第四章では、アルベルトゥスによれば、物体はその形相・質料によって、それが属する種固有の量を有する立体として存在しているが、その一方数学的量は数学者たちがその想像力によって作り出したものである。だから、プラトン主義的数学論が考えるように、数学を学べば立体・物体のことがすべて分かるわけではないということが語られる。第五章では、数学的量は数学者たちの想像力によって任意に作り出されるとアルベルトゥスが理解しているということが詳細に確認される。第六章では、アルベルトゥスによれば、表象力、評定力とは、真偽善悪に係わる感覚的判断能力であり、天体の光・光輝、運動と、それらによって動かされる四元素の諸々の第一性質を通して、天体の動者である純粋知性によって動かされる。そしてこのことによって諸々の物体の自然本性の意味内容が最高類から順に実体、物体、生物、動物、人間……というように認識され、それに従ってそれら意味内容と諸々の感覚対象との複合分離がなされ、最終的には個の真なる認識へと到る。これにより、目の前に在る個の何性と固有性、すなわち、実在的定義が認識される。これが自然学初め他のすべての学問の出発点となると語られる。第七章では、アルベルトゥスにおける表象力、評定力と、その出発点であるアヴィセンナにおける評定力との相違点について語られる（以上が第二部外部感覚論）。

　第八章では、アルベルトゥスによれば、第一動者たる第一知性が、諸天球の諸動者、諸天体、火の元素、精気、生物の魂や身体を動かすことによって、感覚的諸能力を含めた生物の魂の働き全体を生み出すということが語られる。第九章は第八章の議論の根拠となっているテキストの邦訳である。

　本書はアルベルトゥスの感覚論を網羅的に把握しようとするものではない。もしそうであれば、第一部外部感覚論では嗅覚と味覚にも触れなければならなかったし、第二部内部感覚論では記憶・想起にも触れなければならなかったであろう。また覚醒・睡眠や、それらと夢との関係についても論じなければならなかった。本書で取り上げたテーマでさえ、それについてアルベルトゥスが語ったことのすべてを取り上げているわけではない。本書は副題にもある通り、アルベルトゥスが自然学の基礎づけと考えていると思われる限りでの彼の感覚論を取り上げ、論じようとするものである。それですらも包括的に論じきれているとは言えないかもしれない。その評価については今後の他の批判的研究に委ねることにしたい。

四　アルベルトゥス・マグヌスの生涯と著作

本論に入る前に、本書はアルベルトゥスに関する本邦初の研究書であるので、ここでアルベルトゥスの生涯と著作について簡単に紹介しておくことにしたい[53]。

アルベルトゥス・マグヌスは一二〇〇年頃、ドイツ、シュヴァーベン地方の小都市ラウインゲン（現在はバイエルン州）で、ボルシュタット地区の伯爵家に仕える騎士の家柄に生まれた。同時代のヨーロッパ人は彼を「ドイツ人アルベルトゥス」「ケルンのアルベルトゥス」と、同国人は「ラウインゲンのアルベルトゥス」と呼んだ。若い頃、自由学芸を学ぶためパドヴァ大学に入学した。パドヴァ大学では自由学芸と医学が同じ一つの学部で教えられていた。アルベルトゥス自身も自然現象に関心を持っていたようである。彼がここですでにいくつかのアリストテレス著作を読んだ可能性は高いが、アリストテレス哲学の多くを吸収したとは考えにくい。

一二二三年アルベルトゥスは、一二一五年に創設されたばかりの修道会であるドミニコ会にパドヴァ大学で勧誘され、入会した。入会後すぐにケルンに送られ、そこで修練期を過ごし、神学講師から神学を教わった。しかし一二二八年にはすでにアルベルトゥス自身が神学講師となり、少なくとも二回、ペトルス・ロンバルドゥス『命題集』の講義をケルンで行っている。アルベルトゥスはケルンでの二十年前後の間に、聖書全体とその標準的な注釈に基づいて『善について』を書いた。この著作の中には明らかに十のアリストテレス著作が引用されており、そのうち六つは自然学著作である。当時パリではまだアリストテレス自然学著作が禁書であったことを考えると、このことは大変興味深い。

その後アルベルトゥスはパリ大学へ送られ、一年から三、四年ほどの間『命題集』について講義した後、一二四五年、ドイツ人ドミニコ会士として初めて神学修士号を取得した。そして翌年までに、彼が神学修士として行った討論を基に『被造物大全（パリ大全）』を書き上げた。この著作は第一巻「秘跡論」、第二巻「受肉論」、第三巻「復活論」、第四巻「同等と見なし得る四つのものについて」、第五巻「人間論」、第六巻「善論」から成っていたが、第四巻と第五巻だけが『被造物大全』として数世紀にわたり出回った。第五巻「人間論」は、本書でも見る通り明らかにアリストテレス『霊魂論』に即した内容であり、この『霊魂論』が中世においてアリストテレス自然学の入門書的な役割を果たしたことを考えると、この後十年も経たないうちにアリストテレス自然学著作のすべてがパリ大学の正式テキストとして採用されるに至ったことに『被造物大全』の流布が大きな影響を与えたと考えることは、根拠のないことではないように思われる。

一二四八年、アルベルトゥスはトマス・アクィナスとともにケルンに向かい、そこでドイツ初の総合大学（ストゥディウム・ジェネラーレ）を創設した。そして、トマスが再びパリ大学に戻る一二五二年までの間に、偽ディオニシウス文書の註解を完成させた。『ディオニシウス「天上位階論」註解』は一二四八年パリを発つ前に書かれたか、あるいは講義されたが、『ディオニシウス「教会位階論」註解』は一二四八年か四九年頃、『ディオニシウス「神名論」註解』は一二四九年か五〇年頃ケルンで講義され、トマスがそれを書き取った。その他、一二四六、四七年頃ロバート・グローステストが初めてアリストテレス『倫理学』全十巻を翻訳したが、それを用いてアルベルトゥスは一二五〇年か五二年頃ケルンで『「倫理学」問題集付き註解』を書いた。またパリ大学で行った『命題集』講義を基に、いわゆるオルディナツィオ（編集版『「命題集」註解』）を一二四九年にケルンで完成させた。

一二四九年か五〇年頃、アルベルトゥスは同僚ドミニコ会士たちのかねてからの要望にこたえて、アリストテレス全著作を註解することを決意した。こうして一二五〇年から七〇年までの二十年間にわたって、俗に「パラフレーズ（言い換え、釈義）」とも呼ばれる彼のアリストテレス註解が書かれていくことになる。彼の神学講師、管区長、司教などとしての主たる任務は、聖書についての講義と説教だったので、彼のアリストテレス註解は、彼が講義や説教の中で教えたことではなく、彼の同僚たちの課外の余暇のために、あるいは、学生たちが神学に必要な準備としてアリストテレスをよりよく理解するために語られたり書かれたりしたものである。それ対して彼の聖書註解は明らかに彼の講義の産物である。『「イザヤ書」註解』は一二五〇年以降に書かれた。

　一二五四年、アルベルトゥスはドミニコ会テウトニア（現在のドイツ周辺）管区管区長に任命され、五七年までその任に就いた。この時期アルベルトゥスは、イタリア、アナーニにあった教皇庁で、いわゆるアヴェロエス主義者たちの知性単一説に対して公に議論した。これはのちに『知性単一説について—アヴェロエス主義者たちに対して—』としてまとめられることになる。同じく教皇庁で、ヨハネ福音書と新約聖書諸書簡の註解を書いた可能性が高い。またこの時期に、アリストテレス『動物進行論』を教皇庁で初めて目にし、その註解である『進行運動の諸原理について』を書いた。それとともにアリストテレス『動物論』の註解も書き始めた可能性が高い。さらに管区長在任中、アリストテレス註解である『霊魂論』を書き上げた。この著作完成までにすでに彼は、同じくアリストテレス註解である『自然学』『生成消滅論』『気象論』を書き上げている。また、オリジナル作品である『鉱物論』もすでに完成させている。

　アルベルトゥスは一二五七年に管区長を退任し、ケルンへ戻って神学講師としての仕事を再開した。翌年にはアリストテレス『動物論』について討論し、その記録（reportatio）が『「動物論」問題集』として今も残っている。一二六〇年にはザルツブルク教区レーゲンスブルク司教に任命されたが、翌年には司教辞任を申し出、受け入れられている。彼は、司教辞任を申し出るため自ら教皇庁に出向いたが、その機会を利用して、一二六一年から六三年までイタリアに滞在し、そこで、アリストテレス註解である『倫理学』と『分析論後書』を書いた。また『政治学』もここで書いた可能性がある。さらに、アリストテレス註解である『動物論』を完成させ、またアリストテレス論理学著作の註解を行ったのも、司教辞任後まもなくしてのことだったようである。一二六三年には、ドイツ語圏の十字軍兵士に対して説教をするよう命じられ、翌年までその任に就いたが、残存しているドイツ語説教はこの時のものであると思われる。

一二六四年から六七年までアルベルトゥスは、ヴィルツブルクのドミニコ会修道院に住んだ。ここで、アリストテレス註解である『形而上学』を書いた。この著作の完成までにすでにアルベルトゥスは、アリストテレスの『カテゴリー論』『命題論』『分析論前書・後書』の註解に当たる『論理学』前半部分を完成させている。

一二六九年頃アルベルトゥスは神学名誉講師として再びケルンに住むよう要請され、一二八〇年の死去の年までケルンのドミニコ会聖十字架修道院に住んだ。一二六九年までに、偽アリストテレス文書である『原因論』の註解『第一原因からの宇宙の発出と諸原因について』に着手している。一二七二年か七四年には『「ヨブ記」註解』を書いた。マタイ、ルカ、そして恐らくマルコ福音書の註解は一二六二年以降に書かれたが、一二七〇年から七五年の間にそれらの改訂版を完成させている。

ロジャー・ベーコンが一二六六年から六七年頃書いた『第三著作』の中で報告しているところによれば、アルベルトゥスは、存命中であるにもかかわらず、パリにおいてはアリストテレス、アヴィセンナ、アヴェロエスと同等の権威を認められ、ラテン語において哲学はアルベルトゥスによって完成されたと多くの人たちが考えていた[54]。これが後に彼が「アルベルトゥス・マグヌス（大アルベルトゥス）」と呼ばれるようになった所以かもしれない。没後三五〇年近く経った一六二九年、近代科学が台頭しつつあった時期にアルベルトゥスは教皇グレゴリウス十五世によって列福され、それからさらに三〇〇年以上経った一九三一年、第二次世界大戦前夜の時代に教皇ピオ十一世によって列聖された。それから十年後の一九四一年、第二次世界大戦の真っただ中、教皇ピオ十二世によって、すべての自然科学研究者の守護聖人に定められた。

第一部　外部感覚論

第一章　視覚論

一　問題設定

アルベルトゥスによれば、アリストテレスは『霊魂論』第二巻第七章で、「色とは、明るいものの現実態によって〔視覚を〕動かすことができるもののことである」[1]と定義している。アルベルトゥスの念頭にあったこの箇所のラテン語訳は color est motivum secundum actum lucidi である[2]。ここで「明るいもの (lucidum)」と訳されているのは、空気や水などの透明なもの (διαφανής)、視覚認識の媒体 (medium) となるものである。

しかしアルベルトゥスによれば、アヴェロエスはこの箇所を次のように読んでいる。すなわちこの読み方によれば、この箇所の secundum actum lucidi は、本当は lucidi secundum actum であり、lucidi（lucidum の属格）は est motivum（「動かすことができるものである」）の目的語であり、secundum actum（「現実態によって」）は est motivum に副詞句として係るのではなく、lucidi に係る形容詞句（見方によっては副詞句）である。したがってこの箇所は、「色とは、現実態によって明るいもの〔現実に透明なもの〕を動かすことができるもののことである」と言う意味になる[3]。この読み方はアヴェロエスだけでなく、トマスも、現代の代表的なアリストテレス註釈家たちも採用しているように思われる読み方であるが[4]、しかしアルベルトゥスに言わせればこれは誤った読み方である。

アルベルトゥスに言わせれば、この箇所の secundum actum lucidi は、全体として est motivum に係っている。つまり、secundum actum は est motivum に係る副詞句、lucidi は secunudum actum に係る属格（主体を表す属格）の名詞であって、est motivum の目的語に visus を補って、「色とは、明るいもの〔透明なもの〕の現実態によって〔視覚を〕動かすことができるもののことである」と読むべきである。そしてこれはアルベルトゥスによればアヴィセンナとアヴェンパチェの読み方である。この読み方こそが正しいとアルベルトゥスは考える。[5]

どうしてアルベルトゥスはこのように考えるのか。その根拠は、以下に見るアルベルトゥスの視覚論全体が答えとなっているように思われる。彼の視覚論と、今挙げた諸々の思想家たちの視覚論との比較については、本章の三で取り上げることにしたい。

二　形相的存在と質料的存在

さて以上のように、「明るいもの〔透明なもの〕の現実態によって〔視覚を〕動かすことができるもの」と定義される色は、アルベルトゥスによれば、形相的存在 (esse formale) を有しているかぎりでの色である。形相的存在とは、それによって色が現実に視覚を動かすところの現実態のことである。そしてこの現実態とは光・光輝のことである。[6] 実際アリストテレスは「光・光輝は明るいもの〔透明なもの〕の現実態である」と言っているのである。[7] 確かに常識的に考えて、色は光のおかげで見えているということは、光がなければ何も見えないということを考えると、当然のことであるように思われる。

そしてさらにアルベルトゥスによれば、色はこの形相的存在の他に質料的存在をも有している。質料的存在とは、色がそのうちに在るところの質料を有しているという事実のことである。ここで言われている質料とは、光・光輝の限界となる物体 (corpus determinatum, terminatum)[8]、見通すことができない物体 (pervium)、つまり不透明な物体のことである。

このことも常識的に考えて理解できないことではないように思われる。というのは、何らかの色が見えるということは、それ以外の色は見えないということを意味する。つまり、もし何か色が見えていると同時に、或る部分ではその色が透けていて、その奥に他の色が見えるとしても、その奥に見えている色は透けてないはずであり、もし透けているのであれば、どこかで必ず透けていない部分がなければ、色として見えないはずだからである。したがって、何らかの色が見えている以上は、必ずそれは何らかの不透明性を有していなければならないように思われるのである。

そしてこのような質料的存在、つまり、不透明な物体の中に色が在るということは、アルベルトゥスによれば、色が形相的存在を光・光輝から有しているのに対して、熱、冷、湿、乾という四元素の第一性質から有している。

引用一

以下のことを示さなければならない。色の存在には二通りある。すなわち質料的存在と形相的存在である。ところで私が質料的と言うのは、色が、そのなかに在るところの質料において有しているということであって、何らかの質料からできているということではない。ところで、色がそのなかに在るところの色の質料とは、〔光・光輝の〕限界となる物体、すなわち、見通すことができない物体である。そしてこの質料的存在を色は、作用しつつ作用を被る第一の諸性質、すなわち、熱、冷、湿、乾から有する。一方色の「形相的」存在とは、それによって色が、視覚を現実態に即して変化させる能動的能力において現実態に在るところの色の存在のことである。そしてこの存在を色は光・光輝から有している。哲学者アリストテレスが「色とは明るいものの現実態によって視覚を動かすことができるもののことである」と言っているのもこの存在のことであり、そしてこれが色の自然本性なのである[9]。

さて、アルベルトゥスはなぜ色が不透明な物体のうちに在ることの原因を、熱、冷、湿、乾という性質に求めるのであろうか。そのように言う根拠は一体何であろうか。

先ほど、「何らかの色が見えている以上、必ずそれは何らかの不透明性を有していなければならない」ということは、常識から考えて理解できないことではないと述べた。しかしこのことと、アルベルトゥスが言うように、色が不透明な物体のうちに在るということとの間には、若干の開きがあるように思われる。というのは、見えている色が何らかの不透明性を有しているとしても、それは色が何かの物体のうちに在るからなのではなく、見えている色自体が不透明なものだからかもしれないからである。このようなことは、確かにアリストテレスやアリストテレスに依拠して考えているアルベルトゥスが言いそうなことではないが、しかし論理的には考え得る想定であろう。

アルベルトゥスによれば、色がただ目に見えているだけではなく、物体のうちにも在るということが証明されるのは、色の不透明性からというよりもむしろ、色が視覚を変化させるだけではなく、物体をも変化させるという事実からである。つまり、色が物体に色を付けるという事実からである。物体に色を付けているかのように見えるだけで、本当は、ただ単に目に見えている色が変化しているに過ぎないのだ、と言うことはできないとはっきり言えるのは、色が視覚を変化させる作用の仕方と、色が物体を変化させる作用の仕方とが根本的に異なるからである。すなわち、色は視覚を瞬時に変化させる。それはたとえば暗がりで明かりをつけたり、閉じていた目をあけたりしたときに、瞬時に色が見えるような場合である。一方、色が物体を変化させるときには、このように瞬時に変化は生じない。それはたとえば熱で物が赤くなったり、冷たさで物が白くなったり、湿らしたり乾かしたりして色が着いたりするような場合である。そしてこのような瞬時にでなく変化を生じさせる作用者とは、アルベルトゥスによれば、作用しつつ作用を被るものである熱、冷、湿、乾なのである。

引用二

上で区別した通り、「色」は二通りの存在を有している。すなわち、見通すことができず、視覚を限界付ける濃縮された物体のなかに色が有している質料的存在と、それによって色が感覚を動かすところの形相的存在とである。ところでこの二通りの存在が色に内在しているということは、色が感覚を変化させるだけでなく、物体をも変化させ、物体は瞬時にではなく変化させるが、感覚は瞬時に変化させるということから証明される。だから、色は自体的には作用したり作用を被ったりする性質ではないので、色に固有な現実態によってではなく、他の作用者の現実態によって〔物体を〕変化させるのだろう。そしてもし色がそれによって物体を変化させるところのその作用者が瞬時に作用しないのであれば、その場合色は瞬時には作用しないであろう。ところでこのような作用者とは熱、冷、乾、湿のいずれかである。これらのどれも瞬時に作用したり作用を被ったりはしない。だから、それによって色が物体を変化させるところの色の変化作用も瞬時に起こるものではないのである[10]。

引用二でアルベルトゥスが言っていることは、作用したり作用を被ったりする性質である熱、冷、湿、乾が、作用したり作用を被ったりするものであるがゆえに、物体を瞬時にではなく変化させるのであり、それゆえに、この熱、冷、湿、乾が色の質料的存在、色が不透明な物体のうちに在るということの原因となっていると言える、ということだと思われる。

ではなぜこのように、色が物体を変化させる作用の在り方と、色が視覚を変化させる作用の在り方とは異なるのであろうか。熱、冷、湿、乾は作用したり作用被ったりするものであるがゆえに瞬時に作用しないということであるが、それではなぜそれらは作用したり作用を被ったりしてしまうのだろうか。また反対に色は視覚を変化させるときには瞬時に変化させるということであるが、なぜそのようなことが可能なのであろうか。その場合には、色は作用しても作用を被らないということなのであろうか。

上述の通りアルベルトゥスによれば、色は、光・光輝という明るいもの、透明なものの現実態によって視覚を瞬時に変化させる。一方、色が物体を瞬時にではなく変化させるのは、熱、冷、湿、乾による。だから、色が視覚を変化させる作用と、物体を変化させる作用との違いは、光・光輝と、熱、冷、湿、乾との違いに由来するということになる。そしてその違いは、一言で言えば、対立するものを持つか持たないかの違いである。

引用三

光・光輝は受け取るもの、すなわち受け取り得る性質であるというのは何ら差し支えない。しかしこの場合、作用しつつ作用を被る物体が受け取るものと、対立性を有さず、作用もせず作用を被りもしないで、ただ動かすだけの物体が受け取るものとを区別しなければならない。その理由は以下の通りである。天体が月下の物体に関係するのと同じ仕方で、天体が受け取るものは、月下の物体が受け取るものに関係する。だから、天体が諸元素において何ら対立するものを持たないのと同じように、天体が受け取るものも、諸元素が受け取るものにおいて何ら対立するものを持たないのである。[11]

ここで「作用しつつ作用を被る物体」と言われているのは、可滅的なものとされる月下の物体のことである。「作用せず作用を被りもしないで、ただ動かすだけのもの」と言われているのは、不可滅な物体とされる天体のことである。「作用しつつ作用を被る物体が受け取るもの」の代表は熱、冷、湿、乾という四元素の第一性質であり、「作用せず作用を被りもしないで、ただ動かすだけのものが受け取るもの」の代表は光・光輝である。「天体が諸元素において何ら対立するものを持たない」というのは、アリストテレス的自然学によれば、天体に固有な運動である円運動と、それによって月下界に及ぼされる円運動とが、月下の物体、すなわち、四元素でできた物体に固有な上下運動、つまり、宇宙の中心から離れる「火」と「空気」の運動と、宇宙の中心に向かう「水」と「土」の運動とに対立しない、前者と後者がお互いの運動を直接消滅させるということはあり得ないということである。それと同じ様に、「天体が受け取るものも、諸元素が受け取るものにおいて何ら対立するものを持たない」というのは、光・光輝などが熱、冷、湿、乾などと対立しない、つまり、前者と後者がお互いを直接消滅させることはあり得ないということである。[12]これに対して、月下の物体に固有な上昇運動と下降運動は互いに対立し、同じく固有な熱と冷、湿と乾もそれぞれ互いに対立する。つまり、お互いを直接消滅させ得るのである。ただし光・光輝は、当然のことながら、天体だけが受け取ることができるものではなく、月下の物体も受け取ることができる。ただ天体は光・光輝を月下の物体よりもより完全に有しているというだけのことである。[13]

以上のことからすると、色は、対立するものを持たない光・光輝の現実態によって視覚を瞬時に動かす、つまり形相的存在を有する。一方、色は、対立するものを持つ熱、冷、湿、乾によって物体をゆっくりと変化させ、そのうちに自らを在らしめる、つまり、質料的存在を有する。となると、色がそれによって視覚を動かすところのものと、それによって質料的存在を有するところのものとは、全く種が異なるものであるということになるから、質料的存在を有するかぎりでの色は、全く目に見えないということになるのではなかろうか。

確かにアルベルトゥスは、質料的存在を有するかぎりでの色、物体に色を付ける限りでの色は、正しくは闇の中に在り、視力には何ももたらさないとはっきり言っている[14]。また、色は見られるときに、熱、冷、湿、乾という質料的原因と、それによって生じた質料的部分すべてから抽象されるとも言っている[15]。さらに、光・光輝は色に、それによって視覚に作用することができるところの現実態だけではなく、形象をも与えてしまうと言っている[16]。だから、我々が見ている色とは、形相的存在を有しているかぎりでの色のみであり、色とは形相的存在を有しているかぎりでの色のことなのであって、色の質料的存在などというものは全く見えず、本当は存在しないと言った方が良いのではないだろうか。本当は、不透明な物体の中に在る色などなくて、ただ光・光輝だけが色を構成しているということになるのではなかろうか。

三　アルベルトゥス対アヴェロエス

この問いに対するアルベルトゥスの答えを見てみる前に、ここまで見てきたアルベルトゥスの議論の思想史的背景と、それに対するアルベルトゥスの立場の取り方について見てみたい。というのも、アリストテレスが『霊魂論』で述べている色の定義、すなわち、「色とは、明るいものの現実態によって〔視覚を〕動かすことができるもののことである」とアルベルトゥスが読んだ定義を本章一の冒頭で挙げたが、ここから色の形相的存在についてのアルベルトゥスの議論が出てくるのは全くもって違和感がない。なぜなら形相的存在とは、「色がそれによって視覚を変化させるところの現実態」のことであり、それは明るいものの現実態である光・光輝のことであるから、そのような存在を色が有しているということは、アルベルトゥスが理解した限りでのアリストテレスの定義とほとんど同内容だからである。だがそれに対して、色の質料的存在についてのアルベルトゥスの議論は、内容的に理解できるとは言え、これが常にアリストテレスの色の定義との関連の中で提出されるというのは、やや唐突な感を免れない。このようにしてアルベルトゥスが色の質料的存在についての議論を提出するのは、実はその背後に、アリストテレス解釈に関わる思想史的文脈があるからなのである。

アルベルトゥスは自身の『霊魂論』第二巻第三論考第七章「視覚対象について[17]」の中で、本章一で挙げたアリストテレスの色の定義に関連して、「照らす光・光輝が視覚に必要であるのは、色のためであるか、それとも媒体のためであるか」という問いを提起している[18]。この問いはアヴェロエスが自身の『「霊魂論」第二巻註解』六十七で、やはり同じく、本章一で挙げたアリストテレスの色の定義に関連して提起した問いとほとんど同内容のものである[19]。アルベルトゥスに言わせれば、ここでアヴェロエスが提起している問いはまさに本章一で挙げた問題、つまり、アリストテレスの色の定義において、secundum actum は est motivum に係るのか、lucidi に係るのかという問いなのである。つまり、est motivum に係ると言うなら、明るいもの（透明なもの）の現実態である光・光輝は主語の color、色にとって必要なのだということになり、アルベルトゥスの立場は基本的にはこれである。一方、est motivum にではなく、lucidi に係ると言うなら、光・光輝は色にではなく空気や水など、明るいもの（透明なもの）である視覚の媒体に必要なのであって、色には必要ないということになる。これがアヴェロエスの立場である。実際本章一で、アリストテレスの色の定義についてアルベルトゥスがアヴェロエスの読み方を批判したということを述べたが、この批判は上で挙げたアヴェロエスのテキストに向けられたものなのである[20]。

そしてアルベルトゥスは上で挙げた箇所において、光・光輝は色のために在るという立場を取る人々として、アヴィセンナとアヴェンパチェの二人を挙げる。アルベルトゥスによれば、彼らはこのことを三つの論拠と一つの経験によって論証するが[21]、その第二の論拠の中で彼らは「光・光輝は〔光・光輝の〕限界とはならないものの色である[22]」と言う。これはアヴェロエスが上述の箇所でアヴェンパチェの考えとして挙げたものとほとんど同じである[23]。

これに対して、アルベルトゥスによればアレクサンドロスとアヴェロエスは、光・光輝は媒体のためにあるのであって、色のためにあるのではないという立場を取る[24]。実際アヴェロエスは上述の箇所で、「照らしを透明なものに与えるということに即してでなければ、色が透明なものを動かすものであるということに光・光輝は必要ない」と言っている[25]。そしてアルベルトゥスによればアレクサンドロスとアヴェロエスは、光・光輝が必要なのは色のためであるというアヴィセンナとアヴェンパチェの立場の第二の論拠、つまり、光・光輝は色だという意見に対して、「もし色であるとしたら、その場合空気は、光・光輝を有している間は、〔他の〕色を受け取らないことになってしまう[26]」と言う。そしてこの箇所のすぐ後で、このことが偽であることの証拠として、彼らは以下のような経験を挙げる。

引用四

そしてそれは真ではない。なぜなら我々は、雲が動いて太陽光線が雲に広がり、その後植物を通って壁に当たるとき、壁が植物の緑色によって色付けられるのを見るからである。また同様に光線が、何色であれ彩色されたガラスを通るとき、この〔ガラスの〕色が空気の中と反対側の壁の上とに生じる。しかし空気は光・光輝を前もって有していたのであり、かつこのときも保持しているのである。もし光・光輝が色であるとしたら、こんなことは起こらないはずである。なぜなら、何かが二つの色を同じ観点で同時に受け取るということはないからである[27]。

光・光輝が植物や彩色ガラスを通って壁に当たり、壁に色が現れる場合、あるいはもっと一般的に、色が空気や水など透明なものである媒体を通って不透明な物体に映る場合、媒体はその色をいったんは受け取っていなければならない。ところでこのことは明るいなかでも当然起こり得る。この場合媒体は光・光輝と色の両方を受け取っているはずである。上述の通り光・光輝とは、明るいものの現実態だからである。しかしもし光・光輝が色であるとすれば、このことは不可能である。なぜなら上述の通り、何らかの色が在るということは、決して他の色はないということだからである。つまり、光・光輝は色だという立場では、不透明な物体の中で色が持っているような色の不透明性、色どうしの排他性を説明することができないのである。これはアヴェロエスが上述の箇所でアレクサンドロスが言っていることとして挙げていることとほとんど同じ内容である[28]。

以上に対してアルベルトゥスは、「我々は、両者〔アヴィセンナ・アヴェンパチェとアレクサンドロス・アヴェロエス〕とも部分的には真なることを言っているように思う[29]」と言ったうえで、彼自身の独自の見解を示す。すなわち、アルベルトゥスによれば、光・光輝は不透明な物体と混ぜられて初めて色に成るのである。

引用五

我々が質料的〔存在〕と言うのは、質料を変化させる諸々の性質、すなわち、熱、冷、湿、乾によって生じるもののことである。というのも、これらの性質は〔光・光輝の〕限界である物体の表面を様々なものにし、相異なる色を導入しそれらの原因となるからである。（中略）ところで或るものは、透明であるが〔光・光輝の〕限界でもあるものである。これは全体においてではなく、その表面において透明なのである。そしてそれゆえに視覚を限界付けて通さない。そしてこのように物体は、透明なものであるということに即して光・光輝というハビトゥスを受け取るのである。というのも、全体において透明なものは光・光輝を表面と奥行きにおいて受け取るが、全体においてではなく、表面においてだけ透明なものは光・光輝を表面においてしか受け取らない。そしてここにおいて光・光輝が物体の暗さに混ぜられて、色の原因となるのである。[30]

アルベルトゥスによれば、色の付いている物体はみな、空気や水の元素を含み持っているということによって表面だけ透明な物体なのであって、そこで、透明な物体の現実態である光・光輝が不透明な物体と混ぜられて、色と成るのである。それは別な言い方をすれば、「光・光輝は色へと限定される」[31]のであり、「色とは質料に縛り付けられた光・光輝」[32]だということになる。現代科学風に言い換えれば、主に太陽から来る可視光線には様々な色が含まれているが、それはそのままではまだ色ではなく、そのうち、物体に反射する光線はその物体の色として見え、物体に吸収される光線は見えないということになろう。

もちろん、「限定される」「縛り付けられる」とは言っても、それは、光・光輝が不透明な物体によって消滅させられるということを意味するものではない。というのも、上述の通り、光・光輝は色が不透明な物体のうちに在ることの原因である熱、冷、湿、乾とは対立せず、お互いを消滅させるということはあり得ないからである。「限定される」「縛り付けられる」とはただ、光・光輝が不透明な物体に反射したり、吸収されたりして、それを通過できないというだけのことであろう。

アルベルトゥスに言わせれば恐らく、アヴィセンナやアヴェンパチェのように、光・光輝が必要なのは色のためであると考える立場は、光・光輝と色を同一視するかぎりでは、色の形相的存在、つまり、それによって視覚を変化させるところの現実態しか見ておらず、それが色の質料的存在、つまり、不透明な物体のうちに在るということによって限定されて初めて色に成るということを見落としている。一方、アレクサンドロスやアヴェロエスのように、光・光輝は透明なものである媒体にのみ必要であって、色には必要ないと考える立場は、色の質料的存在しか見ておらず、不透明な物体の中で限定されて色の内実となり、視覚を瞬時に動かす現実態である光・光輝を見落としているということになるであろう。本章一で挙げたアリストテレスの色の定義に関するアヴェロエスの読み方をアルベルトゥスが批判するのは、まさにこの点のゆえだったのである。[33]

しかし、アヴェロエスの上述の箇所をよく読むと、色に光・光輝は必要ないと彼が考える最も主たる根拠は、アリストテレスが、「色は視覚対象であることの原因を自らのうちに有している」と言っていることである。[34] この言葉からアヴェロエスは「〔色が〕それによって視覚対象となるところのハビトゥスと形相を色に与えるものが光・光輝であると言うことは不可能である」[35]「自らに付随する他の形相が媒介することなしに、色は色であることによって視覚対象なのである」[36]と結論する。つまり、視覚対象であるというハビトゥス、形相が、光・光輝という外部のものから色に与えられ、外部から色に付随するというようなことは、アリストテレスの言葉からすればあり得ないと言っているのである。

確かにアルベルトゥスもアヴェロエスと同様、「色は視覚対象であることの原因を自らのうちに有している」というアリストテレスの言葉を、色は自らが視覚対象であることの原因であると解釈している[37]。しかしそこからアルベルトゥスはアヴェロエスのように、色に光・光輝は必要ないという結論を導き出すことはない。それは恐らくアルベルトゥスがアヴェロエスのように、光・光輝が色の外部から、色に付随する形相を与えるとは考えず、「色は限定された光・光輝である」と言われるように、光・光輝は色の内部から色を構成すると考えたからであろう。実際アルベルトゥスが「色が何らかの質料からできているものということではない」（引用一）「色は自体的には作用したり作用を被ったりする性質ではない」（引用二）と言ったのも、色は光・光輝そのものではないけれども、その内実は限定された光・光輝であり、あくまでも光・光輝によって構成されているという意味においてなのである[38]。

四　光・光輝と視覚器官

色が限定された光・光輝であり、それが視覚対象であることは分かるとしても、そのことは、光・光輝自体もまた視覚対象であるということを妨げないのではなかろうか。しかしアルベルトゥスによれば、光・光輝そのものは、その光線[39]が視覚器官を熱し、分解して滅ぼしてしまうがゆえに、不可視である、あるいはほとんど不可視である。

引用六

「一方」、自体的に「不可視であるもの」も、色を欠くもの、あるいは、色でないものと言われる。そしてこのことは様々な仕方で言われる。すなわち、「闇のように」、如何なる仕方ででも自体的に見えないもの、「あるいは」光線の中に散乱している微粒子のように「ほとんど見えない」ものが自体的に不可視であるものと言われる。光線の中の微粒子は、或る人が光線そのものに目を留めると、そのとき光線が視覚を拡散させ、視覚を陵駕して、極小のものを見るために視覚力を結集させられないので見えない。一方、視覚の死滅を伴うことなしには見えないものが、ときとして不可視なもの、すなわち色を欠いているものと言われる。たとえば太陽天球における太陽の光・光輝は不可視である。その理由は以下のとおりである。最も強烈である太陽の光・光輝は、球形で表面が滑らかな目〔硝子体〕を越えて目の真中まで多量の光線を反射させる。目の真中には氷の体液〔水晶体〕があり、ここで視覚対象の形相が刻印される。そしてこの反射がこの体液〔水晶体〕を熱し、分解して、恐らく滅ぼす。あるいは恐らく〔水晶体の〕流出が、目の諸膜の下に在る目のまわりの他の体液を分解する。そしてそのときに目の中に汚れが生じたり、何か他の視覚障害が起きたりする。だから、或る人が明る過ぎるものを見ると目が涙を流すのである。それゆえ太陽の光・光輝も自体的に不可視なものと言われるのである。

ところで、日輪の光・光輝を見ると言われるアオサギが日輪の光・光輝を見ることができるのは、或る人々が考えているようにアオサギの目の純粋性からではない。なぜなら、目の純粋性だけでは、目が直ぐに死滅することの原因にしかならないからである。このことは導入された論拠から明らかな通りである。そうではなく、アオサギが日輪の光・光輝を見ることができるのは、視覚を集めることからである。ところで、視覚を集めるものは二つしかない。一つは自体的に視覚を集めるものであり、もう一つは付帯的に視覚を集めるものである。

自体的に視覚を集めるものは黒である。黒は視覚が拡散するのを防ぐ。だから氷の体液〔水晶体〕の周りを囲んでいる土質の黒も視覚を結集させるし、この体液〔水晶体〕の自然本性的な冷たさも視覚を縛り、視覚が分解するのを防ぐ。そしてこれら二つはこの鳥〔アオサギ〕の目においてより多大であり、それゆえに日輪の光・光輝も見るのである。ただし長時間日輪の光・光輝を見ることができるとは私は思わない。上述のことの表れは、視覚を有する全てのものにおいて、自然が目を、あたかも壷の中に閉じ込められているかのように作り、瞼と眉毛の黒さを目の周りに置いて、窪みの暗さと眉毛の黒さの暗さから視覚を集め強めるようにしているということである。

さらにまた、上述のことの表れは、もし人が、沸騰している水銀の上に水晶を置いて長時間水銀の動きを水晶あるいはガラスの下で見るならば、その人の視覚は大いに傷付けられ、そして恐らく視覚の拡散のために盲目となるだろう。また、表面が滑らかな金や、燃えて輝いている他の何かを見る場合も同様である。以上のこと全てが生じるのは、氷の体液〔水晶体〕とぶどう膜の液が上述のようなことから分解し、流出して、〔目に〕固有な構造のハビトゥスを失うからである[40]。

ここでは不可視なものとして挙げられているのは、闇の他に、(1)光線の中の微粒子、(2)太陽の光・光輝である。これらはアリストテレスが『霊魂論』で挙げていない、アルベルトゥス独自の例示である。(1)の光線の中の微粒子が不可視であるのは、光線が視覚を拡散させ、陵駕して、視覚力を結集させることができないからとされているが、これだけではあまり意味がはっきりしない。(2)の太陽の光・光輝が不可視であるのは、多量の光線の反射が水晶体などの視覚器官を熱し、分解して滅ぼすからとされている。これは比較的分かり易い。その後に出てくるアオサギの話では、視覚を集め、拡散を防ぎ、分解を防ぐのは黒と冷たさであるとされているので、⑴のところで「光線が視覚を拡散させ、陵駕して、視覚力を結集させられない」と言われているのは、⑵と同様に光線が視覚器官を熱し、分解して滅ぼすという意味であるように思われる。つまり、⑴⑵とも不可視である理由は、光・光輝の光線が視覚器官を熱し、分解して滅ぼすためであるということになろう。

ただし、光・光輝が視覚器官を熱すると言っても、光・光輝それ自体が熱いわけではない。もしそうだとしたら、四元素の性質の一つである冷と対立するものになってしまい、引用三で述べたように、対立するものを持たないということにはならなくなってしまうからである。そうではなく、アルベルトゥスによれば光・光輝は、月下界で生成消滅する諸物体を動かす力によって[41]、「〔諸部分を〕分解し、部分と部分を引き離すことによって」熱を生じさせるのである[42]。

また、夜輝くもの (noctiluca) が広義には視覚対象であると言われる場合がある。その代表的なものは火である。しかしその場合でも、視覚対象であると言われるのは光り輝くもの (lucentia) であり、光・光輝そのものとは区別される[43]。したがって、引用六の最後の部分のように、火などの光・光輝そのものは、やはり視覚対象であるとは言われないであろう。

五 まとめ

アルベルトゥスによれば、光・光輝は、それによって視覚対象が視覚を変化させるところの現実態と形象とを視覚対象に与える。つまり、光・光輝は視覚活動の作用因であり、形相因でもある。しかし光・光輝は、不透明な物体のうちに在ることによって限定されて初めて視覚対象、つまり色に成る。光・光輝そのままでは、その光線が視覚器官を破壊してしまうので、視覚対象とは成り得ない。

それゆえ、アルベルトゥスの視覚論によれば、天体には、大気の影響などを除けば、光・光輝はあっても、視覚対象である色は付いていないということになるであろう。というのも、上述の通り、光・光輝は不透明な物体のうちに在ることによって限定されて初めて色という視覚対象になるが、天体は、月下の物体のように不透明な物体になる原因である熱・冷・湿・乾を自らのうちに全く有していないからである。

だからもしアルベルトゥスに、天体は感覚認識の固有対象かと尋ねたら、恐らく否と答えるであろう。その答えの核心は、各々の色へと限定されていない光・光輝は、作用せず作用を被りもしないで、ただ動かすだけの物体である天体が本来受け取るものであって、それが、作用しつつ作用を被る物体である月下の物体、四元素から構成されている視覚器官を破壊してしまうがゆえに、視覚対象ではないというところにある。

第二章　聴覚論

一　問題設定

第一章で見た通り、アルベルトゥスの視覚論では、アリストテレスに従い、視覚対象は色であるとされ、そして、色を生じさせ、色に赤や青などの形象を与えるのは光・光輝であるとされる。しかし光・光輝そのものは色ではなく、固有な意味では恐らく視覚対象ですらない。アルベルトゥスに言わせれば、光・光輝とはそもそも、空気や水やガラスなどの透明なものを透明なものにする現実態であり、それ以外の不透明なものは、空気や水の元素を構成要素として自らのうちに持っているかぎりで光・光輝を分有し、そのことによって初めて目に見えるものとなる。そしてこのとき光・光輝は、不透明なものに分有されることによって限定され、この限定によって赤や青などの個々の色に成り、そこで初めて視覚対象と成るのである。

さて、本章の目的はアルベルトゥスの聴覚論を検討することである。まず第一に、聴覚対象である音を生じさせ、音に様々な形象を与えるものは何であるのかを明らかにしたい。そしてさらに、視覚対象である色を生じさせ、それに形象を与えるものである光・光輝が限定されて色に成るのとちょうど同じ様に、音も、それを生じさせ、それに形象を与えるものが、何らかの仕方で限定されて音に成るというようなことがあるのかどうかを明らかにしたい。というのも、色を生じさせるものである光・光輝が限定されて色に成るという構造は、視覚に独特なものであるのか、それとも、視覚だけでなく、すべての感覚に共通した構造であるのか、つまり、感覚対象は必ず、何らかの限定を受けてその感覚対象、認識対象そのものに成るというようなことをアルベルトゥスは考えていたのかどうかをはっきりさせたいのである。

二　音一般

アルベルトゥスによれば、一般的に音を生じさせるものは、直接的には空気の溢れである。そして間接的には、その溢れを生じさせるもの、あるいはその運動である。これは、近現代科学が音のことを空気の濃淡の波（疎密波）と考えているのと非常に類似しているように思われる[1]。

引用一

> というのも、アルガゼルが彼の『自然学』で言っている通り、「音とは、何かが互いに激しく打ち合ったり裂かれたりすることで生じる非常に強い運動から空気に起こる溢れのために空気中で生じる何かのこと」だからである。だから我々は以下のように言う。音とは、空気を砕く運動から生じ、それとともに存在する感覚可能な性質である[2]。

アルベルトゥスはなぜここで、アリストテレスではなくアルガゼル（アル・ガザーリー）を引用したのであろうか。

それは恐らくアリストテレスが、「音を生じさせるものは打撃である」[3]としか述べなかったからであろう。それに比べると、アルベルトゥスが受け継いだガザーリーの分析の方がはるかに詳しいものとなっている。アルベルトゥスはさらにこの箇所の少し先の章で、ガザーリーを参考にしながら、打撃以外で空気の溢れを生じさせる運動についても詳細な考察を展開している[4]。

そして、アルベルトゥスによれば、音に形象を与えるものは、空気の溢れを生じさせるものの一部である。

引用二

〔音は〕鋭〔高〕、重〔低〕における形象の相異を、打たれるものの相異から受け取る。なぜなら、金属と木とが異なる仕方で音を発するのが見られるからである。もし空気だけが音の基体であったとしたら、音はこのような相異を有することはないはずだ[5]。

ここでは、打撃によって空気が溢れて音が生じる場合しか考慮されていないが、それはこの箇所が、「音を生じさせるものは打撃である」としか言わなかったアリストテレスの『霊魂論』の直接的な註解の一部だからであろう。打撃以外の運動によって生じる音に形象を与えるものは何であるのかについてアルベルトゥスが詳しく述べている箇所は今のところ見付けられないが、打撃の場合に準じて解釈すべきであろう。すなわち上で述べたように、どのような運動によって空気が溢れ、音が生じるとしても、その運動を起こすものの一部が音に形象を与えるというのがアルベルトゥスの考えであると解釈すべきである。

では、以上のように、音を生じさせるものが空気の溢れ、あるいはそれを生じさせるもの、またはその運動であり、音に形象を与えるものが、空気の溢れを生じさせるものの一部であるとするならば、それらがちょうど光・光輝と同じ様に、何らかの仕方で限定されて初めて音に成るというようなことは果たしてあるのであろうか。結論を先取りして言えば、アルベルトゥスに従う限り、そのようなことはないと言うべきであるように思われる。

その理由は以下の通りである。

アルベルトゥスの視覚論ではそもそもなぜ光・光輝は限定されて視覚対象に成らなければならないとされていたのであろうか。それは、端的に言えば、光・光輝そのままでは、本質的に視覚器官を破壊してしまうからである。アルベルトゥスに言わせれば、光・光輝は本来、天体の属性である。天体は、アリストテレスに従い、他の物体を動かしはするが、固有な意味では他の物体からいかなる作用を被ることもなく、それゆえ不可滅な物体であるとされる。一方視覚器官は、作用すると同時に作用を被ってしまう可滅的な物体である月下の四元素（「火」、「空気」、「水」、「土」）から構成されているとされる。だから、光・光輝も天体と同様、作用はしても作用を被ることがない性質であるので、天体（特に太陽）から来る光・光輝が無制限に視覚器官の中に入ってしまうと、視覚器官は一方的に作用を被ることになり、結果として破壊されるまでに至るのである。このような、天体、光・光輝などの天体の属性と、月下の物体およびその属性との間に在る相異は、対立性を持つか持たないかということに基づいている。すなわち、天体や光・光輝には対立するものが存在しないが、月下の物体とその属性には対立するものが必ず存在するのである。

それでは、音の場合はどうであろうか。少なくとも、空気の溢れを生じさせるものおよびその運動には、対立するものが必ず存在するように思われる。なぜなら、打撃や破裂など、空気の溢れを生じさせるような運動には、アリストテレスが言うところの強制運動が必ず含まれるように思われるからである[6]。アリストテレスによれば、すべての運動は強制運動か自然本性的運動であり、強制運動とは、重いものが下へ落ちる運動か、軽いものが上に上がる運動であるところの、月下の物体の自然本性的運動と対立する運動のことなのである。[7]

しかしここで一つ問題が生じる。アルベルトゥスは別な箇所で、強制運動は空気にとって或る意味で自然本性的運動であると言っているのである。[8] もしそうであるならば、空気にとって強制運動は事実上存在せず、すべての運動が自然本性的運動であるということになるのではなかろうか。そうすると、たとえ空気を溢れさせるものの運動自体は何らの意味で強制運動であり、何かの自然本性的運動と対立するものであるとしても、それによって生じる空気の溢れに関しては、それと対立する運動はもはやどこにも存在しないということになるのではないだろうか。

強制運動は空気にとって或る意味で自然本性的であるという考えにアルベルトゥスが至ったのは、アルベルトゥス自身の引用からすると恐らく、次のようなアリストテレスの考えに基づいてのことであろう。

引用三

〔空気は、〕力によって押され、力から原理を受け取ればいつでも、軽いものとしては上昇運動を、逆に、重いものとしては落下運動を生み出すであろう。[9]

この箇所は、強制運動によって投げられた物体が、その物体を投げる主体から離れた後、物体自体が作り出した周囲の空気の流れに押されて、最初に投げられたのと同じ方向にしばらく飛び続けるという、アリストテレスの有名な投射体理論に係わる文脈の中で登場する箇所である。

確かに、空気の溢れを生じさせるもの、またその運動、あるいはそれによって生じる空気の溢れと、空気そのものとの間には対立性がないように思われる。しかしながらアルベルトゥスによれば、空気の溢れどうし、そして、それによって生じる音どうしの間にはやはり対立が生じる場合があると思われる。それは、或る音が他の音をかき消したり、同じ大きさの音どうしが或る場所で互いを無にし合ったりするような場合である。

引用四

解決。我々は以下のように言う。妨害し合って対立している大きな音は、〔それらの音が〕接触する場所で、両方の音が混ざった一つの音が生じるという仕方で互いをかき消す。それは両方の音が大きい場合である。あるいは、一方の音が他方の音をかき消す。これは一方の音が強く、他方の音が弱い場合である。しかし以下のことに注意しなければならない。一方が弱い音で他方が非常に激しい音の場合のように、一方の音が他方の音を全周囲において陵駕するというのでなければ、音はお互いをどこででもかき消してしまうというわけではない。ところで音を強さで比較すると、その場合、音が互いを最もかき消すのは、音を出す両者からの結合線の辺りである。しかし、周囲の他の部分ではそれほどでもない。哲学者アリストテレスが言うように、音の反響はどこででも起こっているので、これらの音のどちらも依然として知覚されるということもときどき起こる。なぜなら等距離線の或る部分では音は消えてしまうけれども、しかしその周囲の他の部分では反響し、聴覚まで到達するからである。(10)

引用四の中で、音どうしが接触して互いを最もかき消す場所とされている「結合線」(rectum diametrum) とは一体どのような場所なのであろうか。これは音を、音源を中心に周囲に広がっていく円形の波から生じるものとして捉え、このような音源が複数ある場合に、そこから周囲に広がっていく音波の円どうしが重なるところのうちの或る部分をつないでいった線のことを、アルベルトゥスは「結合線」と呼んでいるようである。このことは次の箇所からも推測される。

引用五

音と、水の中に投げ入れられた石とには同様のことが起こる。石は、落ちたところで〔円の〕中心として在り、そして円周で水は円形に動かされ、石の衝撃が続く限り円はますます広がって離れていく。（中略）音も空気中で同じ様に発生し、最初に音を発するものは中心の場所として在り、音は空気の円形方向上に溢れ出す。（中略）反対から運ばれて来る円は部分的に触れあい、その部分は点のようにして在る。そして同じこの場所で一方の円が他方の円をかき消す。しかし他の部分に在る弧は互いに触れ合わず、互いにかき消しもしない。この部分では音の形成も在る。ここから再び隣の空気中にも音が生じるのである。[11]

引用四、五からすると、アルベルトゥスにはどうやら、現代科学が言うところの音の干渉と似たアイディアがあったようである。干渉とは、何であれ複数の波が重なり合う場合に、それぞれの波の位相（音波の場合は空気の濃淡）が異なっている地点では波が互いを弱め合い、位相が重なっている地点では波が互いを強め合うという現象のことである。引用五は特に、これと似たアルベルトゥスの音理解をよく表しているように思われる。

ところで現代科学には波の独立性という考え方がある。それは、重なり合った波が離れた後は、初めからそれぞれが単独に進んでいたのと同じ様に波が進んで行くという性質のことである。これと類似した考えまでアルベルトゥスが持っていたかどうかは今のところ不明であり、引用四、五からもはっきりとは読み取れない。しかしもし仮にアルベルトゥスがこれと似た考えを持っていたとしても、それでもやはりアルベルトゥスが、音には対立が生じる場合があると考えていたことは確かであるように思われる。それは、アルベルトゥスが引用四の箇所で、音について「妨害し合って」(obviantes)「対立していて」(contrarii)「かき消す」(infringunt, destruit, confringunt, confringit)「消えてしまう」(corruptus)といったような表現を頻繁に用いているところから明らかであるように思われる。

以上の考察から、音を生じさせるものである空気の溢れ、また、それを生じさせつつ音に形象を与えるもの、あるいその運動には、光・光輝とは違って、対立するものが存在するので、光・光輝のように限定されて感覚対象に成るというようなことは、特別に大きな音が生じるような場合を除けば、本質的には必要ないとアルベルトゥスは考えていると解釈すべきであるように思われる。実際そのような議論が音について展開されているテキストは今のところどこにも見当たらない。

ところで、現代科学では、光もまた波であり、干渉すると考えられている。一般の光源から出る光は波の位相が不揃いなので、そのままでは干渉現象は起こらないけれども、スリット（細いすきま）などを使って同じ光源の光を分割すれば、光も干渉することが知られている。もし仮にアルベルトゥスがこれと似た考えを持っていたとしたら、音波には波であるがゆえに対立するものが存在するとした以上、光・光輝にも対立するものが存在すると考えなければならなかったことだろう。しかしアルベルトゥスはそうは考えなかった。それゆえ、アルベルトゥスが光・光輝には対立するものが存在しないと考えたのは、光を波や粒子と考える近現代科学とはかなり異なる立場に立ってのことであったということも、ここで明らかとなったように思われる。

三　音声

アリストテレスは、聴覚について論じている自身の『霊魂論』第二巻第八章の中で、聴覚対象である音の一種として音声を取り上げ、かなりの紙面を割いていろいろと論じている[12]。またこれに倣ってアルベルトゥスも、アリストテレスの『霊魂論』に対応する自身の著作の聴覚論の部分で、音声についてかなり詳しく論じている[13]。

では、本章一で掲げた問題を音声にも当てはめてみることにしよう。音の一種である音声を生じさせ、それに様々な形象を与えるものは一体何であろうか。音声も音である以上、本章二で見たような音一般の原因と全く同じものを原因として考えるべきであろうか。確かに、音であるかぎりでの音声を考察するというのであればそれでよかろう。しかしながら、音声である限りでの音声を生じさせるもの、音声である限りでの音声に形象を与えるものは何かと問うならば、音声だけにしかなく、音一般には見出すことができないようなものをまず突き止め、その上でその原因を考えなければならないだろう。

では、音一般には見出されず、音声だけにしか見出せないものとは一体何であろうか。アルベルトゥスに言わせれば、それは諸事物の概念を表示するということである。だから、音声である限りでの音声を生じさせ、それに形象を与えるものは、アルベルトゥスによれば、諸事物の概念を有している者、すなわち知性を有している者でなければならないということになる。

引用六

音声は情動を表示するものではなく、むしろ概念を表示するものである。なぜなら、音声とは心の概念を説明する音だからである。そしてそれゆえに音声は、諸事物の概念を抱いている知性を有している者のものでなければならず、音声に形相を与えるのは概念を表現するためなのである。ところで、情動を有しているものである他の動物は、自身の情動を表現する音を発するので、音声は発しない。[14]

アリストテレスは、『霊魂論』第二巻第八章の中では、音声のことを「魂を持つものの〔発する〕音[15]」「動物の〔発する〕音[16]」としか言っておらず、概念や知性についてはまったく言及していない。それに近い表現としてはせいぜい、「音声は表示する音である[17]」という言葉くらいである。アルベルトゥス自身においても、音声は人間を含めた動物が発する音なのか、人間だけが発する音なのかについては発展があるようで、一二四五―六年頃成立したと思われる『人間論』では、「多くの動物が音声を発し、人間だけが音声を発するのではない[18]」と言っている。しかし、一二五四―七年頃成立したと思われる『霊魂論』では、引用六に見られる通り、音声は人間だけが発する音であるというアルベルトゥス独自の立場が確立されているのである[19]。

このようにアルベルトゥス独自の立場では、音声である限りでの音声を生じさせ、それに形象を与えるものは人間であるということになるのであるが、それはより正確に表現すれば、想像力と知性の両方を有する者の理性的能力である。

引用七

理性の能力は、説明する能力と言われるが、発声器官で空気を打つことによって、形相付けられるものである音声に、想像力と知性が有する類似像を刻印する。そしてこの形象を受け取る空気に発声の道具を通して触れ、触れることによって空気に作用し、作用することによって空気を表示活動へと変化させる。[20]

ここで言われている「想像力と知性が有する類似像」とは恐らく、音声の音としての形象と、諸事物の概念のことであろうが、それらを、特に概念を音声に「刻印する」とは一体どのような事態であろうか。それは、アルベルトゥスによれば、人間どうしの間ですでに確立している記号に諸事物を表示させるということである。

引用八

音声とは記号へと形相付けられた音である。この記号は約束に従って事物を表示する。だから音声は記号として事物について知らしめもするのである。それゆえ、記号が確立しているのを知らない者はその音声を知覚することもない。このため、異なる方言で語る者はお互いを理解しないのである。[21]

つまり、音声である限りでの音声を生じさせ、それに形象を与えるということは、まず、諸事物の概念を有している人間どうしの間で、或る音を或る概念の代わり、つまりその概念を表示する記号とすることが予め了解され、その上で、その約束事に従って、或る事物の概念を表現するために、その概念の記号とされている音を発するということであろう。

このように、アルベルトゥスによれば、音声である限りでの音声を生じさせ、それに形象を与えるものは人間の理性的能力である。ではここで、本章一で掲げたもう一つの問題を音声に適応してみることにしよう。すなわち、このような人間の理性的能力は、光・光輝が限定されて色に成るのとちょうど同じ様に、限定されて音声に成るというようなことはあるのであろうか。本章一で述べた通り、アルベルトゥスによれば、光・光輝は空気や水など透明なものの現実態であり、それ以外の不透明なものは、空気や水の元素を有している限りで光・光輝を分有する。光・光輝は、不透明なものに分有されることによって限定されて個々の色に成るのであった。これと似た構造が理性的能力と音声との間に見出されるかどうかということがここで問題となる。

音声の場合、理性的能力は人間の能力、現実態であり、その能力を音声は、概念の記号である限りで分有していると言って差し支えないだろう。ではここで、理性的能力は何らかの限定を受けることによって音声に成るというようなことが言えるであろうか。少なくとも言えることは、理性的能力は音声において時間的に限定されるということである。なぜなら、古代中世の一般的な常識に従えば、理性的能力やそれが有する概念は永続的なものであるのに対し、音声は時間的に永続的なものではないからである。

引用九

子音・母音や音節のそれぞれの形成は分けられており、何か一つのものによってつなげられることもないので、分割されているものに数えられ、連続的なものには数えられない。しかし、連続的な時間で測られるので、数ではなく、上で明らかにした通り、運動ではないけれども、運動〔息を保持すること〕の内に在り、運動は諸部分においては永続性を有さないので、その諸部分においては、いかなる永続性も有さない。(22)

音声は通常、複数の子音・母音、音節から構成される。そして、或る一つの子音・母音や音節は、必ずその他の子音・母音、音節と時間的前後関係で区別される。これらはばらばらに語られるのではなく、一息の中で連続的に語られ、聞かれ、理解されるけれども、それでもやはり依然として各子音・母音、音節は区別されたまま語られるのであり、そもそも息の保持に時間的限界があるから、それらから構成されている音声に永続性が無いのは明らかである。

このような、理性的能力やそれが有する概念と音声との対照は、引用九の箇所への私の勝手な読み込みではなく、アウグスティヌスに由来するものであり、アルベルトゥスもそれを自覚しているのは明らかである[23]。アウグスティヌスは『ヨハネ福音書註解』で次のように述べている。

引用十

だから、語られ過ぎ行くものは何でも、音であり、子音・母音であり、音節である。響く言葉は過ぎ行く。しかし、音が表示し、語った思惟者のうちと、聞いた知性認識者のうちに在るものは、響く音が行過ぎてもそのままである[24]。

このように、永続的なものである人間の理性的能力や、それが有する概念が時間的に限定されて、永続的ではない子音・母音や音節から構成される音声に成ると捉えることが一応可能であるとしても、それを、光・光輝が限定されて色に成るのと同様の限定であるとアルベルトゥスは考えていたのであろうか。結論を先取りして言えば、アルベルトゥスはそのように考えていたと思われる。なぜなら、アルベルトゥスにとって色と音声とは非常に類似したものと捉えられていたからである。

　そう言える理由は以下の通りである。

　アリストテレスは、自身の『感覚と感覚されるものについて』第一章[25]において、視覚、聴覚、嗅覚は、これらの感覚を持つものすべてにとっては安全（σωτηρία）のためにあるが、賢慮（φρόνησις）を持っている動物にとっては、善く在ること（τὸ εὖ）のためにあると言っている。そしてその直ぐ後で、これらの感覚のうち、必要なもの／必然的なもの（ἀναγκαῖα）という観点では、視覚がより善く、知性（νοῦς）や賢慮という観点では、聴覚が付帯的により善いと言っている。

　聴覚が付帯的により善いと言われるのは、それが音一般ではなく音声だけを対象にする場合に限られるからであるということは、この直ぐ後の箇所を読めば分かる。しかし、よく分からないのは、視覚がより善いと言われるところの「必要なもの／必然的なもの」という観点と、聴覚が付帯的により善いと言われるところの「知性」や「賢慮」という観点である。両者の内容も、両者の関係も、その直前でなされている区別、すなわち、「安全のため」と「善く在ることのため」という区別との関係も、このままではほとんど何も分からない。たとえばトマス・アクィナスは、「必要なもの／必然的なもの」という観点と、「安全のため」ということとを結び付けて解釈している[26]。これに対してアルベルトゥスは、自身の『感覚と感覚されるものについて』第二章の中で、視覚と聴覚がそれぞれの観点でより善いと言われるのはどちらも、賢慮を持っている動物にとっての場合、より善く在るための場合であると解釈した上で、さらに、両感覚がより善いと言われる観点について、かなり独特な解釈を示す。

引用十一

或る者が知ることはすべて、学習して知るか発見して知るかである。だから、知を獲得する仕方にも二つある。それゆえ、我々が述べた二つの感覚のうち、発見による知に関しては、視覚の方が、それ自体だけで理解してより善い。しかし、教えられることによって学んで知を得る者にとっては聴覚の方が付帯的により善い。さて、発見による知に関して視覚の方がより善いということが明らかであるのは、視力が諸事物の多くの相異、様々な相異を明らかにするからである。ところで、多くのものの多くの相異と私が呼ぶのは以下の理由による。すなわち、すべての物体が色を分有するのは、後で明らかにされるであろう通り、光・光輝が色の基体であるということによってである。つまり、それぞれの物体は光・光輝を分有する分だけ色を分有する。一方、光・光輝の分有は、単純物体、複合物体すべてに何らかの仕方で見出されるのである。（中略）一方聴覚は、物音や響きの相異しか知らしめないが、一部の動物においては、想像とともに知られるものである音声の相異を知らしめる。だから、聴覚が、そこからすべてのものについての普遍的な知が受け取られるところのものを普遍的に知らしめるものであるのは付帯的にでしかない。実際、聴覚が知恵に多大な貢献をするのは付帯的になのである。しかし、音声が諸事物を表示するということは起こるのである。だから言葉が聞こえると、言葉の概念も知性認識されるのである。[27]

アルベルトゥスによれば、視覚、聴覚ともに、より善いと言われるのは知に関してのことであり、視覚がより善いのは発見の知に関してのことであり、聴覚がより善いのは学習の知に関してのことである。そして、発見の知において視覚がより善いのは、どの物体も光・光輝を分有し、それ故に色を分有するからである。一方、学習において聴覚がより善いのは、音声がどの事物の概念でも表示するからである。引用十の「そこからすべてのものについての普遍的な知が受け取られるところのものを普遍的に知らしめる」とは、その後の下りから言って、諸事物の概念を表示するという意味であろう。また、「付帯的に」と言われているのは、「記号によって」という意味であろう。それは次の箇所からも推測される。

引用十二

聴覚が第二の感覚と言われるのは三つの理由のためである。そのうちの一つは『感覚と感覚されるものについて』冒頭で触れられているものである。すなわち、「知に関しては視覚の方がより善い」ということである。というのも、すべての物体は色か光・光輝を有しているか、あるいは透明であり、これらのものすべてが視覚対象であるので、すべての物体的なものは視覚に把捉されるがゆえに、「視覚は多くの相異を明らかにする」からである。「一方聴覚は、響き、つまり物音の相異を」明らかにし、「自体的にではなく付帯的に学習に」貢献する。「学習はものの名から成り立っているからである。」だから、視覚は、諸事物の類似を自体的に明らかにするがゆえに、自体的に知恵に貢献するが、一方聴覚は、ものの名が諸事物の類似の記号であるがゆえに、自体的にではなく記号において諸事物の類似を明らかにするので、付帯的に知恵に貢献する。だから視覚は、学習に係わる諸感覚の中で第一の感覚であり、聴覚は第二なのである。しかし、ものの名はすべての事物の記号である。すなわち、視覚対象、嗅覚対象、味覚対象、触覚対象、知性認識対象の記号であり、聴覚対象そのものの記号でさえある。だから、すべてのものについての賢慮は、聴覚によって教えられて理解されるが、視覚によってすべてのものについては理解されない。[28]

つまり視覚も聴覚も、その対象がどの物体にも分有されたり（色の場合）、どの事物をも表示したり（音声の場合）するが故に最も善いのである。言い換えれば、色と音声とは共に、極めて広い範囲の事物を感覚対象にするものであるという点、そしてそのことによってそれぞれの感覚の善さを、知性を持つ動物、つまり人間にとって最高のものにするという点で、非常に類似したものであると考えられていると思われるのである。

四　まとめ

　アルベルトゥスによれば、音一般を生じさせるものである空気の溢れは、光・光輝が限定されて色に成るのと同様に限定されて音に成るというようなことはない。それに対して、音声である限りでの音声を生じさせるものである人間の理性的能力は、光・光輝と同様に限定されて音声と成る。ここで「同様に」と言っているのは、この限定が起こると同時に、非常に多くの事物が感覚対象と成るというような仕方で、という意味である。

　このようにして、或る感覚対象を生じさせるものが限定されてその感覚対象に成るという構造は、アルベルトゥスによれば、光・光輝↓色の場合と、理性的能力↓音声の場合に独特な構造のようである。だから、視覚対象を生じさせるものである光・光輝は、他の感覚対象を生じさせるものに比べて、音声を生じさせるものである理性的能力により類似していると言うことができるであろう。

第三章　触覚論

一　問題設定

第二章で見た通り、アルベルトゥスによれば、光・光輝は限定されて色に成る。理性的能力は限定されて音声に成る。この点で光・光輝は理性的能力に似ている。その一方、音一般を生じさせるものは限定されて音に成るわけではない。本書では取り上げないが、嗅覚においても、味覚においても、触覚においても同様に、対象を生じさせるものが限定されて対象が生じるわけではない。この点では少なくとも、感覚対象を生じさせるもので光・光輝以外のものはすべて、光・光輝ほど理性的能力には似ていない。古代中世において一般的に理解されていた存在論的位階を考慮に入れれば、それらは光・光輝に比べて或る意味でより物体的であると言うことができるであろう。いやむしろ、視覚以外の感覚はすべて、それ自体が視覚よりもより物体的なものであり、単なる物理作用に近いと理解することができるかもしれない。実際このような理解がアリストテレス『霊魂論』においては、特に触覚論において顕在化しているように思われる。

アリストテレスは自身の『霊魂論』第二巻第四章と第五章で、「感覚は或る種の性質変化であると思われる」と述べている[1]。この言葉は様々な仕方でラテン語に訳され、十三世紀以降の西欧中世において感覚の一般的定義として広く用いられた。しかしアリストテレスはこのような定義に対して、それでは「なぜ感覚器官そのものの感覚も生じないのか(2)」「なぜ外的な対象が存在しなければ感覚を生み出すということがないのか(3)」という問題を自ら提出している。つまり、何らかの性質変化によってすでに目には色が付いており、皮膚には何らかの感触があり、舌には何らかの味が付いているはずなのに、なぜそれらは感覚されず、それら以外の色や感触や味が感覚されるのかという疑問である。

　このように自ら提出した問題に対してアリストテレスは、「そこで、感覚する能力が現実活動態においてあるのではなく単に可能態においてあるということは明らかである(4)」と自ら解答している。つまり、確かに感覚器官にはすでに色や感触や味は付いているが、しかしそれだけではまだ、現実態に在る感覚認識は生じておらず、さらに外部の感覚対象によって現実態へともたらされなければ感覚認識は生じないということであろう。

　アリストテレスは感覚に関するこの一般原則を『霊魂論』第二巻第十一章で触覚にも当てはめる。すなわち、「熱さや冷たさあるいは硬さや軟らかさが感覚器官のそれに等しいと、われわれがそれを感覚することはなく、むしろ度を超過した性質を感覚するのである。そのことは感覚が、言ってみれば、感覚されるものの領域における反対性質間のある種の「中間的状態」であることを示している(5)」とアリストテレスは述べている。つまり、触覚器官に在る熱さや冷たさなどの触覚可能な諸性質は感覚されないが、それらに対して度を越している諸性質が外部から加われば、それらに対して触覚器官は中間的状態にあり、それらになり得る可能態に在るので、現実態に在る触覚認識が生じるということなのであろう。

　しかしここで次のような問題が生じるように思われる。アリストテレスは『霊魂論』第二巻第五章で、受動を二つに区別している。すなわち、通常の物理的な性質変化がそうである通り、対立するものによって或る種の消滅が起こる場合と、そうではなく、視覚認識や知性認識がそうである通り、現実態に在るものによって、可能態に在るものが「救済される」、つまり、可能態から現実態へと高められる[6]のみの場合とである。このようにしてアリストテレスは、通常の物理的な性質変化と、感覚という或る種の性質変化とを明確に区別しているように思われるのである[7]。

しかし触覚の場合、現実態において度を越している触覚可能な諸性質が、それらに対して中間的状態に在り、それらになり得る可能態に在る触覚器官を「救済する」、つまりそれらへと「高める」とはとても言えないのではないだろうか。むしろ、触覚器官において何らかの消滅が起こっていると言わなければならないのではないか。その意味で触覚は、上述のアリストテレスによる受動の区別に従えば、感覚ではなく、むしろ通常の物理的変化であるというべきではないだろうか。

アルベルトゥスは、本章において見る通り、以上のようなアリストテレスの感覚論と、そしてさらに、当時アリストテレス解釈の権威の一人と目されていたアヴィセンナに依拠しながら、しかし彼らとは異なり、むしろ触覚論をベースにして感覚論全体を再構築しているように思われる。本章では、それが一体どのようにして行われているのかを、アルベルトゥスの触覚論に関わる諸テキストを詳細に検討しながら明らかにしたい。

二　アリストテレスとアヴィセンナの立場

まず、アルベルトゥスが自らの触覚論の出発点としているアリストテレスとアヴィセンナの触覚論を、アルベルトゥスの解釈を軸に概観してみることにしたい。

アリストテレスは『霊魂論』第二巻第十一章で触覚について最も詳しく論じている。この章の冒頭でアリストテレスは次の二つの問題を触覚論の中心的論点として提出している。それはすなわち、①触覚は一つの感覚なのか、それとも複数の感覚なのかという問題と、②肉（σαρξ, caro）は触覚の器官なのか、それとも媒体なのかという問題である。[8]

そしてアリストテレスは、②の問題、すなわち、肉は触覚の器官なのか媒体なのかという問題については基本的に、肉は触覚の器官ではなく媒体であると解答している。[9]アリストテレスのそのような解答の主たる根拠となっているのは、感覚においては一般に、感覚器官が感覚対象と直接接触しても感覚は生じないはずだが、肉の場合は感覚対象と直接接触すると感覚が生じるからということのようである。[10]ここでは、たとえば視覚の場合ならば、色の付いているものの色が直接眼球に触れても色は見えないとか、あるいは聴覚の場合ならば、音を鼓膜そのものによって起こしても、音は聞こえないだろうというようなことが想定されているように思われる。このようにアリストテレスは触覚と視覚、聴覚、嗅覚など他の外部感覚とを統一的に理解しようとしているように思われる。[11]

またアルベルトゥスと、彼を取り巻いていた当時の周囲の人々のアリストテレス解釈も同様のものであったようである。というのも、アルベルトゥスは、触覚について最も詳しく論じている彼の『被造物大全』第二部（通称『人間論』）第三十三問第三項「触覚の媒体と器官は何であるか」の反対異論で、上記とほぼ同様のアリストテレス解釈を紹介しているからである。[12]

一方、アリストテレスが『霊魂論』第二巻第十一章で触覚論の中心的論点として提出した上述の二つの問題のうち①の問題、すなわち、触覚は一つの感覚か、それとも複数の感覚かという問題については、アリストテレスの立場はかならずしも明確ではない。しかしどちらかというと触覚は複数の感覚であるという考えの方に傾いていたように思われる。[13] そのようなアリストテレスの考え方の主たる根拠となっているのは、触覚対象には、熱と冷や湿と乾のような反対関係に在る感覚可能な質のペアが複数あるので、それぞれの対立関係に対応する感覚能力が同数なければならないからということのようである。[14]

アルベルトゥスと、彼を取り巻いていた周囲の人々のアリストテレス解釈も同様のものであったようである。というのも、アルベルトゥスは『人間論』第三十三問第二項「触覚は一つの感覚であるか、複数の感覚であるか」において、この問題に関する当時の様々なアリストテレス解釈を次のように紹介しているからである。すなわち、まず異論では、触覚は複数の感覚ではなく一つの感覚であるという考えがアリストテレスに帰されているが、それは、感覚は五つしかないというアリストテレスの言葉を取り上げて、このような極めて形式的な根拠から主張が展開されているに過ぎない。[15] その一方、同項の反対異論では、触覚対象には複数の対立性が在るからという実質的な根拠によって、触覚は一つの感覚ではなく複数の感覚であるとする考えをアリストテレスに帰す立場が紹介されているのである。[16]

では、アリストテレスが『霊魂論』第二巻第十一章冒頭で触覚論の中心的論点として提出した上述の二つの問題について、アヴィセンナはどのように考えていたであろうか。

まず①の問題、すなわち、触覚は一つの感覚か複数の感覚かという問題についてアヴィセンナは、「触覚力は複数の力であるようだ」とはっきり述べている。そしてその根拠は、アリストテレスと同様、重と軽、熱と冷など複数在る対立性それぞれに、それらを把促する固有の力がなければならないからとしている。[17] また、②の問題、すなわち、肉は触覚の器官か媒体かという問題については、肉は触覚器官であり、触覚に媒体は存在しないと、これについてもはっきりと述べている。[18] そしてその根拠は、そもそも触覚とは、外部の有害なものから身体を守る自然本性だからだとしている[19]。身体の表面に触覚器官のないところがあったら、その部分では身体に有害なものが察知できず、結果身体が危険に晒されることになり、触覚の役目を果たせないことになってしまうからということであろう。アルベルトゥスと、彼を取り巻いていた周囲の人々のアヴィセンナ解釈もほぼ同様のものであったようである[20]。

　少なくとも、アルベルトゥスと彼を取り巻く周囲の人々が解釈するかぎりでのアリストテレスとアヴィセンナは、触覚が複数の感覚であると考える点ではほぼ一致していると思われる。そして両者がそのように考える根拠は、触覚の対象には熱と冷や湿と乾といった複数の対立性が含まれるからということであると思われる。だがその一方で、肉は触覚の媒体であると考えるか器官であると考えるかという点については両者は明確に異なっている。アリストテレスは前者の立場を取る。つまり、触覚を視覚、聴覚、嗅覚など他の外部感覚と統一的に理解しようとして、触覚にも他の外部感覚同様、媒体が存在する（肉のこと）と考える。他方アヴィンナが後者の立場を取るのは、触覚は動物の身体全体を守る自然本性であるので、その器官が身体の一部であったとしたら身体にとって危険だと考えるからである。

　この両者に対してアルベルトゥスは、触覚を動物の自然本性であると考えるアヴィセンナの立場を肯定し、それを出発点としつつも、そのことによってかえって触覚を一つの感覚であると考える立場に至り、アリストテレス以上に、触覚を含む外部感覚全体を統一的に理解すると同時に、アリストテレスの肉＝媒体説をも自らの考えのうちに包含することになる。

三　アルベルトゥスの立場

まずアルベルトゥスは、『人間論』第三十三問第二項「触覚は一つの感覚であるか、複数の感覚であるか」主文の中で、触覚は一つの感覚であると主張していく。しかしその前に、そのような主張の前提として、一つ前の項である第一項「触覚とは何か」主文において、触覚と動物の自然本性、すなわち感覚的魂との関係について論じる。それは以下の通りである。

アルベルトゥスによれば、触覚はその意味内容 (ratio) のうちに二つのことを有している。一つは、触覚対象の判断であるということである。このかぎりでは触覚は感覚的魂の諸能力の一部であるとされる。ただしこのかぎりでの触覚については、第三項主文の一部を除いてこの後ほとんど何も語られない。二つ目の内容は、完全性であるということである。どのような完全性かと言うとそれは、アルベルトゥスの言い方に即して言えば、「感覚的魂を定義する名辞がそこから取られるところの完全性」である。そしてこのかぎりでの触覚は、感覚的魂の諸能力の一部ではなく、感覚的魂を完成し (constituere)、感覚的魂を感覚的魂たらしめるものであるとされる[21]。つまり触覚とは、それを有しているものが、それを有していることのゆえに動物であると言われ、その自然本性は感覚的魂であると言われるような完全性だということであろう。実際アリストテレスも、触覚しか有していないものであっても動物として存在し得ると述べている[22]。

この第一項の主文におけるアルベルトゥスの主張について、次のような異論が出されるかもしれない。すなわち、同じ触覚という感覚が、片や感覚的魂の一部であると言われ、片や一部ではないと言われるのは矛盾ではないのかと。しかし私は、矛盾ではないと考える。その理由は以下の通りである。確かに、触覚があるだけでは、つまり、身体に何かが接触すると何かを感じてそれに反応するということだけでは、動物は動物たり得ないし、感覚的魂は感覚的魂たり得ないと言うことができる。その他に、たとえば栄養摂取能力もなければならないのは言うまでもない。この意味での触覚は確かに感覚的魂の諸能力の一部であろう。しかし、ここで言われている完全性であるかぎりでの触覚とは、それを有しているものを動物たらしめ、その自然本性を感覚的魂たらしめるものとしての触覚である。だから、この意味での触覚は、動物の自然本性である感覚的魂を完成するものとして、その完全性を、栄養摂取的能力なども含めてすべて有しているものと考えられている。つまり、触覚成立の前提としてそれに必要な他のすべての感覚的魂の諸能力全体を含めて触覚と呼ばれているのであろう。このようなアルベルトゥス解釈の妥当性は次の項の主文においてさらに明らかにされる。

アルベルトゥスは次の第二項「触覚は一つの感覚であるか、複数の感覚であるか」主文で以下のように主張する。すなわち、触覚には二通りの意味(ratio)がある。一つには、触覚対象の判断能力であるという意味である。この意味での触覚については、第一項主文のところで述べた通り、この後ほとんど何も語られない。もう一つは、動物であるということに即しての動物の形相であるという意味である。これは、触覚の意味内容(ratio)を二つに分ける構図と、その一つ目が触覚対象の判断であるということから考えて、第一項主文で言われた、「感覚的魂を定義する名辞がそこから取られるところの完全性」「感覚的魂を完成し、感覚的魂を感覚的魂たらしめるもの」と同じ内容を指していると見てよいであろう。つまりここでは、感覚的魂を完成し、感覚的魂を感覚的魂たらしめるものであるかぎりでの触覚と、動物であるということに即しての動物の形相とが同一視されているのである。ところで、「動物であるということに即しての動物の形相」というのは恐らく、動物であるという実体形相のことであろう。だからここでは、感覚的魂を完成するかぎりでの触覚と、動物の実体形相、自然本性とが同一視されていると言える。それゆえ、第一項主文のところで見た通り、感覚的魂を完成するものであるかぎりでの触覚は、感覚的魂の完全性をすべて有しているとアルベルトゥスは考えていると解釈してよいと思われる。だからこそ触覚は動物の実体形相、自然本性であるかぎりでの感覚的魂そのものと同一視され得るのである。

アルベルトゥスによれば、動物の実体形相であるかぎりでの触覚は、身体の一部に在るのではなく、或る意味ですべての部分に存在して身体全体を規定している。しかもそれは、一つの在り方で存在するのではなく、身体の各部分の様々な在り方に即して存在している。だから、このかぎりでの触覚は、熱と冷や湿と乾など反対関係にある様々な触覚対象のペアを把捉する感覚としても存在している。しかし、そのような動物の実体形相であるかぎりでの触覚は、アルベルトゥスに言わせれば、それ自体としてはあくまでも一つの感覚なのである。

引用一

解決。上（第一項）で述べたことに従って我々は以下のように言う。触覚には二通りの意味がある。すなわち、諸々の触覚対象の判断であるということに即しての能力、部分という意味と、動物であるということに即しての動物の形相という意味とである。そしてこのため〔動物であるということに即しての動物の形相という意味があるため〕、複数在る感覚の中で触覚だけは諸々の対立性に係わる。ただし、形相であるということに即せば触覚は一つの感覚なのであるが。その理由〔諸々の対立性に係わる理由〕は以下の通りである。諸々の栄養摂取的なものの完全性であるところの、植物における生殖能力は、植物の身体の一部に在るのではなく、全身を規定している。それは、根、幹、小枝、若枝において存在する全体の形相と同様である。しかも、一つの在り方に即して存在するのではなく、むしろ葉、小枝、若枝、果実、種、苗を生み出しつつ、多くの在り方に即して存在しているのである。これと同様に、動物を完成させる形相である触覚も、特定の働きとの関係でなければ部分ではないこと、栄養摂取的なものの生殖部分もそうであるのと同様である。それゆえ触覚は動物の身体の一部に存在するのではなく、或る意味ですべての部分に存在すること、後で述べられるであろう通りである。また、一つの在り方で存在するのではなく、複数の対立性を把捉することができる。すなわち、身体そのものを、それが触覚の器官であるのに従って限定するすべての対立性を把捉することができるのである。それゆえ我々は次のように言う。触覚は、形相であるということに即しては一つの感覚であるが、しかし、諸々の特定の働きに即せば複数の対立性と係わるのである。(23)

当然のことながら、もし生殖能力だけが存在するということが可能であるとすれば、それがあるだけでは植物は植物たり得ず、植物の自然本性、実体形相である栄養摂取的魂も、栄養摂取的魂たり得ない。そこにはたとえば栄養摂取能力もなければならないし、成長能力もなければならないことは言うまでもない。しかしアルベルトゥス(24)によれば、そこから栄養摂取的魂の定義が取られ、栄養摂取的魂の完全性であるかぎりでの生殖能力は、栄養摂取的魂を完成するものであり、栄養摂取的魂の完全性をすべて有しているがゆえに、植物の身体全体を規定し、身体の各部分にそれぞれの在り方に即して存在している。そしてそれとまったく同様に触覚も、感覚的魂を完成するものであるかぎりでは、動物の身体全体を規定し、身体の各部分にそれぞれの在り方に即して存在している。だから、身体の中に含まれる、熱と冷や湿と乾など反対関係にある触覚対象のペアを把捉する複数の触覚をも包含しながら、しかしあくまでもそれ自体は一つの感覚なのである。

さらにアルベルトゥスは次の第三項「触覚の媒体と器官は何であるか」主文で以下のように主張する。「触覚」は二つの意味内容(intentio)を有している。一つは、形相であるという意味内容である。これに即せば触覚は身体全体を器官として有しており、何らかの媒体を用いてはいない。これは本章二で述べたアヴィセンナと同じ立場である。しかしアルベルトゥスの場合ここに或る限定が付く。それは、身体のなかでも、感覚精気(spiritus sensibilis)をより多く分有していて、均等性により近づいている部分、すなわち神経、肉、皮膚などが触覚感覚を行うという限定である。さらに、触覚は主として心臓の中に在るとも言われる。また、もう一つの意味内容である、諸々の触覚対象の判断であるということに即しての触覚は、諸々の触覚対象について判断する場所である脳の中に主として在るとされる。

引用二

解決。触覚は、上(第一、二項)で語られたことに従って二つの意味内容を有している。すなわち、形相であるという意味内容と、能力であるという意味内容とである。そして触覚は、魂を有する物体〔身体〕の形相であり、完全性であるのに即せば、その場合は、身体全体を器官として有しており、何らかの媒体を用いはしないが、しかし、たとえば神経、肉、皮膚のように、均等性により近づいており、感覚精気をより分有している諸部分でより感覚する。一方たとえば骨や脳や髪の毛や角や爪のように、均等性から遠ざかっており、感覚精気を分有していないものは、或る仕方に即してでなければ感覚しないこと、後で述べられるであろう通りである。すなわちこのようなものは、神経の通っている何らかの断片の周りに在るかぎりで感覚するのであって、そのような断片を壊すことによって苦が感覚されること、脳の周りや骨の周りにおいてそうである通りである。というのも、この場合触覚は、魂を有している物体〔身体〕の形相であるので、その質料全体を規定し完成する。そしてこのため触覚は、肉を変化させるもの、皮膚を変化させるもの、神経を変化させるものは何でも知覚する。この限りでは、触覚は主として心臓の中に在る。心臓は身体全体の原理であり、諸々の神経の繊維を通して身体全体を包んでいるのである。一方、触覚は、諸々の触覚対象の判断であるのに即せば、その場合は主として、諸々の感覚対象を判断する場所、すなわち脳の中に在る。というのも、脳はその冷たさと湿り気のためにいかなる触覚も持たないけれども、しかし脳からは動物精気が流出している。動物精気は諸感覚の原理であること、アルガゼルが次のように述べている通りである。すなわち、触覚が「肉と皮膚の部分に到達するのは微細な物体を介してである。この物体は触覚の乗り物であり、精気と呼ばれ、諸々の神経組織を通して散らばり、神経組織を介して肉と皮膚の部分に到達する。そしてこの微細な物体は、脳と心臓からでなければ、この力〔触覚〕を獲得することも、引き起こすこともない」。そしてこの仕方で神経は力〔触覚能力〕を脳と心臓から受け取り、肉と皮膚に与えるのである[25]。

このような、第二項から第三項への話の展開は突飛過ぎはしないかという疑問が出されるかもしれない。しかし、アリストテレスに端を発し、ガレノスによって明確化され、アヴィセンナによって練り上げられて西欧中世に伝えられた精気理論の伝統を考えれば、ここでの話の展開はさほど突飛ではないと思われる。その伝統とはおおよそ次のようなものである。まずアリストテレスは『動物発生論』第二巻第三章において、「あらゆる霊魂の能力はいわゆる「元素」とは別の、それらよりも神的な或る物体（プネウマ（精気）のこと）と関係があるようである[26]」（カッコ内は筆者）と述べている。そしてガレノスによれば、このプネウマの中でもプネウマ・ゾーティコン（生命的精気）は心臓で造られ、生命活動を担い、プネウマ・プシューキコン（霊魂的精気）は、プネウマ・ゾーティコンに由来するが、脳で造られ、感覚運動活動を担う[27]。さらにアヴィセンナはこのようなガレノスの精気理論を恐らく、ガレノスのギリシア語テキストのシリア語訳やアラビア語訳を通して、さらには、イスラム世界を代表する、アッバース朝ネストリオス派キリスト教徒翻訳家フナインの著書『ガレノス医学入門』などを通して吸収し、それがアヴィセンナの『医学典範』第一巻第一部第六教則などを通して西欧中世に広まったと思われる[28]。アルベルトゥス自身も『人間論』の中で、「精気はすべて、その質料の実体に関しては心臓から生じるが、しかし個々の業のための形相は或る他の身体の諸部分で受け取る。すなわち、栄養摂取の働きのための形相は肝臓で受け取り、運動と感覚の働きのための形相は脳で、生命の働きのための形相は心臓で受け取る[29]」と述べている。

以上の通りアルベルトゥスによれば、触覚という感覚活動は、まず何よりも心臓の中に、あるいは脳の中に在り、その次に神経、特にその中に在る精気に、さらにその次には肉や皮膚に在る[30]。しかし逆に触覚対象による変化、たとえば熱によって生じる何らかの変化の方は、アルベルトゥスによれば、時間的に言えば、皮膚においても肉においても神経においても脳においても、これらすべてにおいて同時に起こるけれども、しかし自然本性的に言えば、触覚対象の活動により近い皮膚や肉においてまず先に生じる。そしてこのかぎりでアルベルトゥスは、肉を媒体だとするアリストテレスの立場を肯定していると思われるのである[31]。

つまり、感覚における媒体とは通常、感覚活動が成立しているときに、感覚対象と感覚器官の間に存在するもののことであろう。だから触覚の場合、もし身体全体が感覚器官であるならば、媒体は存在しないことになろう。なぜなら触覚の場合、感覚器官である身体に感覚対象が直接接触しなければ感覚は生じ得ないからである。しかし、心臓や脳や神経などが本来的な意味で触覚の起こる場所であり、触覚器官であると考えるならば、それらと触覚対象との間にあり得る肉や皮膚は、或る意味で触覚における媒体であると言うことができるとアルベルトゥスは考えているように思われるのである。

さらにアルベルトゥスは、感覚器官に感覚対象が直接接触した場合、感覚は一切生じないという外部感覚に関するアリストテレスの一般原則[32]をも肯定して、感覚器官は媒体からでなければ感覚しないと主張する[33]。そしてその上で、それに対して出され得る反論を想定する。すなわち、ここで感覚器官と考えられている触覚神経に触覚対象が直接接触した場合、触覚神経は肉よりもより感覚するということが解剖実験で知られている[34]。だから、触覚においては、触覚神経が何らかの意味で感覚器官であるとは言えても、視覚、聴覚、嗅覚など他の外部感覚と同じ様に、媒体からでなければ感覚しないというような意味で感覚器官であったり、肉がそのような意味での媒体であったりするということは言えないのではないか。

このように出され得る異論を想定した後アルベルトゥスは、だからこそアヴィセンナらは、アリストテレスの考えに従わず、神経の通った肉こそが触覚器官であり、しかもそれは他の外部感覚と同様の意味での感覚器官なのではないと考えたこと、そしてその理由として、触覚は他の外部感覚のように単なる感覚能力ではなく、動物を動物たらしめる形相でもあるからということを挙げたのだと付け加えている[35]。

しかしその後でアルベルトゥスは、「しかし我々は、真理を救い、哲学者たちの父であるアリストテレスに敬意を表すことを願って、肉は触覚の媒体であると言おう[36]」と述べ、次のように主張する。すなわち、脳、特に脳の前方部分につながっている感覚神経を触覚器官と考え、その他の部位を触覚の媒体と考えた場合には、アリストテレスの考えは妥当なのである[37]。

四　共通感覚との類似性

本章三で述べた通り、アルベルトゥスによれば触覚は、動物の実体形相のことであるかぎりでは、一つの感覚であり、それは主として、精気をより多く分有し、均等性により近づいている身体部分、特に精気の出所である心臓や脳の中に在る。ここでは、このようなアルベルトゥスの触覚論が彼の共通感覚論と極めて類似している点を指摘してみることにしたい。共通感覚とは、アルベルトゥスによれば、すべての外部感覚の対象、すなわち色、音、匂い、味、感触すべてが共有している基体、すなわち物体一般の大きさを対象とする感覚のことである[38]。

アルベルトゥスにおいて、動物の実体形相、感覚的魂としての触覚と動物の身体全体との関係は、共通感覚能力と感覚力全体との関係に、以下の四つの点で非常によく似ているように思われる。

① 前者が後者を完成しているものである点。

② 前者によって完成されているかぎりでの後者は、そのすべての感覚対象を可能的能力的に有しており、その意味では多であるが、現実的には前者によって一である点。

③ 前者は、前者に完成されているかぎりでの後者の諸々の感覚対象の或る種の均等性、中間性、調和である点。

④ 前者が主として精気の出所の中に在る点。

以上の四点が当てはまるということを、まずアルベルトゥスの触覚論について、引用三を通して確認してみよう。

引用三

他の異論に対しては以下のように言わなければならない。真に我々は、諸々の触覚対象から混合されたものであるかぎりでの身体を通して感覚する。その証明はアリストテレスによるものである。すなわち我々は、諸々の触覚対象の過剰によるのでなければ感覚しない。それは、諸々の触覚対象から混合されている我々の身体が、諸々の触覚対象の過剰に対して中間であることによる。だから、混合されたものの一なる自然本性は、すべての混合可能なものと、混合されたものに付随するものに対して比例関係を有しているので、可能態において複数の混合可能なものであるところの混合されたものの現実態に即して一つである身体を通して、我々はすべての混合可能なものを感覚するのである。そして触覚はこのような身体を完成する形相であるので、我々は一つの〔感覚としての〕触覚を通して、すべての混合可能なものを現実態に即して把捉するのであろう。ところでアリストテレスは『生成消滅論』第一巻末尾において、触覚に係わる諸性質でなければ、何ものも自体的には混合され得ないと証明している。だから我々は、一つの〔感覚としての〕触覚によって、諸々の触覚対象のすべての対立性を把捉するのであろう[39]。

まず①の内容をアルベルトゥスの触覚論に当てはめて言い換えると、動物の実体形相としての触覚は動物の身体全体を完成しているものであるということになる。実際引用三の真中のややあとのところでは「触覚はこのような身体を完成する形相である」と言われている。ここで言われている「触覚」とは当然、動物の実体形相としての触覚であろう。

次に②の内容をアルベルトゥスの触覚論に当てはめて言い換えると、動物の実体形相としての触覚によって完成されているかぎりでの動物の身体全体は、そのすべての感覚対象を可能的に有しており、その意味では多であるが、現実的には、動物の実体形相としての触覚によって一であるということになる。実際引用三の真中あたりでは、「可能態において複数の混合可能なものであるところの混合されたものの現実態に即して一つである身体」と言われている。ここで言われている「混合可能なもの」とは、最後の方で、「触覚に係わる諸性質でなければ、何ものも自体的には混合されない」と言われているので、触覚対象のことを指していると思われる。だから、「可能態において複数の混合可能なものであるところの混合されたもの」という部分は上述の「その〔動物の身体全体の〕すべての対象を可能的に有していて、その意味では多である」という部分に当たると見てよいだろう。そしてさらに、上記の箇所の「混合されたものの現実態に即して一つである身体」というところで、「混合されたものの現実態」と言われているのは、その少し上の「混合されたものの一なる自然本性」のこと、つまりここでは動物の実体形相のことであろう。したがってこの部分は上述の「現実的には、動物の実体形相としての触覚によって一である」という部分に当たると考えてよいだろう[40]。

さらに③については、アルベルトゥスの触覚論に当てはめて言い換えると、動物の実体形相としての触覚は、動物の実体形相としての触覚に完成されているかぎりでの動物の身体全体の感覚対象、すなわち触覚対象の或る種の中間性であるということになる。実際引用三の上段辺りでは、「諸々の触覚対象から混合されている我々の身体が、諸々の触覚対象の過剰に対して中間である」と言われている。この中間性は当然、動物の実体形相としての触覚によってもたらされたものであろう。実際アリストテレスも『霊魂論』第二巻第十一章で、触覚は或る種の中間状態であると言っているのである[41]。そしてその直前では、「我々は、諸々の触覚対象の過剰によるのでなければ感覚しない」と言われている。だから、ここで言われている「諸々の触覚対象の過剰」とは、まさに触覚対象そのもののことであると理解してよいだろう。

最後に④について、すなわち、触覚が主として精気の出所の中に在る点については、本章三の引用二のところで明らかにした通りである。

次に、上述の四点が当てはまるということを、アルベルトゥスの共通感覚論について、引用四と五を通して確認したい。

引用四

ところで同じ様に、時間的にではなく自然本性的に第一に感覚するのは、ここにおいてもともと感覚力全体が救われているのであるが、それが共通感覚であり、（中略）感覚力そのものは、自らに共自然本性的なハビトゥスによって、生まれながらに完成されている能力である。このハビトゥスはすべての感覚可能な形相の或る種の始まりであり、調和である。それはちょうど類のうちにその類のすべての種差の始まり、調和が在るのと同様である。そしてこのように共自然本性的なハビトゥスによって完成されているこの能力はすべての感覚対象を能力的に有しているが、この能力がすべての感覚対象と区別される前にはどの感覚対象も現実的には有していない。この意味で哲学者アリストテレスは「感覚は諸々の感覚対象の形象であり、知性は諸々の知性認識対象の形象である」と言っているのである。ところで、このような形相は純一なもので、この形相がそれらの原因であるところのものを前もって能力的に有しており、それらのうちのどれかと区別されるとき、それらを現実に有するのである。[42]

まず①の内容をアルベルトゥスの共通感覚論に当てはめて言い換えると、共通感覚能力は感覚的力全体を完成しているものであるということになる。実際引用四の冒頭では、「自然本性的に第一に感覚するのは、ここにおいてもともと感覚的力全体が救われているのであるが、それが共通感覚であり」と言われている。ここで「救われている」と言われているのは、文脈的に考えて、アリストテレスが『霊魂論』第二巻第五章417b3で用いているσωτηρία（救済）という言葉と同じように、可能態から現実態へと高められていると理解することができる[43]。だからここでは、感覚的力全体が共通感覚において可能態から現実態へと高められていると言われているように思われる。さらに引用四の最初のあたりでは、「感覚力そのものは、自らに共自然本性的なハビトゥスによって、生まれながらに完成されている能力である」と言われている。ここで言われている「ハビトゥス（能力態）」とは、上記の冒頭の箇所からして、共通感覚能力のことであろう。つまりここでも、感覚力そのものが共通感覚能力によって生まれながらに完成されていると言われていると思われるのである。

次に②の内容をアルベルトゥスの共通感覚論に当てはめて言い換えると、共通感覚能力によって完成されているかぎりでの感覚力全体は、そのすべての感覚対象を能力的に有しており、その意味では多であるが、現実的には、共通感覚能力によって一であるということになる。実際引用四の真中あたりでは、「そしてこのように共自然本性的なハビトゥスによって完成されている能力はすべての感覚対象を能力的に有している」と言われている。ここで言われている「ハビトゥス」とは上記の通り共通感覚能力のことであるならば、ここでは、共通感覚によって完成されている感覚力全体がそのすべての感覚対象を能力的に有していると言われているのであろう。そして、引用四の最後の方では、「このような形相は純一なもので、」と言われている。ここで言われている「このような形相」とは恐らく、その直前の「感覚は諸々の感覚対象の形象であり、知性は諸々の知性認識対象の形象であ

[44]る」の「形象」を指しているのであろう。だから、感覚も知性と同じように純一なものであるような形象、形相なのであろう。実際その直後でも、「この形相がそれらの原因であるところのものを前もって能力的にしており、」と言われているので、ここで「このような形相」「この形相」と言われているもののなかには感覚も含まれていると思われる。ところで、ここで「諸々の感覚対象の形象」であると言われている感覚は、その直前で「この意味で哲学者アリストテレスは～と言っているのである」と言われていることから考えると、そのさらに直前で語られているような感覚、すなわち、「ハビトゥスによって完成されている能力」、つまり、共通感覚能力によって完成されている感覚力全体のことを指していると思われる。だからここでは、共通感覚能力によって完成されている感覚力全体が純一なものであると言われていると思われるのである。

さらに③の内容をアルベルトゥスの共通感覚論に当てはめて言い換えると、共通感覚能力は、共通感覚能力によって完成されているかぎりでの感覚力全体の諸々の感覚対象の或る種の中間性、調和であるということになる。実際引用四の最初のあたりでは、「このハビトゥスはすべての感覚可能な形相の或る種の始まりであり、調和である」と言われている。ここで言われている「ハビトゥス」も上記の通り共通感覚能力のことであろう。だからここでは、共通感覚能力が感覚力全体のすべての感覚対象の或る種の調和であると言われていると思われるのである。

引用五

しかし、個々のすべての神経は、固有感覚の諸器官へと割り当てられ、空洞になっているのであるが、その個々の神経に、感覚力の乗り物である精気が通るように、脳の前方部分につながっている。この脳の部分は、固有に感覚されるすべてのものに対して、或る種の中間性であり、調和的に構成されているもので、いかなる感覚も有してはいないが、すべての感覚を受け取ることができる。そしてここに共通感覚の器官はあるのである。[45]

引用五でも③と関連して、「この脳の部分は、固有に感覚されるすべてのものに対して、或る種の中間性であり、調和的」と言われている。ここで言われている「この脳の部分」とは、直前で言われている「脳の前方部分」のことであり、これは末尾のところで、共通感覚の器官であると言われているものである。だからここでは、共通感覚器官がすべての固有感覚対象に対して或る種の中間性であり、調和的であると言われていると思われるのである。

最後に④の内容をアルベルトゥスの共通感覚論に当てはめて言い換えると、共通感覚能力は主として精気の出所の中に在るということになる。実際引用五では、「個々の神経に、感覚力の乗り物である精気が通るように、脳の前方部分につながっている」と言われている。脳の前方部分は上記の通り共通感覚の器官である。だからここでは、共通感覚器官につながることによって個々の神経に精気が通っていると言われていると思われる。つまり、共通感覚器官は精気の出所であると言われているように思われるのである。[46]

以上四つの点においてアルベルトゥスの触覚論と共通感覚論は互いに非常に類似していると思われるのである。

五 まとめ

アルベルトゥスによれば、動物の実体形相としての触覚は、主として心臓や脳の中にありながら動物の身体全体を完成しており、動物の身体全体の感覚対象、すなわち、或る種の過剰である触覚対象の中間性としてそれらすべてを可能的に有しつつ、現実的には動物の身体を一つにしている一つの感覚である。同じように共通感覚能力も、主として脳の中に在りながら感覚力全体を完成しており、すべての感覚対象の中間性としてそれらを可能的に有しつつ、現実的には感覚力全体を一つにしている一つの感覚である。

　このようにアルベルトゥスの触覚論と共通感覚論は非常に類似しているので、アルベルトゥスにおいては触覚論が共通感覚論のモデルとなっていると推測してよいように思われる。どうして触覚論が共通感覚論のモデルなのであって、その逆ではないのかと言えば、それは、本章で取り上げたアルベルトゥスの触覚論が主として、一二四五―四六年頃書かれたと推定されている『人間論』の中ですでに展開されているのに対し、本章で取り上げた共通感覚論は主として、一二五四―五七年頃書かれたと推定されている『霊魂論』の中で初めて展開されるからである[47]。

　本章一で述べた通り、アリストテレスは、通常の物理的な性質変化のように、対立するものによって或る種の消滅が起こる受動と、視覚認識や知性認識のように、現実態に在るものによって、可能態に在るものが救済されるだけで、消滅は起こらない受動とを明確に区別した。そしてこのような区別に従えば、度を越した触覚可能な諸性質から、それらの中間的状態である触覚器官が被る受動は、中間的状態の何らかの消滅は避けられないが故に、通常の物理的性質変化であるとは言えても、感覚認識であるとは言えないのではないかという疑問が出され得るということも本章一で述べた。

　アルベルトゥスは当然、上記のようなアリストテレスによる受動の区別、すなわち、単なる物理的変化と感覚との区別を全面的に否定しはしないであろう。しかしアルベルトゥスの触覚論はやはりアリストテレスのものとはかなり異なるように思われる。というのも、アルベルトゥスは、触覚におけるような、中間的なものが過剰なものを受動するという形の受動を共通感覚に応用する。そしてその共通感覚能力を、感覚力全体を完成しているものと考える。つまりアルベルトゥスは、自らの感覚論の中に触覚をうまく位置づけられなかったアリストテレスとは異なり、むしろ逆に触覚論を基本モデルとして感覚論全体を再構築しているように思われるのである。

人間の触覚器官である身体が触覚対象を受動しても、身体の現実態、すなわち感覚的魂、動物の実体形相が全く消滅してしまうわけでは必ずしもない。しかし、そこに何の消滅もないはずはない。アルベルトゥスにとって触覚対象とは、感覚的魂の働きを限定する限りでのそれであり、むしろこの限定(determinare)こそが触覚対象であると言うべきであろう（引用一の最後の方に出ている「限定する」と訳した部分を参照）。つまりアルベルトゥスによれば、感覚対象とは、感覚的魂、特に精気のうちに在る感覚力、究極的には共通感覚能力の限定のことであり、感覚とは、そのような限定を受動することであるように思われる。

ところで、第一章で見た通り、アルベルトゥスによれば、視覚対象である色は、光・光輝が限定されて成るものである。具体的に言い換えれば、第一章の三で述べた通り、「色とは質料に縛り付けられた光・光輝」、つまり、色とは限定された光・光輝である。しかしその一方、色は或る意味で光・光輝を基体とする付帯性であると見て、それを抽象的な仕方で言い換えれば、色とは光・光輝の限定であるということができるであろう。[48] この意味で光・光輝は上述のような触覚能力、共通感覚能力と類似していると言うことができるように思われる。そして第二章で見た通り、光・光輝は理性的能力と、非常に多くの感覚対象を生じさせるという点で類似している。それゆえ、共通感覚能力およびそれを基盤とする感覚能力全体も、この同じ点において理性的能力と類似していると言うことができると私は考える。

第二部　内部感覚論

第四章　数学と共通感覚について

一　問題設定

ワイシャイプルは「中世思想における学問区分」と題する論文の中で、中世における自然に関わる学問と数学との関係を次のように概説している(1)。

まず、西欧中世の学問観に最も影響を与えた古代の思想家は、六世紀初頭に活躍したボエティウスである。ボエティウスはアリストテレスの哲学、特にその論理学の重要性を認識して、「オルガノン」と呼ばれるアリストテレス論理学著作のほぼすべてをギリシア語からラテン語に翻訳したりしたが、しかし彼自身の思想は非常にプラトン主義的なものであったと思われる。たとえばボエティウスが語る学問区分は明らかにアリストテレス主義とプラトン主義が混合したものであるが、しかし殊彼の数学観に関しては非常に純粋にプラトン主義的、あるいはピュタゴラス主義的なものである。すなわちボエティウスによれば、数がなければ他は何も存在し得ないので、数学の区分においてもまず最初に算術があり、その次に音楽、次に幾何学、最後に天文学が来て、これが自然学と隣接しているのである(2)。

さらに、アラビア語やギリシア語から翻訳された諸著作も西欧中世の学問観に大きな影響を与えた。特に十二世紀にドミニクス・グンディサリヌスによって、そして十三世紀にクレモナのジェラルドによってアラビア語からラテン語に翻訳されたアル・ファーラービーの『諸学問について』や『諸学問の源について』は、ボエティウス的な学問区分の伝統に大きな影響を与えた。アル・ファーラービーによれば、まず最初に実体が多数化することによって算術が生じ、次に実体が特定の形を獲得することによって幾何学が生じる。さらに実体が様々な速度で場所的に移動することによって天文学が生じ、それが音を出すことによって音楽が生じ、場所的移動以外の様々な変化を起すことによって自然学が生じる。[3]

以上のような数百年に及ぶプラトン主義的な数学観の伝統を、十三世紀のアルベルトゥス・マグヌスは、その全著作が主としてアラビア語からラテン語に翻訳されたばかりのアリストテレスの思想を用いて刷新する。アルベルトゥスによれば、数学の原理は自然学の原理ではない。物体の量は物体の自然本性によって、つまりその形相と質料によって生じるものであり、その一方、数学的量は心による抽象によって生じるものである。[4]

しかし残念ながらワイシャイプルの論考では、アルベルトゥスがそれまでのプラトン主義的な数学観を具体的にどのように捉えていたのか、またそれに対してアルベルトゥスはどのような根拠で反論しようとしているのか、さらに、そのようなアルベルトゥスの考えはアリストテレスの考えとどう違うのかといった問題について、説明が不明確かつ不十分である。

モランドは「アルベルトゥスの思想における数学」という論考の中で、アルベルトゥスの数学観を「定言的言明の真理には興味がなく、ただ推論の妥当性だけに関心がある数学観」と評しているが、[5] ワイシャイプルが「数学的量は心による抽象によって生じる」と言ったときに考えていたこともこのような数学観であったように思われる。しかしワイシャイプルもモランドもこのようなアルベルトゥスの数学観と上述の伝統的なプラトン主義的数学観との関係、あるいは、アリストテレスの数学観との関係についてはまったく何も述べていない。

しかしもしこのような数学観がアルベルトゥスに始まるものであるとすれば、自然学への数学の応用をあくまでも仮説的な性格のものと見る、マートン学派やニコル・オレムらが活躍した十四世紀から、コペルニクス『天球回転論』の序文を書いたオジアンダーのいた時代である十六世紀まで続く（そして恐らく今日の数学観にまで多大な影響を与え続けている）西欧の伝統の出発点となったと言えるかもしれない。その意味でこのテーマに関してアルベルトゥスを研究することには少なからぬ意義があるように思われる。

本章では、アルベルトゥスがそれまでのプラトン主義的な数学観をどのように捉えていたか、それに対してどのような根拠で反論しているか、それはアリストテレスとどのような点で異なるのかを、アルベルトゥスが著した様々なテキストを詳細に検討することによって明らかにしていきたい。

二　プラトン的算術主義

アルベルトゥスは以下のような存在論をプラトンやプラトン主義者たちのものであると理解していた。

この存在論ではまず、「第一に不可分なもの」(primum indivisibile) なるものが考えられる。これは古代ギリシアにおいて考えられていた原子のようなものを想像すればよいだろう。この第一に不可分なものは当然のことながら一性を有している。それと同時にこの第一に不可分なものは場所性を有している、つまり、どこか或る場所に存在していると考えられているので、この一性が場所性と相まって、そこから点が流出してくると語られる。

この「流出する」(fluere) という言葉遣いには明らかに新プラトン主義の影響を見て取ることができる。

そして、一つの点からもう一つの点が流出してくるとそれが線になる。ここで、流出してくる点と、流出の元となっている点は、アリストテレス的な言い方で言えば「現実態に在る点」、すなわち、線の末端として現実的に点であるようなものが考えられており、その二つの点の中間に在ると考えられる点、アリストテレス的に言えば「可能態に在る点」、すなわち、切り出そうと思えば無限に切り出してくることができるような点は考えられていない。したがって、ここで語られている存在論はアリストテレス『自然学』第六巻第一章で論駁されているような、点が無限に連なって線になるというような議論と単純に同一視することはできない。

さてさらにこのような「現実態に在る点」から、それまでの、ただ線を延ばしていくような、或る点からのもう一つの点の流出とは異なる第三の点の流出が起こると、今度は線から面が流出してくることになる。そしてさらにこれら三つの点とは異なる第四の点が流出すると、面から立体が流出すると語られる。ここでは、点から線が流出する場合とは異なり、「現実態に在る点」をいくつ措定しても、四角形以上の多角形ができるだけのようにも思われる。しかしここでは、それまでの三つの点のように（あるいはそれ以上の数の点でもよいが）、縦、横の長さを生み出すような点ではなく、高さ（深さ）を生み出すような点が第四の点と呼ばれているのである。

このようにしてすべての立体・物体 (corpus) は点から流出してくるものであるので、点こそが最も実体であるものであり、線はその次に実体であり、面はその次であり、立体は最も実体から遠いものであると、この存在論は結論付ける。

以上のようなことが一体なぜ言えるのか、その理由をこの存在論は次のような一般論に訴えて説明する。同じ一つの類、つまり上位概念、外延のより広い概念に含まれている下位のものが二つあり、そのうちの一方が、他方のものに何かを付け加えることによって生じる場合、その何かを付け加えられた方のものが、その付け加えによって生じた方のものの起源であり、原因である。ここにおいても、すべての存在を階層的に捉え、上位の存在はより単純で統一的なものであり、そこから下位のより複雑で分裂した存在が流出してくると考える新プラトン主義的な発想を見て取ることができる。

　このような考え方を先ほどの、点から線、面、立体が流出するという話に当てはめてみると次のようになろう。まず一も点も不可分なものであり、それゆえ、不可分なものという同じ類に属し、一に場所性が加わると点になるので、一が点の起源であり、原因である。一方、線、面、立体も不可分なものであり、一つの点にもう一つの点が流出によって加わると線となり、そのようにして線を生み出す二つの点とは異なるもう一つ別の点がさらなる流出によって加わると面となり、さらに、そのようにして面を生み出す三つの点とは異なるもう一つ別の点が再びの流出によって加わると立体になる。だから点は線、面、立体の起源であり、原因なのである。

　点は線、面、立体の起源であり、原因であるとするこの主張は、点を数の原理である一に還元して考えれば、点は一から、線は二から、面は三から、立体は四から流出すると言い換えることができる。このことからこの存在論は、最終的には、すべての立体・物体の原理は数であり、数を知ること、つまり算術を学ぶことによってすべての物体・立体を知ることができると主張した[6]。

　以上に紹介した存在論は恐らく、数を万物の原理であると主張している点ではピュタゴラス派に由来し、不可分なものを出発点としている点では原子論者たちからアイディアを借り、立体や面が物体を構成するとしている点ではプラトン『ティマイオス』の影響を受けているのであろう。さらには、点は線の本質のうちに、線は面の本質の内に含まれ、その意味では線は点から、面は線から成っていると述べているアリストテレス『分析論後書』第一巻第四章のテキスト[7]、そして、算術は幾何学や和声学よりもより先なる知識であると述べている同書第一巻

第二十七章全体、実体という点では立体は面よりも、面は線よりも、線は点よりも劣っているとする考えを中立的に紹介している『形而上学』第三巻第五章のテキスト[8]の影響も大きかったであろう。上述の存在論はこれらの様々な影響を受けながら、ギリシア、ラテン、イスラム世界の様々な新プラトン主義者たちを経由してアルベルトゥスに伝わったのであろう。

三　アリストテレス的自然学主義

本章二で述べられた存在論は次のようなものであった。すなわち、線、面、立体はすべて点から流出したものであり、その意味で点は最も実体である。また、点は一であり、一は数の原理であるから、複数の点は数である。それゆえ立体・物体の原理は数であるので、算術を学べば立体・物体のすべてが分かるということになる。このような存在論をアルベルトゥスは上述の通り、プラトンやプラトン主義者たちのものであると理解していた。本章三ではこのような存在論に対してアルベルトゥス自身はどのような態度を取っていたのかを明らかにする。

アルベルトゥスはまずアリストテレスに従って、立体、面、線、点、数を含め量というものは一般に、感覚可能な質（色、音、匂い、味、手触りなど）や場所性などと同様に付帯性のカテゴリーに属すると考える。つまり、量というものはそれだけで存在するのではなく、まず何かが存在して、そこに付帯して初めて存在するような類のものであると考える。

そしてここでアルベルトゥスは、この付帯性を引き起こす原因は、付帯性が付帯する基体、すなわち、付帯性の土台となる実体、つまりものの本質（そのものの何であるのか）であると述べる。このことから、アルベルトゥスがここで考えている付帯性とは、基体である実体に全く偶然的に備わるような付帯性ではなく、アリストテレスが『分析論後書』第一巻第七章で「自体的に付帯する属性」と説明しているようなもの[9]、中世では一般に固有性(proprietas)と呼ばれた、或る種の実体・本質に固有に付帯する特性のことであろう。

しかもここでは量という固有性が考えられているのであるから、その原因となるような実体・本質は物体の実体・本質でなければならない。アルベルトゥスはさらにアリストテレスに従って、物体の実体・本質は質料（素材）と形相（素材の規定性）の二つを構成要素としてそこから複合されてできていると考える。だから物体の量も物体の形相・質料から規定されることになる。

そして一般に物体はその形相と質料によって、点には分割されておらず、立体という三次元的に測定されることが適する量でもって存在するように規定されているとアルベルトゥスは断言する。だから、面も立体がなければ存在し得ず、測定もされ得ない。具体的に言えば、面は立体の限界であるかぎりで現実に存在し得、その限りで二次元的に測定され得る。線も面がなければ存在し得ず、測定もされ得ない。具体的に言えば、線は面の限界であるかぎりで現実に存在し得、その限りで一次元的に測定され得る。ただし実際の物体世界を仔細に観察してみれば、現実的には物体は面によってしか分割されておらず、線や点には分割されていないように見える。アルベルトゥスもそのように考えているようである[10]。また、点も線がなければ存在し得ず、測定もされ得ない。具体的にいえば、点は線の限界であるかぎりで現実に存在し得、その限りで０次元的に測定され得る。点が不可分なものの一性を有するのも、線の限界という仕方で、物体である実体の限界である限りでのみである[11]。物体に関わる数も、物体の実体・本質、その形相・質料によって物体の量が分割される限りで現実に生じ得る[12]。

だから、アルベルトゥスに言わせれば、上述の存在論とは異なり、物体の実体・本質、その形相・質料が物体に実際に現実に与えている三次元量が分からなければ、いくら数学を学んでも、物体の量について十分分かるということにはならないのである。[13]

ただしもし何らかの意味において物体が点に分割されていると言えるとすれば、それは、物体が有する量の諸部分によって可能的に無限に分割されているという意味においてであろう。[14]量の諸部分によって可能的に無限に分割されているとは一体どのようなことであろうか。アルベルトゥスの簡略な解説によれば、まず、分割されるということは、量を有するものである物体の固有性である。そして、固有性は固有性を損なわないので、物体は分割されてもなお、分割されるという固有性を自らのうちに残す。その結果物体はさらに無限に分割される可能性を自らのうちに有し続ける。[15]それで物体はその量的諸部分によって可能的に無限に分割されていると言われるのである。

四　アルベルトゥスの反実在論的数学論

本章三では、二で述べられた存在論に対するアルベルトゥス自身の考えが示された。すなわち、物体の量はその実体・本質、形相・質料によって規定されており、それによれば物体は一般に三次元量を有し、面も線も点も、三次元量である立体の限界としてでなければ現実には存在し得ず、後は量的諸部分のうちに可能的に無限に存在するに過ぎない。だから、いくら数学が分かっても、物体の実体・本質、その形相・質料が分からなければ、物体の量については良く分からないのである。

しかしここで、物体はそれの有する量的諸部分によって可能的に無限に分割されているということについて次のような疑問が生じるように思われる。アルベルトゥスの考えによれば、物体が可能的に無限に分割されていると言っても、現実に分割され得るのはあくまでも物体の実体・本質、その形相・質料が許容する範囲内においてだけであろう。もし仮に宇宙が無限の時間に渡って存在し、或る種の物体も無限の時間に渡って存在するとすれば（アリストテレスはそのように考えていたであろう）[16]、その種の物体の実体・本質、その形相・質料が許容する範囲内であれば、その種に属する個々の物体の量に無限のバリエーションが存在するということもあり得ることであろう。その意味では物体は現実に無限に分割され得、結果として無限の量が生み出される可能性があるとも言えるだろう[17]。では、そのような量以外の量、たとえば、数学、特に幾何学で問題とされる一部の形状のように、自然界ではどの物体も付帯性として有することがないように思われるような量は、分割によっては決して生み出され得ないということになるのではなかろうか。もしそうであるとすれば、「物体は可能的に無限に分割される」とはもはや言えないのではないだろうか。

もしこのような問いが提出されれば、これに対してアルベルトゥスは、数学的量は数学者の想像力による分割から作り出されることによって現実に存在し得ると答えるであろう。

たとえば、十三世紀当時の西欧における知識人の間では一般に、アリストテレスに従って天体は不可滅な物体であると考えられていた。そして、不可滅であるということから、天体は、場所的移動に伴う場所性の変化以外には全く変化しないものであると考えられた。したがって、天体の有する量（形や数）もまったく変化しない。それゆえ天体の量は、その実体・本質、形相・質料によって現実に今保持されている量（形や数）に伴う分割性以外に、さらにまた分割されるというようなことは、まったくあり得ないことであると考えられたのである。

ところがそれにもかかわらず、アルベルトゥスに言わせれば、数学者たちは天文学者として、一つの個体

（individuum: 不可分なもの）であると自然学者たちがアリストテレスに従って考えていた惑星天球（一つの透明な天球に貼り付いていると考えられていた惑星を動かす諸々の天球の各々）を、たとえばプトレマイオスの離心円・周点円説において明らかなように、様々な大きさの円や線でいくつにも分割してその構造や動きを説明した。このように「もし諸天体における量的質料も分割されると数学者たちが言えば、それは想像力の仕方で言っているのであって、自然本性の在り方によってではない」とアルベルトゥスは主張するのである[18]。

そしてアルベルトゥスによれば、天文学者に限らず数学者たちは一般に、彼らの学問の対象である量を総じて想像力によって作り出す(componere)のである（ただし数学の対象はまったくの虚構なわけではない。あくまでも、あり得る物体の量として想像されたものである[19]）。

> 引用一
>
> なぜなら〔数学者たちは〕量を存在に即して受容するのではなく、想像に即して受容し、諸々の形や角度を作り出す想像力によって進んでいくのであって、想像されている事物の力によって進んでいくのではないからである。実際幾何学者たちの考える図形の多くは自然物においてはどんな仕方でも存在せず、多くの自然の形、特に動植物の形は、幾何学のような学芸では決定できないのである[20]。

この引用一の箇所は、次のアリストテレス『自然学』第三巻第七章のテキストの註解の一部としてアルベルトゥスの著作の中に登場する。両者を比較すれば、アルベルトゥスの解釈がアリストテレスからかなり飛躍していることが分かるだろう。

引用二

なお、この我々の論は、たとえこの論が無限なものを、増大の方向においては通り過ぎられえないものという意味で現実的に存在するというようなものではないとするにしても、決してそれゆえに数学者たちからその研究を拒むというわけではない。実のところ、かれらはこのような無限なものの存在を必要としておらず〔また現に、それを用いていない〕、かれらが必要としているのは、ただかれらの欲するだけそれだけ長い或る限られた長さ〔線分〕があるということだけなのである。ところで、かれら数学者たちは、最大の大きさと同じ比で他の任意の大きさを切ることができる。したがって、たとえそのような〔最大の・無限的な〕ものが、実在する大きさのうちには存在するにしても、この存否は、かれらの数学的論証のためには、どうでもいいことなのである。[21]

まず言えることは、この引用二の箇所でアリストテレスは、数学一般について語っているのではなく、数学における無限の議論についてだけ語っているということである。しかもここでアリストテレスは、現実には存在しない無限の量をあえてわざわざ措定することを数学者たちはそもそも必要としていないと言っているように読める。実際、現代を代表するアリストテレス注釈家であるロスもこの箇所をそのように解釈しているようである。[22]だからアリストテレスのテキストに単純に忠実に従えば、アルベルトゥスが主張するように、数学の対象は数学者たちが想像力によって作り出すと言う必要はなく、ましてやそのことを無限の議論にかぎらず数学一般に敷衍して考える必要もないように思われるのである。

さらに次のようなアリストテレス『形而上学』第七巻第十章のテキストを見れば、アルベルトゥスの数学観が一般的にアリストテレスの数学観と異なっているということが窺える。

引用三

思惟的な質料というのは、感覚的なもののうちに、ではあるがそれ自らは感覚的なものとしてではなしに、内在しているもの、たとえば数学的対象などである。[23]

この引用三の箇所を素直に読めば、アリストテレスは数学的対象は感覚的なもの、つまり感覚可能な物体のうちに内在していると言っているように読める。しかしアルベルトゥスに従えば、感覚可能な物体はその実体・本質、形相・質料によって取り得る量（形や数）は限定されているであろうから、現実的にも可能的にもあらゆる数学的対象が感覚可能な物体の内に内在しているとは言い難いはずである。実際アルベルトゥスはこの箇所を註解する際、この数学的対象という言葉を説明して、「これは諸部分を有してはいるが、その諸部分というのは、円や三角形といった種の何性に関わる何ものでもない[24]」と付け加え、ここで言われている「数学的対象」とは、あくまでも数学「的」対象であって、数学「の」対象そのものではないという苦しい解釈を提出しているのである。

ただし、ここで注意しておかなければならないことは、いくら数学の対象が数学者の想像力によって作り出されるものであるからといって、天文学のように、実在する自然物に数学を応用することがまったく無駄であるとアルベルトゥスが考えているわけではないということである。実際たとえば天球の数や順番など当時の天文学における主要問題を調べるためには数学が必要であり[25]、数学者たちの言っていることは何らかの意味でありそうなこと (probabilis) であるとアルベルトゥスは考えているのである[26]。

はっきりとしたテキスト上の裏づけはまだ見付けることができていないが、ここで使われている probabilis というラテン語は、従来の定訳のように「蓋然的」といったような意味ではなく、むしろギリシア語の εἰκώς などのように、「似ている」といった意味で使われているようにも思える。いずれにしても、たとえ数学者が、実在の自然物においてはあり得ない量の分割を考え、それを実在の自然物に応用したとしても、その結果説明される星の運動やその見え方（現象）などが実在のものとほぼ一致していれば、その類似性には何がしかの有用性が認められていたのであろう。

五　アルベルトゥスの共通感覚論

線、面、立体はすべて点から流出したものであり、その意味で点が最大限に実体であると考える存在論に対して、アルベルトゥスによれば、物体は一般にその実体・本質、形相・質料によってまず立体とされており、面、線、点はその限界として存在するか、さもなければ、立体のうちに可能的に無限に存在する他ない。数学で扱われるような量は数学者たちの想像力によって初めて現実に存在し得る。

本章三、四で展開された以上のようなアルベルトゥスの考えは、一見すると、我々の一般的な感覚経験に基づく、言わば素朴な経験論であるようにも見える。つまり、アルベルトゥスの主張に対して、なぜそのように言えるのかと彼に問えば、アルベルトゥスは、身の回りを見渡してみればそれは明らかだろう、物体はすべて立体であり、その限界として面が在るに過ぎないことは見ての通りだ、と答えるに違いないと推測するようなアルベルトゥス解釈が成り立つようにも見える。

しかしアルベルトゥスの考えがもしそのようなものであったとすれば、それは、次のような感覚に関わる議論によってプラトン主義者たちに簡単に論駁されてしまうのではないだろうか。すなわち、我々が確かに感覚していると認められるのは、実は色や音、匂いや味、感触などと、それらの量がせいぜいであり、それらの基体と考えられるようなものとしての物体そのものの量を我々が感覚しているということはまったく自明ではないのではないか。それが証拠に、我々はしばしば物体の量について誤ったり、欺かれたりするではないか。

しかし実際のアルベルトゥスの考えは、我々の一般的な感覚経験に基づく素朴な経験論ではまったくない。なぜならアルベルトゥスは、以下で見る通り、我々の感覚能力が物体そのものの量を誤りなく確実に感覚できるとは考えておらず、ましてや物体一般に関わる量の特質について確かなことが誤りなく感覚されるなどと考えてはいないからである。

本章三、四で述べられたアルベルトゥスの考えはむしろ、アリストテレスの『カテゴリー論』や『自然学』、『形而上学』などで行われている諸々の形而上学的、自然学的議論の末に結論として出され、その後他の諸々の議論の前提になっていると考えられていると思われる。その意味では、アルベルトゥスがプラトンやプラトン主義者たちに帰した上述の存在論とアルベルトゥスの主張との対立は、存在論対経験論の対立ではなく、存在論対存在論の対立であると表現する方が事柄をより適切に表現しているように思われる。

さてアリストテレスは自身の『霊魂論』第二巻第六章において、大きさ、形、数、運動と静止など、共通感覚対象と呼ばれる感覚対象は自体的感覚対象であると言う[27]。アルベルトゥスはこの箇所を註解して、「自体的」とは、他のものを現すためではなく自らを現すために、自らに固有の本性、本質によって感覚を生じさせるものという意味だと説明している。

次にアリストテレスは自身の『霊魂論』第三巻第一章において、共通感覚対象は付帯的感覚対象だと言っている[28]。この発言は上記の発言と一見矛盾して見えるので、しばしば議論を巻き起こし、今でもそれは継続中である[29]。アルベルトゥスはこの箇所を註解して、「付帯的」とは、色、音、匂い、味、感触などの固有感覚対象に対してより後なる仕方で係わり、共通感覚対象の中に見出されるものである固有感覚対象が感覚されるがゆえに感覚されるという意味であると説明している[30]。

このように、アルベルトゥスによれば共通感覚対象は、それらの只中において固有感覚対象が感覚されるために感覚されるものであるが、しかしそれにもかかわらず共通感覚対象は、それら固有感覚対象の本質によって感覚されるとは言われず、あくまでも共通感覚対象自体の本質によって感覚されると言われるのである。

このことは一見非常に分かりにくいが、アルベルトゥスにしたがって次のようにより具体的に言い換えることができる。すなわち、共通感覚対象は固有感覚対象の各々に固有な近接の基体として感覚される[31]。たとえば色の大きさ（濃さ、あるいは広がり）、色の形、色の数、音の大きさ、音の数、匂いの大きさ（強さ）、味の大きさ（濃さ）などとしてである。つまり、共通感覚対象は確かに共通感覚対象それ自体として認識されるが、しかしそれはあくまでも諸々の固有感覚対象の基体として認識されるのであって、固有感覚対象の遠い基体として考えられている物体そのものの量として感覚されるのではないのである。

だから、物体が実体として有する付帯性である諸々の感覚可能な性質の量ではなく、そのような感覚可能な性質の実体としての基体である物体そのものの量は自体的には感覚されない。それゆえ物体そのものの量の感覚は不確実であり、誤り得るのである[32]。

六　まとめ

立体はすべて点から流出したものであり、点は一、複数の点は数であるから、立体・物体の原理は、一を含めた数であるので、算術を学べば立体・物体のことはすべて分かる。これがアルベルトゥスの理解したプラトン主義的数学論である。これに対してアルベルトゥスはアリストテレスに従って、物体はその形相・質料によってその種の物体固有の量を有する立体としてまず存在し、面、線、点、数は立体の限界としてか、あるいは可能的に無限に存在するに過ぎないと考える。この議論をアルベルトゥスは、素朴な経験論から導き出しているのではなく、様々な形而上学的、自然学的議論から導き出していると思われる。さらにアルベルトゥスはアリストテレスから飛躍して、数学的量については、可能的に存在する量から数学者たちがその想像力によって作り出して初めて現実的に存在し得るものであると考える。だから、いくら数学を学んでも、それだけでは、実在する自然物の量については良く分からないのである。

第五章　数学と想像力について

一　問題設定

第四章の一で見た通り、ワイシャイプルによれば、十二世紀以前の西欧の学問観に最も大きな影響を与えたボエティウスやファーラービーらの学問観はプラトン主義・ピタゴラス主義的であった。つまり、数学の原理が自然学の原理でもあると考えられていた。これに対して、それまでの西欧の学問観を転換させた十三世紀のアルベルトゥス・マグヌスは、数学の原理は自然学の原理ではなく、数学的量は心の抽象によって生じるものであると主張した。そしてこのようなアルベルトゥスの数学観をモランドは、「定言的言明の真理には興味がなく、ただ推論の妥当性だけに関心がある数学観」と評した。

本章ではこのモランドの解釈の根拠の一つとなっているアルベルトゥスのテキスト（第四章の引用一）を再び本章でも取り上げ（引用一）、そこから読み取ることが出来ることを厳密に規定することにしたい。

二　図形の任意性

アルベルトゥスは『自然学』第三巻第二論考第十七章で次のように述べている。

引用一

〔数学者たちは〕量を存在に即して受容するのではなく、想像に即して受容し、諸々の形や角度を作り出す想像力によって進んでいくのであって、想像されている事物の力によって進んでいくのではないからである。実際幾何学者たちの考える図形の多くは自然物においてはどんな仕方でも存在せず、多くの自然の形、特に動植物の形は、幾何学のような学芸では規定できないのである[1]。

この箇所で、数学者たちが想像に即して受容するとされている量、すなわち、想像力によって作り出すとされている諸々の形や角度は、数学者たちが任意に作り出すものであると解釈すべきであると私は考える。私がこのように考える第一の理由は、この箇所における「想像(imaginatio)」概念の解釈と深く関わっている。

想像、あるいは想像力とは何であるかという問題についてアルベルトゥスは、まず『被造物大全』第二部（通称『人間論』）第三十七問で比較的まとまった形で論じている。この箇所でアルベルトゥスは想像力のことを、感覚像の保存能力として規定している。すなわちアルベルトゥスによれば想像力とは、固有の意味では「諸々の感覚対象の像を維持する力[2]」であり、この「想像において、諸感覚から受け取られた諸々の像が保存される[3]」。そして最も固有な意味では想像力とは、「事物が現存しない状態で諸々の感覚対象の像を保持する力[4]」なのである。アルベルトゥスはまた自身の『霊魂論』第三巻第一論考第一章でも、「想像力においては諸々の感覚対象の像が、感覚対象を有している事物がなくても保存される[5]」と説明している。

しかし、引用一で言われている想像、想像力は、このようにただ単に感覚像を保存するだけの働き、能力であるようには思われない。なぜなら、引用一で言われている想像は、ただ単に感覚像を保存するだけではなく、形や角度を作り出す (componere) と言われているからである。

そこで私は、引用一で言われている想像とはむしろ、アルベルトゥスが自身の『霊魂論』第三巻第一論考第六から第八章で語っている、表象も含めた広い意味での想像のことであると解釈すべきであると考える。

この箇所は、アリストテレスが自身の『霊魂論』第三巻第三章[6]で行っている表象についての議論を註解した部分である。アルベルトゥスは、このアリストテレスの議論の冒頭に出てくる表象 (φαντασία) というギリシア語を想像 (imaginatio) というラテン語で訳している翻訳を使用してこの註解を書いているようである。そしてアルベルトゥスはこの語を註解して、「広義の意味で理解された、想像と表象とを両方含むのに応じての「想像[7]」とパラフレーズしている。

ではもっと具体的に、このような広義の想像とは一体いかなるものであるのか。アルベルトゥスはこの箇所よりもう少し手前の箇所（『霊魂論』第三巻第一論考第三章冒頭）で、「表象力とは像を意味内容に、意味内容を像に、像を像に、意味内容を意味内容に複合する能力のことであるとわれわれは言う[8]」と述べている。だから、アルベルトゥスが『霊魂論』第三巻第一論考第六章冒頭で言うところの、想像と表象とを両方含む意味での想像とは、保存した像と像とを複合する (componere) 働きとしての想像であると解釈すべきであると私は考える。というのも、さらに少し手前の箇所（『霊魂論』第三巻第一論考第二章冒頭）で「この能力は意味内容を引き出す[9]」と規定された評定力と、想像力という能力とは全く異なる能力であるということを明確にすることが、『霊魂論』第三巻第一論考第六から第八章における議論の趣旨の一つであり、その内容から言って、ここで語られている想像力に、評定力が引き出すとされる意味内容が係わるとは解釈できないように思われるからである。[10]

それゆえ、引用一で言われている想像とは、アルベルトゥスが『霊魂論』第三巻第一論考第六から第八章で語っている広義の想像、すなわち、狭義の想像力が保存した感覚像どうしを複合する(componere)働きのことであると解釈すべきであると思われるのである。

そしてさらにアリストテレスは、表象について議論している彼自身の『霊魂論』第三巻第三章の中で、「この表象するという様態〔感受状態〕は、我々が望む場合には、我々の意のままになる[11]」と述べている。この言葉は、この第三章で行われている表象に関するアリストテレスの議論全体における彼の表象観、すなわち、表象を任意によるものと見る彼の見方をよく現していると思われる。

アルベルトゥスもこの文と、この文につながる少し後の言葉「影像を作り出すひとびとのように[12]」とを次のようにパラフレーズしている。「というのも、想像するということは何らかの受動であり、我々が望んだときには、我々の力のうちに在る。実際我々は自分たちのうちに像を作り出すことができるのである[13]」。ここで「作り出す」と訳した fingere というラテン語は『霊魂論』第三巻第一論考第六章の註解部分に繰り返し登場するが[14]、それだけにとどまらずアルベルトゥスはさらに、この語の派生語である fictum（虚構）という語をも用いてここで註解を行っている[15]。fingere というラテン語を「作り出す」と訳したのも、この fictum（虚構）という派生語が同様に註解の中で使われていることを意識してのことであり、また引用一の componere を「作り出す」と訳したのも、このfingereやfictumを意識してのことである。

以上のことから、引用一で言われている想像とは、像と像とを任意に複合する働きであると解釈すべきであり、数学者たちがこのように想像する力によって作り出すと引用一で言われている諸々の形や角度は、数学者たちが任意に作り出すものであると解釈すべきであると思われる。

三　投影主義的解釈

引用一に関する以上のような私の解釈に対して次のような異論が提出されるかもしれない。すなわち、数学者たちが諸々の像を任意に複合して諸々の図形を作り出すと言うときの「任意」というのは、まったく数学者たちの勝手気ままなのではなく、何らかの別の意図をもって作り出すとアルベルトゥスは考えていた可能性もあるのではないか。たとえば、数学者たちが想像力によって作り出す図形は、数学者たちの知性が直接認識している図形の形相を投影しているものであるかもしれないのではないか。

このような異論が出され得ると私が考えた理由は、古代末期のアリストテレス注釈家たちの中に実際にこのような考え方があり、それがアルベルトゥスに影響を与えている可能性もあるからである。

ミューラーは「注釈家たちにおけるアリストテレスの抽象説」[16]という論文の中で、古代末期のアリストテレス注釈家たちには、数学の対象について次のような二つの異なる解釈があったと述べている。一方は数学の対象を、諸々の感覚対象から抽象したものであると考える立場である。このような立場をミューラーは抽象主義と呼ぶ。他方は数学の対象を、神的な知性のうちに在り、諸々の感覚対象や数学の対象よりも先に存在し、なおかつそれらの原因でもあるような諸々の形相、ロゴスを想像 (imagination) に投影したものと考える立場である。このような立場をミューラーは投影主義 (projectionism) と呼ぶ[17]。

引用一を見る限り、数学の対象に関するアルベルトゥスの立場が、たとえば木や銅や石の丸さ自体を幾何学の対象たる円であると考えるような単純な抽象主義[18]であり得ないことは明らかであろう。すでに見た通り引用一では、形や角度はただ単に抽象されてくるのではなく、作り出される (componere) と言われているからである。だがもう一方の投影主義の立場なら、上述の通りアルベルトゥスが取っている可能性もあるかのように見える。

しかし私は、このような解釈を取り得る可能性は極めて低いと考える。

その理由の一つはやはり、引用一およびその周辺のテキストにある。まず第一に、引用一では「〔数学者たちは〕量を存在に即して受容するのではなく」と言われている。ここで言われている「存在に即して」という言葉は文脈上、直前の「現実態に即して」という言葉と同じ意味であると思われる[19]。実際引用一は、アリストテレスが自身の『自然学』第三巻の中で、現実無限の存在を否定し、可能無限の存在だけを肯定した後、第七章の最後で、無限に関する数学者たちの研究を肯定している箇所[20]の註解部分なのである。

投影主義者ならば、「量を現実態に即して受容しない」とは言わないであろう。なぜなら投影主義者にとって、数学者の知性が直接認識する形相、ロゴスは、諸々の感覚対象や数学の対象よりも先に存在し、なおかつそれらの原因でもあるのであるから、可能態よりもむしろ現実態に即して存在している量であると考えられていると予想されるからである[21]。

そして第二に、引用一で数学者たちは「想像されている事物の力によって進んでいくのではない」と言っている。投影主義者の立場に立てば、想像されている事物とは上記のような数学の対象の形相、ロゴスであろう。しかし投影主義者はそのような形相、ロゴスを想像に投影することによって数学の対象を作り出すのであるから、むしろ「想像されている事物の力によって進んでいく」と言うべきであろう。

しかしながら、私が引用一の投影主義的解釈の可能性が極めて低いと考えるより説得力のある理由はむしろ、アルベルトゥスが数学の対象について述べた自身の『形而上学』第五巻第三論考第二章における以下のような一連のテキストのうちにある。

> 引用二
> というのも、諸々の数学的量自体は何かしら想像されたものである。しかし、数学的量がその定義内容の中に包摂している基体は想像されたものではなく、物体的実体の第一原理のみによって知性において受容されたものなのである。[22]

引用二で分かることはまず、数学的量はその定義内容の中に基体を包摂していると言われているから、数学的量は何らかの基体に内属する付帯性であると考えられているということである。そして次に、そのような数学的量の基体であると言われているものは、知性において受容されたものであると言われているから、何らかの知性認識対象だということである。

しかしその一方でよく分からないのは、この基体が「物体的実体の第一原理のみによって知性において受容される」と言われるときの「物体的実体の第一原理」である。これは複数形 (prima principia) で語られているのだが、一体何を指しているのか、ここだけではあまりよく分からない。そしてもう一つよく分からないのは、この基体と、そこに内属するとされている数学的量との関係である。

まず一つ目の疑問に答えるために、引用二の直前のテキストを見てみよう。

引用三

諸々の量の尺度は、何らかの特殊な〔種的な〕形相によって限定された基体に内在するのではなく、物体性の第一形相自体によって限定された基体に内在するのである。だから、諸々の数学的量の定義内容の中には、感覚可能な質料という基体は入っていないし、数学的量が基体を包摂するのは、知性的ないし知性認識可能な質料という基体だけに即してでもないし、数学的量は想像可能な質料を包摂していると言うべきでもない[23]。

引用三によれば、数学的量の基体は、感覚可能な質料でもなく、想像可能な質料でもないが、知性認識可能な質料であるということは否定されていない。ただ、数学的量の基体は知性認識可能な質料だけではないと言われているだけである。そしてその理由は、諸々の量の尺度の基体が、物体性の第一形相によって限定されている基体だということだとされているから、数学的量の基体は恐らく、物体性の第一形相に限定された知性認識可能な質料だと考えてよかろう。それゆえ、引用二で複数形で言われていた「物体的実体の第一原理」とは、物体性の第一形相と知性認識可能な質料のことであるように思われる。引用二に即して言い換えれば、数学的量がその定義内容の中に含んでいる基体は、物体性の第一形相と知性認識可能な質料[24]のみによって知性において受容されたものだということになる。

しかし、引用三で依然として不明なのは、「尺度(mensura)」と言われているものが一体何であるのかということと、それと数学的量との関係はどうなっているのかということである。実はこの疑問に答えることによって、上述の二つ目の疑問、すなわち、数学的量とその基体との関係を明らかにすることができるのである。

　これらの疑問に答えるために、引用三よりもさらに少し手前の箇所を見てみよう。

> 引用四
>
> 物体である実体は質料と、三つの直径を有する尺度をあらゆる仕方で受け取るような物体性の形相とから構成されており、この形相においてはいかなる物体も他の物体と異なることがなく、或る物体が他の物体より大きいということもない。このことから次のことが明らかである。諸々の物体がそれに従ってより大きかったり、より小さかったり、等しかったりするのに即して互いに比較されるところの現実の延長量の尺度は、尺度であると同時に、実体形相の現実態による受け取り可能性が実体のうちに在るのに従って、このような実体〔つまり物体〕に受け取られた量であるということは明らかである。だから、尺度である量は複合体に内在するのであって、単純な質料に内在するのではない[25]。

引用四によれば、すべての物体は質料と物体性の形相から構成されている複合体であり、すべての物体が等しく有している物体形相は、「三つの直径を有する尺度」、すなわち三方向の座標軸、つまり三次元性を「あらゆる仕方で受け取る」、つまり、あらゆる方向の三次元性を受け取り得る能力(susceptibilitas)を有しているのである。

　さらにアルベルトゥスによれば物体性の形相は、ただ単にあらゆる方向の三次元性を受け取り得る能力を有しているというだけではなく、あらゆる方向の三次元性を受け取り得るということは自然物にとって適合的なことであり、そしてこのような自然物が数学上の立体のもととなるのである。同じ『形而上学』の別のテキストを見てみよう。

引用五

というのも、自然物は自然本性に即して数学上の立体よりも先なるものである。なぜなら自然物は実体であり、質料と形相とから複合され、どの方向にも直角に分岐している三つの直径によって規定されることが適合的だからである。[26]

つまり、数学的量の基体である物体を構成している第一原理の一つである物体性の形相は、あらゆる方向の三次元性を取り得る能力を有し、なおかつそれが自然物にとっては適合的なことなのである。

しかし周知の通り数学的量は三次元量であるとは限らない。だからこそ引用二において「数学的量自体は何かしら想像されたものである」と言われた直後に、「しかし〜基体は想像されたものではなく」と言われたのであろう。この「しかし」という逆接の接続詞は強く読むべきである。つまり、知性に受容され認識されて、数学的量の基体であるとされる物体は、もともとは自然物であり、この場合には三次元量を受け取るのが適合的であるのにもかかわらず、その付帯性であるとされる数学的量は三次元量とはかぎらない。たとえ三次元量であっても、それは自然物において見られるような量であることは稀であること、引用一の後半で言われた通りである。だからこそ数学的量は想像力によって作り出されたものであるとアルベルトゥスは考えたのではないだろうか。

それゆえ、数学の対象を、神的な知性のうちに在り、自然物の付帯性である諸々の感覚対象の原因でもあるような形相、ロゴスを想像に投影したものであると考える、ミューラー言うところの投影主義的な立場をアルベルトゥスが取っていたと解釈することは困難であると私は考えるのである。[27]

四　まとめ

以上のように、もともと自然物には三次元量を有するということが適合的であるのに、それがひとたび知性に受容され認識されて、数学的量の基体であるとされると、その付帯性であるとされる数学的量は三次元量とはかぎらず、数学者の想像力によって様々な量として任意に作り出されるとアルベルトゥスは考えているというのが私の解釈である。[28] だから本章の冒頭で述べたワイシャイプルの「心の抽象」という言葉も、モランドの「定言的言明の真理には興味がなく」という言葉も、想像力によって任意に作り出すという意味で理解すべきであると私は考える。

第六章　表象力、評定力について

一　問題設定

第四、五章で見た通り、アルベルトゥスによれば、実在する自然物の量は、数や図形といった数学的量の諸原理である一や点によって決まるのではなく、その物体の種に固有な実体・本質、自然本性、すなわちその形相と質料によって決まる。一方数学的量は、数学者の想像力が任意に作り出したものに過ぎない。だからいくら数学を学んでも、実在する自然物の量は分からない。それは共通感覚によって感覚されなければならない。しかし共通感覚によって自体的に感覚されるのは、色や音や匂いや味や感触の量であって、これら諸性質の基体であるとされる物体そのものの量は自体的には感覚されない。しかもその感覚は常に誤り得る不確実なものである。

しかしそれにもかかわらずアルベルトゥスは、そのような諸性質の基体であるとされる物体の実体・本質、自然本性およびその固有性はほぼ確実に感覚することが出来ると考える。これは、上述の彼の共通感覚論を考えると驚くべき結論である。このようなことが可能であるとアルベルトゥスが考える根拠は一体何であるのか。本章ではその答えを、彼の内部感覚論の一部である表象力、評定力に関する議論の中に探ることにしたい。

二　表象力、評定力の定義

まず手始めに、アルベルトゥスが考える表象力、評定力の定義について簡単にまとめておきたい。アルベルトゥスの『人間論』によれば表象力とは、最広義にはアリストテレス『霊魂論』第三巻で定義されている通り、「現実態に在る感覚活動によって引き起こされる運動」[1]である。この意味では表象力も評定力も想像力[2]も違いはない。これに対して広義（最広義に対しては狭義）には表象力とは諸々の感覚像を複合分離しながら比較する能力である[3]。ここで感覚像を複合分離しながら比較すると言われていることをもう少し具体的に言い換えればそれは、諸々の感覚像を複合分離しながらそこから或る意味内容 (intentio) を引き出す、導き出す (elicere)[4] ということである。ここで言われている意味内容は例を挙げれば真偽や敵味方などといったものである[5]。そして狭義の表象力とは真偽に関わる意味内容を感覚像から引き出して把捉する能力のことであり、その一方、ふさわしいもの、模倣すべきもの、欲すべきもの、避けるべきもの、嫌悪すべきもの、有害なものなど善悪に関わる意味内容を引き出して把捉する能力は表象力とは別に評定力と呼ばれる[6]。

一方、アルベルトゥスの『霊魂論』によれば表象力とは感覚像を意味内容に、意味内容を感覚像に、感覚像を感覚像に、意味内容を意味内容に複合分離する能力のことである。一方評定力とはたとえば「子供」などの抽象的な意味内容を引き出して把捉する能力であるとされる[7]。なお『人間論』『霊魂論』両著作に何度も登場してくる「引き出す」という表現が持つ具体的な内容については本章の四で明らかにするつもりである。

さて、アルベルトゥスはこのように抽象的な意味内容を扱う高度な判断能力をなぜ理性の能力とは考えず、あくまでも感覚能力の一種であると考えたのであろうか。それはまず、理性を持たないと考えられている諸々の動物においても上述のような判断に基づく選択がなされているように思われるからである。たとえば棒を振り上げると犬が逃げるというような場合、犬は棒の形と悲しみという意味内容とを複合しているとアルベルトゥスは考える。あるいは羊が狼を見て逃げる、自分の子を見て慈しむというような場合、羊は狼の形と敵という意味内容とを、自分の子の形と憐れみという意味内容とを複合しているというのである[8]。その他動物が家を作ったり食物を長期間保存したりする場合なども例として挙げられる[9]。

しかし真偽善悪に係わる意味内容や「子供」などの抽象的な意味内容はそもそも普遍概念でなければならないのではなかろうか。もしそうだとするとそれは理性でなければ理解することができず、したがって非理性的動物は受け取ることができないものなのではないだろうか。そのような疑念が生じ得るように思われる。このような疑念に対してアルベルトゥスは恐らく次のように答えるであろう。表象力、評定力で考えられている意味内容(intention)は普遍概念のように普遍的共通的内容に即して受け取られ、考察され、推論に用いられるものではなく、今・ここという時間的空間的制限が常に加わっている個々の感覚像と分離されない仕方でのみ受け取られるものである[10]。つまり、表象力、評定力が真である、偽である、善である、悪である、子供であるなどと判断を下す場合でも、表象力、評定力は真偽、善悪、子供ということの普遍的共通的内容を完全に把握しているわけではなく、ただ単に、今ここでそれについて判断を下しているところの判断対象に属しているかぎりでの当該意味内容だけを把捉しているに過ぎないということである。実際確かに我々人間も、自然に関する真偽善悪の普遍的共通的内容を把握していないにもかかわらず、自然について真偽、善悪の判断を下す場合がある。

しかしもし真偽、善悪、子供などの意味内容をその普遍的共通的内容に即して把握していないのであれば、そもそも当該判断対象について、それがどんなに部分的な仕方であれ、真である、偽である、善である、悪であるなどと判断を下すことはできないのではないだろうか。もしできるというのならばそれは、そのような判断を普遍概念に基づいて下している他の何者かがいて、その判断に従って判断を下す他ないのではないだろうか。この問題については本章三、四で詳しく論じることにする。

三に移る前に二の内容を簡単に整理しておきたい。アルベルトゥスによれば表象力とは、広義には諸々の感覚像を複合分離することによって意味内容を引き出し把捉する能力であり、狭義には、真偽に関わる意味内容を引き出し把捉するのが表象力であり、善悪に関わる意味内容を引き出し把捉するのは評定力である。あるいは、意味内容を引き出し把捉するのは評定力であり、表象力は意味内容や諸々の感覚像を複合分離する能力である。いずれにしても表象力、評定力は様々な意味内容の把捉と感覚像を伴う複合分離に係わる能力である。ただしここで意味内容とは普遍概念ではなく、あくまでも個別的特殊的内容のことである。

三　表象力、評定力と「自然」

本章二ではアルベルトゥスにおける表象力、評定力が真偽善悪に係わる感覚的判断能力であることが分かった。ここでは、この表象力、評定力に判断を下させているとアルベルトゥスが主張する「自然」とは一体何であるのかについて検討する。アルベルトゥスによれば表象力、評定力は、人間が有する理性によって動かされているのでない場合は「自然」(natura)の刺激(instinctus)によって動かされる。[11] そしてここで言われている自然とは、四元素の形相や四元素の複合物である鉱物の形相など、非生物の自然物に固有な形相のことであるか、あるいは、諸物体に対する優位性のゆえにアルベルトゥスが非物体的本質であるとまで言う魂、つまり生物の形相のことであるかのどちらかであると思われる[12]。しかしアルベルトゥスによれば魂は自然本性の秩序からして自然物に固有な形相よりも上に位置しているので、自然物に固有な形相に魂が動かされるということはあり得ない[13]。したがって魂の能力の一部である表象力、評定力を自然物に固有な形相が動かすということもあり得ないように思われる。しかしだからといってそれでは何らかの魂が表象力、評定力を動かすのかと言えば、魂の能力の一部である表象力、評定力を動かすような魂の別の能力についてアルベルトゥスは魂に関する彼の説明のどこにおいても語っていない。しかも、表象力、評定力を動かすと言われる「自然」がもし万が一魂であるとしたら、固有な意味で自然であると言われるのは自然物に固有な形相であるとアルベルトゥスははっきり述べているので[14]、魂のことをわざわざ「自然」と呼ぶ理由が理解できない。

表象力、評定力を動かすとアルベルトゥスが言う「自然」とはむしろ、天体の動者である純粋知性が地上の物体的形相や魂を生み出すために道具として用いる天体の光や運動と、それらによって動かされる地上の四元素の諸々の第一性質のことであると解釈した方が良いように思われる。

引用一

ところで、まったく非物体的な第一能動者が存在する。しかしこの能動者は質料に対して作用し、質料は対立するものから出来ていて、諸元素と諸元素の諸性質から複合されたものである。そして〔このような能動者は〕四通りに物体的な道具を用いて作用する。そのうちの一つは力であり、これは諸天体のうちに在る。一方もう一つも力であるが、これは降りてくる天の光のうちに在る。三つ目は天の運動であり、四つ目は諸々の第一性質である。これは諸元素のうちに在る。それで、質料的に複合されただけのものには〔上述のような動者は〕物体的形相しか導入しない。たとえば石や金属がそのようなものである。このような形相は諸々の石や金属のあらゆる相異に即して物体的に異なるものである。（中略）一方栄養摂取的魂と感覚的魂は質料から産出され、質料の内に根を持っているが、しかしそれは非物体的能動者の力によって、それが星々を動かす知性であろうと、魂を有する物体の種子の内に在る形相付ける力であろうと、そのようなものの力によってのことである。ところで栄養摂取的魂と感覚的魂の根は元素的な形相や、元素の複合に伴う何かではない。そうではなくむしろ、種子を分配する魂から刻印された形相か、あるいは、諸天球の動者から刻印された形相、ただしそれは物体的道具、つまり諸天や星々の光、力、運動、自らのうちに天と魂の力を有している元素的諸性質によって引き出された形相なのであるが、そのような形相かのどちらかなのである。そしてそれゆえ栄養摂取的魂と感覚的魂は物体の内に存在する力であり、物体なしには自らの働きを成し遂げないが、しかしこれらの魂の根、始まりは非物体的な力から種子に刻印された形相であること、述べた通りである。[15]

ここで言われている「まったく非物体的な第一能動者」とは、それが天体を道具として使いながら、四元素で出来ている地上の物体に作用するところからして、アリストテレス的な天体の動者である純粋知性であると、ひとまずは解釈してよかろう。また「天体のうちに在る力」というのは分かりづらいが、恐らく天体の実体としての不可滅性か、あるいは、純粋知性にのみ動かされ得るという受動能力のことであろう。それから、栄養摂取的魂と感覚的魂の「根」あるいは「始まり」と呼ばれているものは、「星々を動かす知性」「諸天球の動者」に刻印された形相か、あるいは「種子を分配する魂」「種子の内に在る形相付ける力」に刻印された形相であるとされているが、最終的には「非物体的な力から種子に刻印された形相」とされているので、究極的には天体の動者である純粋知性に由来するものと解釈してよかろう。

表象力、評定力が天体の動者である純粋知性に、それが地上の物体的形相や魂を生み出すために道具として用いる天体の光や運動と、それらによって動かされる四元素の諸々の第一性質を通して動かされるということを引用一の後半部分に即して言い換えるとすれば次のようになるであろう。すなわち、表象力、評定力は諸天球、星々を動かす知性が直接か、あるいは種子を分配する魂、種子内の形相付ける力を通して物体の内に刻印する感覚的魂の根、始まりに従って判断を下す。

現代科学において、引用一で言われている栄養摂取的、あるいは感覚的魂の根、始まりに相当するものは恐らく遺伝子であろう。そして、動物に備わっている判断能力については、学習の影響は排除されないにしても、基本的には遺伝子によって規定されると説明されることであろう。ところで、遺伝子の内容はDNAの突然変異にしろ遺伝的浮動にしろ何らかの偶発的要因によって決定されると現代社会では一般的に理解されている。そしてさらに、たまたま遺伝子をとりまいていた自然環境に適応した遺伝子だけが生き残るとされる。確かにビックバン以来宇宙には普遍的に不変的な物質法則が貫かれているという主張もあろうが、しかしそれが現存生物の姿を目ざしているというような目的論的な説明は通常なされない以上、現代科学においてはやはり現存生物の姿は偶発的要因によって規定されると考えられていると言うべきであろう。

これに対してアルベルトゥスのような考えに従えば、天体の動者である純粋知性は純粋知性である以上、当然非物体的なものであるから、時間的空間的に制約されることのない存在である。しかもそれは、宇宙全体を包みつつ規則的な移動運動で永遠に回り続ける天体を通して地上界に作用を及ぼすのであるから、その作用は神の奇跡などの偶発事によって一部妨げられる可能性は認められるものの、その大部分は実現するはずなので、それによって規定される表象力、評定力の判断にも一定の必然性があると言うことができるのであろう。ただしこの必然性が具体的にはどのようなものであるかについては、次の四で詳しく見ていくことにする。

四　表象力、評定力と真理

本章三ではアルベルトゥスにおける表象力、評定力が、天体の動者である純粋知性に動かされて判断を下すと考えられているということが分かった。ここではもっと具体的に、表象力、評定力はどのように動かされて判断を下すのかについて検討する。アルベルトゥスの理解するところによれば、ニュッサのグレゴリオスやダマスケノスといったギリシア教父たちは表象力のことを虚構を作り出す能力と捉えている[16]。アリストテレスも『霊魂論』第三巻第三章では、この箇所を字義的に読むかぎり表象力を虚構を作り出す能力と捉えている。それに対してアヴィセンナのようなイスラム思想家は表象力を、動物や人間自身の側からではなく、むしろ事物の側から判断の根拠を評定力によって受容して真偽判断を下す能力であると考えている。本章の二、三でも見た通りアルベルトゥスの表象力理解もこのアヴィセンナの立場を支持している[17]。

では具体的に表象力、評定力は真偽判断の根拠をどのようにして事物から受容するとアルベルトゥスは考えているのであろうか。アルベルトゥスによれば表象力、評定力が「自然」、これはすなわち上述の通り、天体の動者である純粋知性が地上の物体的形相や魂を生み出すために道具として用いる天体の光、運動と、それらによって動かされる地上の四元素の諸々の第一性質のことなのであるが、これらに動かされるとき、この「自然」から評定力に対して諸々の物体の自然本性の意味内容が伝えられる。[18] ここで言われている自然本性とは個々の物体に様々な在り方で普遍的に共通する自然本性なのであるが、しかしだからといってそれは普遍概念のようにただ知性の内にのみ在るようなものではなく、個々の物体に実際に実在的に受容されている自然本性なのである。そしてこの自然本性の意味内容も本章の二で述べた通り普遍概念ではないので、他の個々の感覚像と結び付かなければそれだけではまったく不分明で漠然としたものである。だから分析ではなく総合という仕方で諸物体の自然本性が最高類から順に、つまり実体、物体、生物、動物、人間……というようにまずは単純で不分明な漠然とした仕方で認識され、そしてその次にこのような各段階の実体・本質とその固有性、その他の付帯性が「自然」に従って複合分離されていき、そのようにして最終的には複雑で判明な個の認識へと到るのである。本章の二で出てきた「意味内容を引き出す (elicere)」という表現も、表象力、評定力が「自然」から今述べたような自然本性の意味内容を受容し、「自然」に従ってそれらを含む諸々の意味内容と諸々の感覚像とを複合分離していくことを意味しているように思われる。

引用二

理性が何がしか混じっている感覚の知覚、すなわち評定力の知覚である認識は、付帯的感覚対象を受容するものであり、この認識は、個体に広がる共通的自然本性について生じる。なぜならこの共通的自然本性とは事物において存在に即して受容されている普遍だからである。（中略）以上のことから、非常に注目に値する或る事柄に気付くことができる。すなわち、個についての判明な認識のなかで個に最も近いものは種であり、その後に類が来て、遂に最後は最高類にまで到る。しかし、不分明で混然としている感覚認識において第一のものは最高類の自然本性であり、その後そのもとにある類、その類の後に今度は最下種の自然本性と来て、この自然本性のもとで個の認識も判明に受容される。第一の認識は、分析するものである知性の役に立ち、このような認識においては感覚のうちにあるものは最初のものしかなく、何であれそこから分析によって受容されるものは何でも知性のうちにある。しかしこのような諸々の知性的理解、知性認識対象のうちの或るものは他のものよりも感覚により近いものである。それは今述べた仕方でである。一方第二の認識の仕方はその全体が感覚のうちにあり、総合という方法による。ここではより単純で不分明なものからより複合的で判明なものへと進んでいく。そしてこのようなプロセスは自然学に固有なものであり、他のどの学知にも固有ではない。なぜなら、自然学でなければ他のどの学知も普遍をこの仕方で、つまり個の内に存在に即して混ぜられているものとして受容しはしないからである。だから、自然学だけに即した普遍は感覚においてより知られるものである。一方他の学知は分析的であり、ここにおいて普遍は自然本性的に純一であり、この自然本性は感覚から分離されたものなので、これらの学知の普遍は決して感覚のうちにはなく、知性のうちに在るのである。(19)

引用二によれば「感覚認識において第一のものは最高類の自然本性であり、その後そのもとにある類、その類の後に今度は最下種の自然本性と来て、その自然本性のもとで個の認識も判明に受容される」。この「プロセスは自然学に固有なもの」である。そしてその後は、感覚における個についての判明な認識を基に知性が自らの内部において種、類、最高類といった普遍概念を分析という仕方で受容するのである。このプロセスはどの学知においても行われる。

ところで以上のように、天体の動者である純粋知性が表象力、評定力に対して虚構ではなく、自らが個々の物体に実際に実在的に与えている普遍的共通的自然本性を伝え、個の判明な認識へと到らせていると信用することがどうしてできるのであろうか。デカルトが考えたような悪霊が我々を欺いている可能性をアルベルトゥスは疑わなかったのであろうか。それは恐らく、自然は必要なものは必ず与え、不必要なものは何も与えないというアリストテレスの前提が中世においては広く受け入れられていたからであろう[20]。表象力、評定力の目的は個のさらなる認識とそこから求められる活動であり[21]、このような活動にとって虚構は不必要なものであるから、「自然」は表象力、評定力に虚構は与えないと考えられているのであろう。

五　まとめ

アルベルトゥスによれば表象力、評定力とは真偽善悪に係わる感覚的判断能力である。この表象力、評定力は天体の動者である純粋知性によって動かされる。それも、天体の動者である純粋知性が地上の物体的形相や魂を生み出すために道具として用いる天体の光、運動と、それらによって動かされる四元素の諸々の第一性質を通して動かされる。そしてこのことによって諸々の物体の自然本性の意味内容が最高類から順に、まずは単純で不分明に漠然とした仕方で認識され、最終的には複雑で判明な個の認識へと到る。ここで認識される意味内容は普遍概念ではなく、したがってここではあくまでも個別的特殊的内容しか認識されない。しかしこの認識は同時に個々の物体に実際に実在的に受容されている普遍的共通的自然本性に基づくものである。このように、普遍概念には到らず個別的特殊的内容に留まらざるを得ない我々の感覚認識が、アルベルトゥスにおいては、アリストテレスに由来しイスラム教世界とキリスト教世界で発展していった古代中世独特の宇宙論、すなわち天体還元主義とも呼ぶべき思想と、そして、しばしば「自然は余計なものは作らない」というような標語で表現されるいわゆる単純性の原理とによってその真理性が基礎付けられているように思われる。

　またアルベルトゥスは個々の物体すべてが分有しつつ共有している自然本性の意味内容全体と、個々の物体を包み支配している諸天の運動どうしの力の相互関係(proportio virtutis)とを「端的に普遍的な自然」と呼び、その成り行き(cursus)について語っている[22]。前者、すなわち、物体すべてが分有しつつ共有している自然本性の意味内容の全体とは、天体の動者である純粋知性が天体の光、運動と地上の四元素の諸々の第一性質を道具として用いながら生み出す地上のすべての物体的形相、魂の意味内容全体と一致し、後者、すなわち、諸天の運動どうしの力の相互関係とは、天体の動者である純粋知性が地上の物体的形相、魂を生み出すために道具として用いる天体の光、運動の作用内容全体と一致すると思われる。そして両者は、天体の動者たる純粋知性が個々の物体に実在的に与えるとともに表象力、評定力に伝えると言われる普遍的共通的自然本性の意味内容全体と一致すると思われる。この意味での「自然」が常に単数で語られる理由もここにあるのであろう。このような普遍的自然、普遍的共通的自然本性が奇跡や偶発事なく保持されれば、つまり、表象力、評定力に伝えられた普遍的共通的自然本性が結果として部分的に虚構になってしまわない限りは、表象力、評定力の判断も真なるものとして保持されるとアルベルトゥスは考えているということは、本章で述べられたことからして明らかであると思われる。

第七章　アヴィセンナにおける評定力との比較

一　問題設定

十三世紀西欧において議論される表象力の主たる源泉はアリストテレスである。しかし、しばしばこの表象力と関連付けて議論される評定力については、その萌芽的な内容はアリストテレスにおける表象力にも若干見受けられはするものの[1]、その主たる源泉はむしろ、アリストテレス以降に出現したアリストテレス主義者たち（アルベルトゥスの言い方に従えばペリパトス派）であると言うべきだろう。そしてその中でもアヴィセンナは、評定力について詳細に語り、十三世紀西欧に大きな影響を与えた思想家として有名である。

一方、西欧を代表するアリストテレス主義者であるアルベルトゥスは、アヴィセンナにおける評定力を非常によく理解し、なおかつこれを、第六章で見た通り、自らの思想の中で盛んに活用した。本章では、そのようなアルベルトゥスにおける表象力、評定力が、その源であるアヴィセンナにおける評定力から何を受け継ぎ、それをどう発展させたかを見極めることにしたい。

二　アルベルトゥスにおける表象力、評定力の起源

第六章の二でも簡単に見た通り、アルベルトゥスはまず『人間論』の中で表象力を定義するが、その際表象力の意味を最広義、広義、狭義の三つに区別する。

最広義の表象力とは、「現実態に在る感覚活動によって引き起こされる運動」[2]のことである。これはアルベルトゥス自身が「哲学者アリストテレスも『霊魂論』でこのようにして定義している」[3]と言っており、実際アリストテレスも『霊魂論』第三巻第三章で、「表象力とは現実態に在る感覚活動によって引き起こされる運動である」[4]と語っている。アルベルトゥスがこの定義を行っている『人間論』第三十八問題第一項「表象力とは何であるか」の冒頭に掲げられている定義においても、「表象力とは、現実態に在る感覚によって引き起こされる運動であるとアリストテレスは『霊魂論』第三巻第三章で言っている」[5]とある。だから、この最広義の表象力がアリストテレスに由来するものであることはまず間違いない。ただしこの定義は同項主文において「想像力と表象力と評定力とを含む」[6]とされており、アルベルトゥスにおいては相当異なるものと考えられている諸能力を包摂する非常に漠然とした定義であり、この定義についてアルベルトゥスがこの後この著作の中で詳述することはない。

広義の表象力とは、同項主文においては、「複合分離によって諸々の像を比較する能力」[7]であるとされる。ここでアルベルトゥスは、「アルガゼルもこのように定義している」[8]と言い、同項冒頭には、上述のアリストテレスによる定義とともに、次のような定義が掲げられている。

引用一

アルガゼルは次のように言って他の定義を与えている。すなわち表象力とは、或る時は諸々の形相の、また或る時は諸々の意味内容の櫃《ひつ》(arca)の中に在る諸々のものにおいて、複合分離しながら働く力である。[9]

この定義は明らかに、ガザーリーの『哲学者の意図』の次の箇所を意識していると思われる。

引用二

思惟力(cogitatio)には、動かすことが属し、把捉することは属さない。というのも、思惟力は、或る時は諸々の形相の櫃のうちに在るものについて、また或る時は諸々の意味内容の櫃のうちに在るものについて探究するのである。なぜなら、思惟力は、諸々の形相の櫃と諸々の意味内容の櫃との間にあり、これら二つのものにおいて複合分離だけをして働くからである。[10]

この引用二のテキストの前後には、表象力(fantasia. 原語は khayāl (imagination))という言葉も出てくる。しかしこれはむしろ、諸々の像を保持する能力である想像力や記憶力の一部であり、具体的には、想像力や記憶力が保持した像を再現する力のことを表す。[11] アルベルトゥスはこの力ではなく、引用二にあるような、諸々の像を複合分離する能力である思惟力(原語は al–mutakhayyilah (the imaginative power))の方を表象力として採用しているのである。

実際アルベルトゥスは『人間論』第三十八問第一項主文の中で、「だからアルガゼルも、或る人たちはこの能

力を思考力 (cogitativa) と呼んでいるのである。たとえばアヴィセンナはそう呼んでいるのである。だがしかし思考力は、固有な意味では人間のうちにしかない[12]」と言っており、ガザーリーも引用二のテキストの少し後で、「この能力は、人間においては思考力 (cogitativa) と呼ぶのが習わしとなっている[13]」と語っているのである。このことからも、アルベルトゥスが引用二のテキストを意識していたことは明らかだろう。

なぜこのようにアルベルトゥスは、表象力の定義として、ガザーリーにおける表象力の定義ではなく、思惟力の定義の方を用いているのであろうか。これは恐らく、引用一で見た通り、異論、再異論よりも前に掲げられている定義にも用いられていることから考えると、これはアルベルトゥス独自の解釈ではなく、むしろ当時一般的に流布していた見方だったのであろう。そしてこのような見方が流布した理由は恐らく、ガザーリーにおける思惟力の定義が、アリストテレス『霊魂論』第三巻第三章で述べられている表象力の主な内容に一番近かったからであろう。実際アリストテレスは同箇所で、表象は「我々の思い通りになる[14]」と言っているが、ガザーリーも、思惟力が想像するものの例として、二つ首の人間や、半人半馬を挙げているのである[15]。

ところがアルベルトゥスは、『人間論』第三十八問題第一項の冒頭に掲げられたガザーリーの定義に対する第一異論解答と同問第二項主文において、早くもこのガザーリーの見方から大きく逸脱する。すなわち前者でアルベルトゥスは、「表象力は想像力が把捉しないもの、すなわち、敵味方という意味内容や、真偽という意味内容を把捉する[16]」と言う。また後者では、「表象力は像を有し、それらを複合分離して、真や偽という意味内容を引き出す (elicere)[17]」と語るのである。

引用二で見た通り、ガザーリーにおける思惟力は何も把捉しない能力である。一方、ガザーリーにおいて意味内容を把捉するのは思惟力ではなく、もちろん表象力でもなく、評定力 (aestimativa. 原語では wahm(imagination))

であるとされる[18]。しかしこの評定力は何らかの像を複合分離するような能力であるとは決して語られない。このことはアルベルトゥス自身も十分承知している[19]。

では、アルベルトゥスが述べたような、像の複合分離をしながら意味内容も把捉する能力、もっと正確にいえば、意味内容を引き出すために像の複合分離を行う能力としての表象力は、アルベルトゥスに全く独自なものなのであろうか。

実は、ガザーリーにおける思惟力や評定力のもととなっていると考えられているアヴィセンナにおける評定力は、意味内容を把捉する能力であると同時に、像を複合分離する能力でもある。

引用三

〔評定の力とは〕各々の感覚対象のうちに在って感覚されない意味内容を把捉するものである。それはたとえば、ヒツジのうちに在って、このオオカミからは逃げるべきである、あるいは、この子ヒツジは慈しむべきであると判断する力などである。この力は、諸々の想像されたものにおいて複合分離もするように思われる[20]。

それゆえ、アルベルトゥスにおける広義の表象力は、ガザーリーの思惟力や評定力に由来するものであると言うよりもむしろ、そのもとにあるアヴィセンナにおける評定力を起源としていると言うべきであると思われる。実際アルベルトゥスも次のように、自身が考える広義の表象力をアヴィセンナに帰しているのである。

引用四

アルガゼルとアヴィセンナによれば、表象とは、諸々の像の複合分離から引き出された意味内容である。[21]

ただし、アヴィセンナが引用三のテキストでしているのは、アルベルトゥスが言うように表象力の話ではなく、あくまでも評定力の話である。[22] それにアヴィセンナは、評定力は意味内容を把捉し、像の複合分離もするとは言っているが、アルベルトゥスが言うように、意味内容を引き出すために像の複合分離をするとまでは言っていない。ガザーリーに至っては、アルベルトゥスにおける広義の表象力を帰すのは無理であると思われる。その意味で、引用四のテキストでなされている主張は、哲学史的に見てそのまま肯定できるような内容ではないが、しかし少なくともアルベルトゥスが、自身の考える広義の表象力がアヴィセンナに由来するものであるということに一定の自覚があるということの一つの証拠とはなるであろう。

さて、アルベルトゥスにおける狭義の表象力とは、思弁的真偽に関わる意味内容を像の複合分離によって引き出す能力である。その一方、ふさわしいもの、模倣すべきもの、欲すべきもの、避けるべきもの、嫌悪すべきもの、有害なものなど、実践的善悪に関わる意味内容を像の複合分離によって引き出す能力は、狭義の表象力とは別に評定力と呼ばれる。[23]

このような区別は、ガザーリーにはもちろんのこと、アヴィセンナにも見当たらないように思われる。それどころか、これは本章の三で詳しく述べるが、実践的善悪に係わる意味内容以外に、思弁的真偽に係わる意味内容を考えるということ自体が、恐らくアルベルトゥスに非常に独自なものであろう。

アルベルトゥスは、『人間論』の十数年後に『霊魂論』を書き、ここでも表象力と評定力を定義している。だがここでの定義はむしろ、上述のガザーリーの定義に忠実なものとなっているように思われる。

引用五

この後、表象力について規定して我々は、表象力とは像を意味内容に、意味内容を像に、像を像に、意味内容を意味内容に複合する能力のことであると言う。[24]

引用六

この能力〔評定力〕は意味内容を引き出す。（中略）というのも、この者はディオンの息子であると認識することは、息子というものの知を、その者において息子ということが在るのに即して有しているのでなければ決してできないし、オオカミが自らの子供を憐れむということも、この個体についての認識と、この個体は自分の子供であるという認識がなければ決してないのである。だから、これらのような意味内容を引き出す何らかの魂の力がなければならない。[25]

このようにアルベルトゥスは、『霊魂論』においては表象力を、様々な感覚像や意味内容を複合分離する能力に留め、その一方で評定力を、様々な意味内容を把捉するだけの能力に留めているように見える。この意味で『霊魂論』における表象力、評定力の定義は、上述のガザーリーにおける思惟力と評定力の定義に非常に近づいていると言うことができるのである。

なぜアルベルトゥスはこのように、『霊魂論』における表象力、評定力の定義の仕方を、『人間論』のときの定義の仕方と変えたのであろうか。これは恐らく次のような事情によるであろう。すなわち『人間論』は、アルベルトゥスがパリ大学時代に神学修士として行った討論を基に討論集・問題集形式で書いた『被造物大全（通称パリ大全)』の一部であり、アルベルトゥスの独自性を出すことが比較的しやすい著作であったのに対し、『霊魂論』は、彼がドミニコ会のドイツ管区長時代に、同僚であるドミニコ会士たちの哲学教育のために書かれたアリストテレス註解の一部であるということによるであろう[26]。だからアルベルトゥスは、表象力、評定力の定義においても、『霊魂論』では、ガザーリーによる当時のスタンダードな定義の仕方に忠実だったのだと推測される。

しかしだからと言って、『人間論』に見られた、表象力の定義に関わる上述のアルベルトゥスの独自性が、『霊魂論』になってまったく消えてしまったというわけではない。たとえば、彼が『人間論』で広義の表象力を定義する際に用いた、像を複合分離して意味内容を「引き出す」という彼独特の表現[27]も引用六のテキストの冒頭に残っている。そして何より、彼が同じく『人間論』で特に狭義の表象力を定義する際に述べた、思弁的真偽に係わる意味内容という、彼にきわめて独自なものと思われるものも、同じく引用六のテキストの中で、「息子というものの知」「子供であるという認識[28]」という形で残っていると思われるのである。

だから、表象力、評定力の定義の仕方に関する『人間論』から『霊魂論』への変化は、必ずしもアルベルトゥスの思想そのものの変化に帰されるべきものではなく、むしろ両著作の著作としての特性の違いに帰されるべきことであるように思われる。

以上で、アルベルトゥスにおける表象力、評定力が、ガザーリーから直接、間接に大きな影響を受けつつも、基本的には、そのもとになっていると考えられるアヴィセンナにおける評定力に由来するものであるということが明らかにされたと言ってよいだろう[29]。

三　アルベルトゥスとアヴィセンナの相異

本章二では、アルベルトゥスにおける表象力、評定力が基本的にはアヴィセンナにおける評定力に由来するものであることを確認した。ここではこの両者の相異について検討してみることにしたい。

両者の相異は、細かな言い回しの相異から内容的な相異まで様々であるが、中でも一番目に付くのは、本章二でも述べた通り、アルベルトゥスでは、引用六に出てくる「子供である」などのような思弁的真偽に係わる意味内容について語られるが、アヴィセンナにはそれが見当たらないということである。評定力が把捉する意味内容の例としてアヴィセンナが挙げるのは、以下のような実践的善悪に係わる意味内容ばかりである。[30]

引用七

しかし〔意味内容とは〕その自然本性からして感覚対象ではないものであって、それはたとえばヒツジがオオカミの形から把捉する敵意、悪意、自ずから遠ざけられるもの、ヒツジをオオカミから逃げさせる意味内容一般や、ヒツジがその仲間について把捉する調和、それによって仲間とともに喜ぶところの意味内容一般などである。[31]

引用八

そしてこれらの警戒・用心によって評定力は、有害なもの、あるいは有益なものについて、諸々の感覚対象に混ぜられた諸々の意味内容を把捉する[32]。

では、このような両者の相異に一体どんな意味があるのであろうか。

第六章の四、特にその引用二でも見た通り、アルベルトゥスは、『人間論』と『霊魂論』の間の時期に彼が書いたと考えられている『自然学』第一巻第一論考第六章において次のように論じている。すなわち、感覚は評定力によって、まず最高類の自然本性を認識し、その次に類、その次に種と順々に認識していき、最終的には個の判明な認識へと至る。ここまでのプロセスは自然学に固有なプロセスである。次にこの個の判明な認識から今度は知性が種、類、最高類へと分析を行っていく。このプロセスは他の学知にも共通するプロセスである[33]。つまりアルベルトゥスは、評定力に基づいてなされる感覚認識を自然学の基礎、ひいては他のすべての学知の基礎に据えていると思われるのである。

ところでこのアルベルトゥスの議論は主として以下の三つの理由から、自然学について論じているアヴィセンナの『治癒の書』第二部（通称 Sufficientia）第一巻第一論考第一章の議論に由来するものであると思われる。第一の理由は何と言っても内容的な類似性である。

引用九

感覚、想像力は、それらが諸々の個を把握するのに、まず、共通的知解内容とより多く類似している個的想像から始まり、あらゆる部分からして純粋な個である個的想像にまで至る[34]。

引用十

共通的なものにより類似しており、類似性により近付いているものがより知られたものである。というのも、「これは或る動物である」ということは、先に、或る物体であるということを把捉していなければ、感覚と想像力によって把捉され得ないし、これは或る人間であるということも、或る動物であるということと、或る物体であるということが先に把捉されなければ把捉されないのである。その一方で、遠くから見た時、或る物体であるということは把捉するが、或る人間であるということは把捉しないということが時々あるのである。[35]

つまりアヴィセンナによれば、感覚と想像力は、共通的な知解内容により多く類似している個的な想像内容から順に把捉していく。たとえばまず「或る物体である」ということを把捉し、その次に「或る動物である」ということ、そしてさらに「或る人間である」ということを把捉する。このようにして最終的に感覚、想像力は純粋な個（まさにこのこれ）の想像へと至るのである。

引用十一

というのも、諸々の個は内的感覚力において描かれ、そしてその後諸々の個から知性は共通性と相異性とを抽象して、種的に共通的なものの自然本性を抽象するのである。[36]

アヴィセンナによれば、上述のように感覚において把捉された純粋な個の認識から今度は知性が抽象を行って、再び種の把捉へと至るのである。

そして第二の理由は、以上のようなアルベルトゥスとアヴィセンナの二つの議論の類似性を、アルベルトゥス『自然学』のケルン版校訂者も指摘していることである。『自然学』第一巻第一論考第六章の中で校訂者は三回にわたって『治癒の書』第二部第一巻第一論考第一章を参照するよう指示している[37]。特にアルベルトゥスが上述の議論の中で、「このことをアヴィセンナは、我々が遠くから見る人によって素晴らしく証明している[38]」と述べているが、この箇所はケルン版校訂者が指摘する通り、明らかに引用十の最後の一文を指しているように思われるのである。

両議論が密接に関係していると言える第三の理由は、両議論のテキストとしての位置にある。すなわち、アルベルトゥスの上述の議論は、アリストテレス『自然学』第一巻第一章を註解した後で出て来る付論 (digressio) の部分に当たるものであり、その註解に深く関わる議論である。一方アヴィセンナの上述の議論も、自身の自然学に関する著作の第一章目であり、そのラテン語訳の題名「自然学にその原理を通して至る道を指定することについての章[39]」が示している通り、内容的に見て明らかにアリストテレス『自然学』第一巻第一章の議論を意識した議論であると思われるのである。

さて、アルベルトゥスの上述の議論では、非常に重要なところで評定力が登場する。

まずアルベルトゥスは上述の議論の冒頭で、「理性が何がしか混じっている感覚の知覚、すなわち評定力の知覚である認識は、付帯的感覚対象を受容するものであり、この認識は、個体に広がる共通的自然本性について生じる[40]」と述べている。

ここで語られている「すなわち」を「または」「あるいは」などと訳して、「理性が何がしか混じっている感覚の知覚」を、人間の知性に動かされながら、すでに把捉されている諸々の感覚像を複合分離する想像力や表象力による何らかの感覚認識と解釈するのは、可能なようにも見えるが、実際は困難である。というのも、この知覚は「対象を受容するもの（accipiens）」と言われており、それは「把捉するもの（apprehendens）」という意味であろうが、複合分離する能力であるかぎりの想像力も表象力も「把捉するもの」とは言われ得ないであろう（引用二参照）。それに、感覚能力であるこれらの能力が知性の有する普遍概念を把捉することはそもそも不可能だろうからである。

そしてこの言葉の後、感覚が最高類の自然本性から順に類、種、個と認識していくと主張されるが、それは文脈的に見て明らかに評定力に基づいてのことである。

さらにアルベルトゥスは、上述の議論が始まる直前の段落で、我々人間の感覚による受容を三つに区別している。すなわち、個別感覚だけによる受容、共通的で同時に個別的な感覚による受容、そして、個別感覚、共通感覚、評定力による受容[41]の三つである。ここでアルベルトゥスは評定力について次のように比較的詳細に解説し、それを前提にして上述の議論を開始している。

引用十二

諸感覚に混ぜられた理性や、非理性的なもの〔非理性的動物〕の評定力による受容は、事物の自然本性に関わっている。事物には諸々の付帯性があるが、これらは固有感覚によって感覚されるものである。そして固有感覚対象の基にある事物の大いさは共通感覚によって受容される。少年が、父は人間の男であってロバではないと受容するのも、子ヒツジが、母はヒツジであってオオカミではないと受容するのも、かのもの〔諸感覚に混ぜられた理性や、非理性的なものの評定力による受容〕を通してなのである[42]。

ここでは「諸々の非理性的なもの〔非理性的動物〕の評定力」という言い方がされているが、だからといって人間における評定力が否定されているわけではない。実際、引用十二が含まれている段落の冒頭では、「感覚による我々の受容は三通りある」（傍線筆者）と語り始められている。[43] そして何より、アルベルトゥスは自身の『霊魂論』[44]ではっきりと、非理性的動物と同様に人間にも備わっている評定力について語っているのである。恐らくここで語られている「諸感覚に混ぜられた理性」自体が、「理性が何がしか混じっている感覚」と同様評定力を指しており、ここでは特に人間における評定力を指しているのであろう。実際ここで例として挙げられているものはまぎれもなく、評定力が語られるときのおなじみの例なのである。

これに対して、アヴィセンナの上述の議論では状況が異なる。確かにアヴィセンナの上述の議論では、アヴィセンナにおいて評定力が把捉するものに用いられる maʿnan というアラビア語に当たる語（感覚論の文脈では一般に intentio と訳されるが、ここではあえて intellectus と訳されている[45]）が何回か登場する。しかし、アヴィセンナにおいて評定力そのものを示すアラビア語である wahm（一般に aestimatio, aestimativa と訳される）に当たる語は一回も出てこないのである。

なぜこのような両者の差が生じたのであろうか。それは恐らく、本章三の冒頭で述べたことによるのであろう。すなわち、アルベルトゥスは、評定力が把捉するものとして、「子供である」「人間である」「ロバである」「ヒツジである」などのような思弁的真偽に係わる意味内容について語る。それに対してアヴィセンナは、評定力が把捉するものとしては、実践的善悪に係わる意味内容にしか言及しない。その一方で、アヴィセンナの上述の議論において感覚が把捉するとされているのは、物体性、生物性、動物性、人間性など、個々の事物に共通する自然本性という思弁的意味内容なのである。それゆえ、アヴィセンナのように、評定力が把捉する意味内容にこのような内容を含めて考えていない場合、上述の議論の中で評定力を持ち出すことは難しいであろう。逆にアルベルトゥスのように、評定力が把捉する意味内容に、個々の事物に共通する自然本性という思弁的意味内容を含めて考えている場合には、上述の議論の中で評定力の話を持ち出すことに何ら問題はないのである。

以上のように、アルベルトゥスが、表象力ないしは評定力が把捉するものとして、思弁的真偽に係わる意味内容を含めて考えていたために、そのような表象力、評定力に基づく感覚認識を自然学の基礎に据えることが可能であった。それに対してアヴィセンナは、そのような意味内容を評定力が把捉するものとして考えていなかったため、評定力と自然学とを結びつけることがなかったのである。

四　アルベルトゥスの独自性の核心

本章三では、アルベルトゥスが、アヴィセンナとは異なり、表象力や評定力が思弁的真偽に係わる意味内容をも把捉すると考えたため、これらの能力を自然学の基礎に据えることができたのを見た。ここでは、アルベルトゥスとアヴィセンナの相異についてもう少し詳しく見てみることにしたい。

アヴィセンナは引用十の議論、すなわち『治癒の書』第二部第一巻第一論考第一章の議論において、感覚はどのようにして物体性や動物性や人間性を認識できると考えていたのであろうか。引用十を見る限り、この疑問を解く手掛かりとなりそうなのは、最後の一文にあるような、何かを遠くから見る場合の説明くらいしか見当たらないように思われる[46]。

確かに、何かを非常に遠くから見るような場合、人間であるとか、動物であるとかいうことが全く分からないとしても、目に見えているかぎりそれは物体であり、それゆえ、物体であるという感覚認識は確実だと言ってもいいかもしれない。しかし、これと同じ仕方で、何かが動物であるということを確実に認識することは難しいだろう。なぜなら、たとえそれが動いているということが確実に分かったとしても、それだけで、それを動物だと断定することはできないからである。もしかしたら非生物がただ他の何かに動かされているだけかもしれないからである。

もう少し視野をこの議論全体に広げてみよう。アヴィセンナは人間知性による物体性や動物性や人間性の認識について同じ箇所で次のように述べている。

引用十三

そしてすべての人間は、共通的で類的なものの自然本性の認識においてほぼ一致している。しかし人々が異なっているのは、人間の中の或る人々は種的なものを知って種的なものへと至り、区別を吟味するが、他の人々は類的なものの知にとどまるからである。実際或る人々は動物性を知っているが、他の人々は人間性やラバ性を知っているのである。[47]

この引用十三の箇所の後、感覚の話が始まる箇所[48]より後のテキストの中でアヴィセンナは、乳幼児でさえ何らかの物体を人間の男性、人間の女性と感覚認識できると語っていると読めるので[49]、引用十三で語られていること、すなわち、物体性や動物性などの類的な認識において人間はほぼ確実に認識できるが、人間性やラバ性などの種的認識においては人によって異なるという話は、感覚認識とは異なる次元の話、つまり知性認識の話であると解釈すべきであるということが分かる。

それでは、引用十三で語られているような、人間の知性認識の差異は一体どこから来るのであろうか。引用十一で語られたような知性の抽象作用の差異から来るのであろうか。それともその逆に、人間の知性認識の差異が、引用九、十で語られたような感覚認識の差異を生むのであろうか。それは少なくともアヴィセンナのここの議論においては明らかではないように思われる。

ところで、今述べた乳幼児の感覚認識の話は、アヴィセンナの評定力理解に即して解釈するならば、乳幼児が大人に庇護を求めることができるための実践的善悪判断の一部であるということになるだろう。このような感覚認識と、引用十一で語られているような知性の抽象作用との関係もまた、アヴィセンナにおいては判然とは語られていないように思われる[50]。

それに対してアルベルトゥスは、アヴィセンナにおける評定力を明らかな仕方で拡張解釈することによって、感覚認識を自然学の学としての基礎となり得るものと理解した。このようなアルベルトゥスにおける表象力、評定力は、第六章のまとめで見た通り彼が「端的に普遍的な自然」と呼ぶ、諸天体の運動の力の相互関係によって刺激され動かされることによって、その認識の実在的な真理性が保証されると理解されているのである。

だがその一方でアヴィセンナも、評定力は、神の息吹を分有したものである本能によって生じると考えているかぎりでは、或る意味で評定力を高く評価しているように思われる。

引用十四

それゆえ我々は次のように言おう。この評定力は様々な仕方で生じる。その中の一つは、神のあわれみによって在るものすべてに現れる警戒・用心によってである。[51]

ここで「警戒・用心」と訳したラテン語 cautela は、もともとのアラビア語テキストでは「本能」や「息吹」と訳すのが通常である ilhāmāt (ilhām の複数形) という語である。[52] 実はこの箇所の直後、例として挙げられる乳児の本能についての文のなかに次のような表現が出てくる。

引用十五

神の息吹がそれ（赤子）のうちに造った、魂の自然本性的衝動〔本能〕のゆえに……。[53]

「神の息吹」という表現は、『創世記』で神が人間を造る際に人間に吹き込んだ息を思い出させるが、ここで「息吹」と訳した語は、引用十四で cautela と訳された ilhāmāt（本来は「本能」と訳すべきもの）の単数形 ilhām なのである。つまり、本能を造る神の息吹 ilhām（単数形）が複数化し、それを分有したものである ilhāmāt が本能となったというわけである。

この引用十五のテキストは、実はアヴィセンナのラテン語訳テキストの校訂版ではまったく抜け落ちている。[54] しかし、アルベルトゥスがどのような翻訳、どのような写本を使ってアヴィセンナを学んだのかはそれほど定かではなく、また、アルベルトゥスが間接的な仕方でアヴィセンナの思想をどれほど正確に理解していたかも正確には分からないので、引用十四、十五で述べられたようなアヴィセンナの評定力に関する思想にアルベルトゥスが影響を受けた可能性は否定できないだろう。

知泉書館

出版案内

2010.9 ver. 22

新　刊

生と認識　超越論的観念論の展開

ハイデガー研究　人間論の地平から

現代ヨーロッパの人間学　精神と生命の問題をめぐって

哲　学　第61号

パウロの「聖霊による聖書解釈」　身読的解釈学

フランス宮廷のイタリア女性　「文化人」クリスティーヌ・ド・ピザン

逸失利益の研究　経済学から見た法の論理

情報文化論ノート　サイバーリテラシー副読本として

中国思想史

記憶の小樽　1972-1983

Ad fontes Sapientiae

〒113-0033 東京都文京区本郷1-13-2
Tel：03-3814-6161／Fax：03-3814-6166
http://www.chisen.co.jp
＊表示はすべて本体価格です。消費税が別途加算されます。
＊これから刊行するものは時期・タイトル等を変更する場合があります。

生と認識　超越論的観念論の展開

ISBN978-4-86285-089-8
A 5 判352頁・5800円

久保陽一著

カント，フィヒテ，シェリング，ヘルダーリン，ヘーゲルのドイツ観念論哲学の運動をヤコービとの関係など多面的に描くことでドイツ古典哲学の現代的意義を示した他に類のない画期的研究。アメリカの新しい研究動向を紹介し，見解を述べている付論も貴重である

【目次】 ドイツ古典哲学の問題意識と理論的特質　超越論的観念論の根本的モチーフの展開　生と認識—ドイツ古典哲学におけるヤコービ問題　生と認識—ヘルダーリンにおける哲学的思索　生と認識—ヘーゲル哲学体系のポテンシャル　補説—最近のドイツとアメリカにおけるヘーゲル研究について

ハイデガー研究　人間論の地平から

ISBN978-4-86285-088-1
菊判260頁・4500円

岡田紀子著

『存在と時間』を中心に，初期から後期のテクストまで参照し，ハイデガー自身は語らなかった「人間論」の視点から人間の存在に迫る。長年たずさわったハイデガー哲学の実存的・実存論的考察を踏まえつつ，現実の観察や経験を盛り込み，その可能性に挑んだ力作

【目次】 序章　1/現存在の基礎的存在構造　2/自己本来性の獲得　3/歴史的世界の人間　4/生・生物　5/自由の諸相　6/現—存在と哲学　エピローグ

現代ヨーロッパの人間学　精神と生命の問題をめぐって

ISBN978-4-86285-082-9
菊判384頁·5600円

金子晴勇著

マックス・シェーラーに始まり，さまざまな批判や議論を経た約80年間の現代人間学の全体像を提供し，実存哲学・現象学・解釈学・対話論・社会学・生物学・医学・キリスト教神学との学問的連関から集大成する

哲　学　第61号

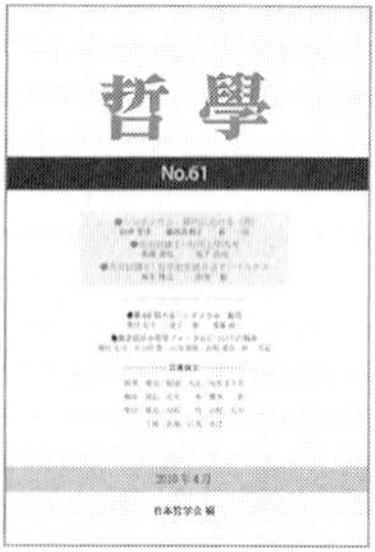

ISBN978-4-86285-905-1
A 5 判348頁·1800円

日本哲学会編

パウロの「聖霊による聖書解釈」 身読的解釈学

ISBN978-4-86285-083-6
四六判232頁・2200円

門脇佳吉著

「カトリックと禅」という東西を代表する2つの宗教を実践してきた著者が，長年の体験と研究に基づき，禅の修行から学び取った身読的方法を用いて聖書を解釈する。理性中心主義の現代西洋思想では捉えきれなかった聖書の真の意味と，その読み方を示す書である

【目次】 西洋思想の根本的欠陥―実践の場からの反省　**予備的参究**　**身読的解釈学**（身読的解釈学の解明/創世記二章の身読的解釈学/身読的解釈学の最大の特性―行の解釈学的機能）　**本論　パウロの「聖霊による聖書解釈」**（パウロの受けたユダヤ教の遺産/パウロの聖霊経験の追経験/パウロの「聖霊による聖書解釈学」）

フランス宮廷のイタリア女性 「文化人」クリスティーヌ・ド・ピザン

ISBN978-4-86285-086-7
四六判260頁＋口絵20頁・3600円

M.G.ムッツァレッリ著／伊藤亜紀訳

自らの写本工房を持っていたクリスティーヌ・ド・ピザンは，14-15世紀に生きた初の知的職業婦人である。国王の伝記を作成し，教育論や女性を擁護する作品を著すなど，教養や勇気，才能に恵まれた女性が，政治的・経済的に厳しい環境でいかに生きてきたかを描く

【目次】 あるイタリア女性の物語　運命と教育，あるいは教育を受ける運命　恋愛詩と宮廷趣味　女性論争　先駆者クリスティーヌ　青衣の婦人（レディ・イン・ブルー）　写本挿絵（ミニアチュール）という鏡のなかで　鋤と鏝をつかって　女子教育　衣裳と評判　教育のために　戦争と平和　注文人，受取人，そして読者　クリスティーヌと同時代人　クリスティーヌと後継者　ハッピーエンド

逸失利益の研究　経済学から見た法の論理

ISBN978-4-86285-081-2
菊判212頁・4000円

二木雄策著

この半世紀に交通事故死した人の累計は50万人を超え，それに伴い損害賠償をめぐる多くの訴訟が起こされた。現行の逸失利益算定方法が犠牲者にとって不合理・不公平で，法曹界の常識は一般社会の非常識であることを経済学の視点から鋭く分析，日本社会に問いかける

【目次】 本書の視点―逸失利益とは　逸失利益の算定―逸失利益の求め方　逸失利益は公正か(1)―成長とインフレ　逸失利益は公正か(2)―低金利をどう捉えるか　逸失利益の「一般理論」―金利と物価　逸失利益と遅延損害金―裁判所の論理と数理　判決の「文章」―誰のための判決か　最高裁判決(平17.6.14.)について―その論理を問う　最高裁判決の余波―残された途　結び

情報文化論ノート　サイバーリテラシー副読本として

ISBN978-4-86285-084-3
菊判264頁・2600円

矢野直明著

サイバー空間と現実世界の交流など，発展する情報化社会の歴史的系譜を辿りながら，デジタル情報社会の全体像を示し，その実態と意義を明らかにしている。「情報教育の教科書」をめざしてIT社会の系譜と未来を描きだした〈サイバーリテラシー〉三部作完結編

【目次】 Ⅰ/物から情報へ　Ⅱ/情報社会の到来　Ⅲ/「文字の文化」から「電子の文化」へ　Ⅳ/サイバネティックス・ロボット・人工知能　Ⅴ/デジタル情報社会(IT社会)の出現　Ⅵ/現代IT社会論　Ⅶ/サイバーリテラシーの周辺

中国思想史

ISBN978-4-86285-085-0
菊判712頁・7500円

A.チャン著／志野好伸・中島隆博・廣瀬玲子訳

中国のとくに思想の通史を，イデオロギーやオリエンタリズムの誘惑に屈せず，紋切型や種々の偏見なしに一人の著者の手でまとめ，しかもこれほど大部な中国哲学の入門書は世界でも例がない。ヨーロッパのスタンダード・テクストを明快な訳文で提供した待望の書

【目次】 序論　中国思想の古層（紀元前2000年紀～前５世紀）　戦国時代の自由な議論（紀元前４世紀～前３世紀）　遺産の整理（紀元前３世紀～後４世紀）　仏教の隆盛（１世紀～10世紀）　仏教を同化した後の中国思想（10世紀～16世紀）　近代思想の形成（17世紀～20世紀）　エピローグ

記憶の小樽　1972–1983

ISBN978-4-86285-090-4
Ｂ５判196頁・3800円

岡田明彦写真集

写真誌からウェブマガジンまで幅広く活躍しながら，故郷・小樽の町を40年間撮り続けているフォトジャーナリストが，1972～83年の昭和の写真を厳選。73年に『アサヒカメラ』で「小樽」を発表，『月刊おたる』で74年から現在まで写真連載を続けるなど，東京に拠点を置きながらも，つねに小樽に関わってきた写真家の視線で，長期にわたって一つの町のなかにある生活の息づかいと四季の折々を記録した貴重な写真集である

対話とアポリア　ソクラテスの探求の論理
田中伸司著　ISBN978-4-901654-64-7　菊判270頁・4800円

『テアイテトス』研究　対象認知における「ことば」と「思いなし」の構造
田坂さつき著　ISBN978-4-86285-014-0　菊判276頁・4800円

プラトン『国家』における正義と自由
高橋雅人著　ISBN978-4-86285-079-9　A 5 判370頁・6500円

プロティノスの認識論　一なるものからの分化・展開　【新プラトン主義協会研究奨励賞受賞】
岡野利津子著　ISBN978-4-86285-041-6　菊判224頁・4000円

西洋古典学の明日へ　逸身喜一郎教授退職記念論文集
大芝芳弘・小池登編　ISBN978-4-86285-080-5　菊判432頁・8000円

存在の季節　ハヤトロギア（ヘブライ的存在論）の誕生
宮本久雄著　ISBN978-4-901654-07-4　A 5 判316頁・4600円

人間と宇宙的神化　証聖者マクシモスにおける自然・本性のダイナミズムをめぐって
谷隆一郎著　ISBN978-4-86285-051-5　A 5 判376頁・6500円

砂漠の師父の言葉　ミーニュ・ギリシア教父全集より
谷隆一郎・岩倉さやか訳　ISBN978-4-901654-28-9　四六判440頁・4500円

東西修道霊性の歴史　愛に捉えられた人々
桑原直己著　ISBN978-4-86285-035-5　A 5 判320頁・4600円

聖像画論争とイスラーム　【パピルス賞受賞】
若林啓史著　ISBN978-4-901654-14-2　A 5 判函入カラー口絵 8 葉＋350頁・7500円

キリスト教とイスラーム　対話への歩み
L.ハーゲマン著／八巻和彦・矢内義顕訳　ISBN978-4-901654-16-6　四六判274頁・3000円

イスラーム信仰とアッラー
水谷　周著　ISBN978-4-86285-074-4　A 5 判264頁・2800円

修道院文化入門　学問への愛と神への希求
J.ルクレール著／神崎忠昭・矢内義顕訳　ISBN978-4-901654-41-8　A 5 判456頁・6800円

神と人との記憶　ミサの根源
米田彰男著　ISBN978-4-901654-20-3　菊判216頁・6000円

ヨハネ福音書注解〔全 3 巻〕
伊吹　雄著
■ Ⅰ　（第 1 章～第 4 章）　ISBN978-4-901654-29-6　菊判288頁・5000円
■ Ⅱ　（第 5 章～第12章）　ISBN978-4-86285-000-3　菊判428頁・6000円
■ Ⅲ　（第13章～第21章）　ISBN978-4-86285-056-0　菊判512頁・7600円

アウグスティヌス『告白録』講義
加藤信朗著　ISBN978-4-901654-86-9　四六判394頁・3800円

アウグスティヌスとその時代
金子晴勇著　ISBN978-4-901654-43-2　菊判302頁・4200円

アウグスティヌスの恩恵論
金子晴勇著　ISBN978-4-901654-66-1　菊判354頁・5600円

ヨーロッパ人間学の歴史　心身論の展開による研究
金子晴勇著　ISBN978-4-86285-034-8　菊判450頁・6500円

ヨーロッパの人間像　「神の像」と「人間の尊厳」の思想史的研究
金子晴勇著　ISBN978-4-901654-00-5　Ａ５判266頁・3800円

人間学講義　現象学的人間学をめざして
金子晴勇著　ISBN978-4-901654-23-4　菊判224頁・2800円

愛の思想史　愛の類型と秩序の思想史
金子晴勇著　ISBN978-4-901654-13-5　Ａ５判312頁・3800円

中世における理性と霊性
K.リーゼンフーバー著　ISBN978-4-86285-028-7　Ａ５判688頁・9500円

中世における科学の基礎づけ　その宗教的，制度的，知的背景
エドワード・グラント著／小林剛訳　ISBN978-4-86285-002-7　Ａ５判384頁・6000円

トマス・アクィナスのエッセ研究
長倉久子著　ISBN978-4-86285-062-1　菊判324頁・5500円

自然の諸原理について　兄弟シルヴェストゥルに　ラテン語対訳版
トマス・アクィナス著／長倉久子・松村良祐訳註　ISBN978-4-86285-027-0　菊判128頁・3000円

トマス・アクィナスの心身問題　『対異教徒大全』第２巻より　ラテン語対訳版
トマス・アクィナス著／川添信介訳註　ISBN978-4-86285-063-8　菊判456頁・7500円

トマス・アクィナスにおける「愛」と「正義」
桑原直己著　ISBN978-4-901654-48-7　Ａ５判544頁・8000円

トマス・アクィナスの人間論　個としての人間の超越性
佐々木亘著　ISBN978-4-901654-46-3　Ａ５判264頁・4800円

共同体と共同善　トマス・アクィナスの共同体論研究
佐々木亘著　ISBN978-4-86285-043-0　Ａ５判288頁・5200円

四枢要徳について　西洋の伝統に学ぶ
ヨゼフ・ピーパー著／松尾雄二訳　ISBN978-4-86285-008-9　菊判296頁・4500円

エックハルト　ラテン語著作集〔全５巻，刊行中〕
エックハルト著／中山善樹訳
■Ⅰ　創世記註解／創世記比喩解　ISBN978-4-901654-50-0　Ａ５判536頁・8000円
■Ⅱ　出エジプト記註解／知恵の書註解　ISBN978-4-901654-33-3　Ａ５判560頁・8000円
■Ⅲ　ヨハネ福音書註解　ISBN978-4-86285-036-2　Ａ５判690頁・9500円

オッカム哲学の基底
渋谷克美著　ISBN978-4-901654-73-9　菊判242頁・4500円

オッカム『七巻本自由討論集』註解〔全７巻，刊行中〕
渋谷克美訳註
■Ⅰ　（第１問題～第20問題）　ISBN978-4-86285-010-2　菊判288頁・5000円
■Ⅱ　（第１問題～第19問題）　ISBN978-4-86285-022-5　菊判260頁・5000円
■Ⅲ　（第１問題～第22問題）　ISBN978-4-86285-039-3　菊判256頁・5000円

スコトゥス「個体化の理論」への批判　『センテンチア註解』より　ラテン語対訳版
ウィリアム・オッカム著／渋谷克美訳註　ISBN978-4-901654-31-9　菊判208頁・4500円

境界に立つクザーヌス
八巻和彦・矢内義顕編　ISBN978-4-901654-04-3　Ａ５判436頁・7000円

中世と近世のあいだ　14世紀におけるスコラ学と神秘思想
上智大学中世思想研究所編　ISBN978-4-86285-012-6　A 5 判576頁・9000円

知られざるデカルト
所　雄章著　ISBN978-4-86285-026-3　菊判312頁・7000円

新デカルト的省察
村上勝三著　ISBN978-4-901654-75-3　菊判364頁・4200円

観念と存在　デカルト研究 1
村上勝三著　ISBN978-4-901654-36-4　A 5 判280頁・4700円

数学あるいは存在の重み　デカルト研究 2
村上勝三著　ISBN978-4-901654-57-9　A 5 判326頁・5500円

感覚する人とその物理学　デカルト研究 3
村上勝三著　ISBN978-4-86285-069-0　A 5 判392頁・6800円

真理の探究　17世紀合理主義の射程
村上勝三編　ISBN978-4-901654-54-8　A 5 判376頁・6000円

デカルト哲学の根本問題
山田弘明著　ISBN978-4-86285-065-2　A 5 判536頁・8500円

デカルトの「観念」論　『省察』読解入門
福居　純著　ISBN978-4-901654-59-3　A 5 判250頁・4500円

スピノザ『エチカ』の研究　『エチカ』読解入門
福居　純著　ISBN978-4-901654-05-0　A 5 判578頁・9000円

カント哲学試論
福谷　茂著　ISBN978-4-86285-073-7　A 5 判352頁・5200円

判断と崇高　カント美学のポリティクス
宮﨑裕助著　ISBN978-4-86285-055-3　A 5 判328頁・5500円

アラン，カントについて書く
アラン著／神谷幹夫編訳　ISBN978-4-901654-22-7　四六判162頁・2000円

ヘーゲル「新プラトン主義哲学」註解　新版『哲学史講義』より
山口誠一・伊藤功著　ISBN978-4-901654-45-6　菊判176頁・4200円

ドイツ観念論の歴史意識とヘーゲル
栗原　隆著　ISBN978-4-901654-70-8　A 5 判322頁・4700円

哲学の欲求と意識・理念・実在　ヘーゲルの体系構想
幸津國生著　ISBN978-4-86285-047-8　A 5 判函入296頁・5000円

心の哲学
トマス・リード著／朝広謙次郎訳　ISBN978-4-901654-26-5　A 5 判384頁・6200円

講義・経験主義と経験
稲垣良典著　ISBN978-4-86285-044-7　菊判432頁・6500円

時代精神と建築　近・現代イギリスにおける様式思想の展開
近藤存志著　ISBN978-4-86285-025-6　A 5 判344頁・5500円

カッシーラー　ゲーテ論集
エルンスト・カッシーラー著／森淑仁編訳　ISBN978-4-901654-82-1　A 5 判380頁・6000円

人を生かす倫理　フッサール発生的倫理学の構築
山口一郎著　ISBN978-4-86285-046-1　A 5 判504頁・7000円

存在から生成へ　フッサール発生的現象学研究
山口一郎著　ISBN978-4-901654-58-6　A 5 判524頁・6800円

文化を生きる身体　間文化現象学試論
山口一郎著　ISBN978-4-901654-39-5　A 5 判454頁・6000円

衝動の現象学　フッサール現象学における衝動および感情の位置づけ
稲垣　諭著　ISBN978-4-86285-019-5　A 5 判356頁・5500円

経験の裂け目
B.ヴァルデンフェルス著／山口一郎監訳　ISBN978-4-86285-070-6　菊判576頁・8500円

講義・身体の現象学　身体という自己
B.ヴァルデンフェルス著／山口一郎・鷲田清一監訳　ISBN978-4-901654-30-2　菊判480頁・6800円

フランツ・ローゼンツヴァイク　〈新しい思考〉の誕生
佐藤貴史著　ISBN978-4-86285-075-1　菊判340頁・5500円

ハイデガーと倫理学
岡田紀子著　ISBN978-4-86285-016-4　菊判304頁・4500円

現象学と形而上学　フッサール・フィンク・ハイデガー
武内　大著　ISBN978-4-86285-076-8　A 5 判256頁・4200円

存在と差異　ドゥルーズの超越論的経験論
江川隆男著　ISBN978-4-901654-21-0　A 5 判274頁・5500円

現象学の転回　「顕現しないもの」に向けて
永井　晋著　ISBN978-4-86285-004-1　A 5 判296頁・5500円

哲学を生きる　東洋大学哲学講座 1
東洋大学哲学科編　ISBN978-4-901654-02-9　菊判224頁・2800円

哲学を使いこなす　東洋大学哲学講座 2
東洋大学哲学科編　ISBN978-4-901654-32-6　菊判248頁・2800円

哲学をつくる　東洋大学哲学講座 3
東洋大学哲学科編　ISBN978-4-901654-52-4　菊判264頁・2800円

哲学を享受する　東洋大学哲学講座 4
東洋大学哲学科編　ISBN978-4-901654-72-2　菊判248頁・2800円

哲学の現場，そして教育　世界の哲学者に聞く（東洋大学哲学講座別巻）
東洋大学哲学科編　ISBN978-4-86285-018-6　菊判304頁・3200円

エコマルクス主義　環境論的転回を目指して
島崎　隆著　ISBN978-4-86285-009-6　菊判296頁・3500円

視覚世界はなぜ安定して見えるのか　眼球運動と神経信号をめぐる研究
本田仁視著　ISBN978-4-86285-052-2　A 5 判168頁・4000円

遺伝子技術の進展と人間の未来　ドイツ生命環境倫理学に学ぶ
松田　純著　ISBN978-4-901654-47-0　四六判280頁・2800円

エンハンスメント　バイオテクノロジーによる人間改造と倫理
生命環境倫理ドイツ情報センター編／松田純・小椋宗一郎訳　ISBN978-4-86285-021-8　四六判232頁・2600円

人間の尊厳と遺伝子情報　現代医療の法と倫理(上)
ドイツ連邦議会審議会答申／松田純監訳　ISBN978-4-901654-35-7　菊判270頁・3600円

受精卵診断と生命政策の合意形成　現代医療の法と倫理(下)
ドイツ連邦議会審議会答申／松田純監訳　ISBN978-4-901654-85-2　菊判332頁・4500円

人間らしい死と自己決定　終末期における事前指示
ドイツ連邦議会審議会中間答申／山本達監訳　ISBN978-4-901654-87-6　菊判268頁・3600円

ケースブック　心理臨床の倫理と法
松田純・江口昌克・正木祐史編集　ISBN978-4-86285-054-6　菊判224頁・2200円

ヴァチカン・アカデミーの生命倫理　ヒト胚の尊厳をめぐって
秋葉悦子訳著　ISBN978-4-901654-61-6　菊判224頁・4000円

医学的人間学とは何か？
青木茂・滝口直彦編訳　ISBN978-4-901654-63-0　四六判234頁・3000円

〈ケアの人間学〉入門
浜渦辰二編　ISBN978-4-901654-60-9　菊判276頁・2500円

ルルド傷病者巡礼の世界　【渋沢・クローデル賞受賞】
寺戸淳子著　ISBN978-4-901654-67-8　菊判カラー口絵８葉＋572頁・6800円

フェミニスト倫理学は可能か？
A.ピーパー著／岡野治子・後藤弘志監訳　ISBN978-4-901654-74-6　四六判256頁・2400円

生態系存在論序説　自然のふところで誕生した人間と文明の相克
八木雄二著　ISBN978-4-901654-38-8　四六判304頁・2800円

生態系存在論の構築　「ある」と言われるべき「ある」の地平を見いだす
八木雄二著　ISBN978-4-901654-42-5　四六判312頁・2800円

生態系倫理学の構築　生きることの「あるべき」かたち
八木雄二著　ISBN978-4-901654-44-9　四六判244頁・2400円

生と死の講話
マルティン・ルター著／金子晴勇訳　ISBN978-4-86285-013-3　四六判244頁・2800円

恩寵の旅路　時の中洲で
長倉久子著　ISBN978-4-86285-017-1　四六判392頁・2800円

＊

アウグスティヌスと古代教養の終焉
H.I.マルー著／岩村清太訳　ISBN978-4-86285-033-1　Ａ５判800頁・9500円

ヨーロッパ成立期の学校教育と教養
ピエール・リシェ著／岩村清太訳　ISBN978-4-901654-03-6　Ａ５判608頁・9000円

ヨーロッパ中世の自由学芸と教育
岩村清太著　ISBN978-4-86285-011-9　Ａ５判496頁・8500円

母が子に与うる遺訓の書　ドゥオダの『手引書』
ドゥオダ著／岩村清太訳　ISBN978-4-86285-077-5　四六判296頁・3200円

ルネサンスの教育　人間と学芸との革新
エウジェニオ・ガレン著／近藤恒一訳　ISBN978-4-901654-08-1　Ａ５判414頁・5600円

教育の社会史　ヨーロッパ中・近世
浅野啓子・佐久間弘展編著　ISBN978-4-901654-88-3　菊判312頁・3200円

ヴュルテンベルク敬虔主義の人間形成論　F.Ch.エーティンガーの思想世界
三輪貴美枝著　ISBN978-4-86285-023-2　菊判336頁・6000円

近代フランス大学人の誕生　大学人史断章
池端次郎著　ISBN978-4-86285-058-4　Ａ５判344頁・6500円

教育史に学ぶ　イギリス教育改革からの提言
R.オルドリッチ著／山﨑洋子・木村裕三監訳　ISBN978-4-86285-071-3　Ａ５判472頁・6500円

幸せのための教育
N.ノディングズ著／山﨑洋子・菱刈晃夫監訳　ISBN978-4-86285-032-4　四六判394頁・3400円

人文主義と国民形成　19世紀ドイツの古典教養
曽田長人著　ISBN978-4-901654-49-4　Ａ５判568頁・8000円

＊

歴史認識の時空
佐藤正幸著　ISBN978-4-901654-27-2　Ａ５判480頁・5600円

ヨーロッパ史学史　探究の軌跡
佐藤真一著　ISBN978-4-86285-059-1　Ａ５判330頁・3800円

ヨーロッパ都市文化の創造
エーディト・エネン著／佐々木克巳訳　ISBN978-4-86285-066-9　Ａ５判528頁・8500円

十二世紀ルネサンスの精神　ソールズベリのジョンの思想構造
甚野尚志著　ISBN978-4-86285-053-9　Ａ５判584頁・8000円

中世後期イタリアの商業と都市
齊藤寛海著　ISBN978-4-901654-06-7　菊判492頁・9000円

北方ヨーロッパの商業と経済　1550-1815年
玉木俊明著　ISBN978-4-86285-042-3　菊判434頁・6500円

近世貿易の誕生　オランダの「母なる貿易」
M.v.ティールホフ著／玉木俊明・山本大丙訳　ISBN978-4-901654-51-7　菊判416頁・6500円

スウェーデン絶対王政研究　財政・軍事・バルト海帝国
入江幸二著　ISBN978-4-901654-62-3　Ａ５判302頁・5400円

女たちは帝国を破壊したのか　ヨーロッパ女性とイギリス植民地
M.シュトローベル著／井野瀬久美惠訳　ISBN978-4-901654-17-3　四六判248頁・2400円

茶の帝国　アッサムと日本から歴史の謎を解く
A.& I.マクファーレン著／鈴木実佳訳　ISBN978-4-86285-003-4　四六判376頁・3800円

近世初期の検地と農民
速水　融著　ISBN978-4-86285-072-0　Ａ５判352頁・5500円

近世村落社会の家と世帯継承　家族類型の変動と回帰
岡田あおい著　ISBN978-4-901654-65-4　菊判360頁・6500円

幕末防長儒医の研究
亀田一邦著　ISBN978-4-901654-80-7　Ａ５判函入388頁・6000円

近代日本の地域と自治　新潟県下の動向を中心に
芳井研一著　ISBN978-4-86285-029-4　Ａ５判264頁・4800円

戦災復興の日英比較
ティラッソー・松村高夫・メイソン・長谷川淳一著　ISBN978-4-901654-83-8　Ａ５判386頁・5200円

静岡の歴史と文化の創造
上利博規・滝沢誠編　ISBN978-4-86285-031-7　Ａ５判344頁・2800円

＊

『論語』考索
澤田多喜男著　ISBN978-4-86285-050-8　Ａ５判438頁・7000円

黄帝四経　馬王堆漢墓帛書老子乙本巻前古佚書
澤田多喜男訳註　ISBN978-4-901654-77-7　菊判324頁・5000円

秦漢刑法研究
水間大輔著　ISBN978-4-86285-024-9　Ａ５判528頁・9000円

草創期の敦煌學　羅・王両先生東渡90周年記念日中共同ワークショップの記録
高田時雄編　ISBN978-4-901654-09-8　菊判カラー口絵８葉＋272頁・4200円

道教の斎法儀礼の思想史的研究
小林正美編　ISBN978-4-901654-81-4　Ａ５判448頁・7600円

唐代の道教と天師道
小林正美著　ISBN978-4-901654-15-9　四六判256頁・3200円

中国古典社会における仏教の諸相
西脇常記著　ISBN978-4-86285-068-3　Ａ５判568頁・9500円

初唐の文学思想と韻律論
古川末喜著　ISBN978-4-901654-24-1　Ａ５判416頁・6200円

杜甫農業詩研究　八世紀中国における農事と生活の歌
古川末喜著　ISBN978-4-86285-038-6　Ａ５判468頁・6800円

詩人と音楽　記録された唐代の音
中　純子著　ISBN978-4-86285-045-4　Ａ５判290頁・5000円

朱子学の位置
木下鉄矢著　ISBN978-4-86285-005-8　Ａ５判656頁・8500円

宋代地方官の民衆善導論　『琴堂諭俗編』訳註
小林義廣訳註　ISBN978-4-86285-064-5　Ａ５判178頁・3400円

勢　効力の歴史　中国文化横断
フランソワ・ジュリアン著／中島隆博訳　ISBN978-4-901654-37-1　Ａ５判348頁・4600円

伝統中国の歴史人類学　王権・民衆・心性
鄭振鐸著／高木智見訳　ISBN978-4-901654-53-1　四六判312頁・2800円

明末西洋科学東伝史　『天学初函』器編の研究
安　大玉著　ISBN978-4-86285-015-7　菊判328頁・6000円

朝鮮儒学史
裴宗鎬著／川原秀城監訳　ISBN978-4-86285-001-0　菊判384頁・7000円

台湾現代文学の考察 現代作家と政治
小山三郎著
ISBN978-4-86285-037-9 四六判316頁・3500円

＊

セアラ・フィールディングと18世紀流読書術 イギリス女性作家の心の迷宮観察
鈴木実佳著
ISBN978-4-86285-030-0 Ａ５判248頁・4600円

若きマン兄弟の確執
三浦 淳著
ISBN978-4-901654-69-2 Ａ５判344頁・5800円

〈声〉とテクストの射程
高木 裕編
ISBN978-4-86285-078-2 Ａ５判378頁・6800円

浦島伝説に見る古代日本人の信仰
増田早苗著
ISBN978-4-901654-78-4 Ａ５判256頁・4000円

平曲と平家物語
鈴木孝庸著
ISBN978-4-86285-006-5 Ａ５判292頁・5500円

明治の漢詩人中野逍遙とその周辺 『逍遙遺稿』札記
二宮俊博著
ISBN978-4-86285-060-7 Ａ５判344頁・6000円

日本茶文化大全 *ALL ABOUT TEA* 日本茶篇
W.H.ユーカース著／静岡大学 AAT 研究会編訳 ISBN978-4-901654-71-5 Ｂ５変型判166頁・2800円

国際交流 はじめての茶道 英語・中国語対訳(フルカラー，DVD 付)
吉野亜湖著／吉野白雲監修
ISBN978-4-86285-007-2 菊判48頁・2000円

イエスの一生
和田三造画／加藤耀子文
ISBN978-4-86285-048-5 Ａ４横判58頁・1800円

和田三造 イエス・キリスト画伝
加藤信朗監修
ISBN978-4-86285-049-2 Ａ４横判152頁・3600円

和田三造 イエス・キリスト聖画集 (豪華版，特製函入)
加藤信朗監修
〔直販のみ〕絵本＋画伝＋原画複製28葉，350×473㎜・60000円

和田三造 イエス・キリスト聖画集 (原画複製版，紙ケース入)
加藤信朗監修
〔直販のみ〕原画複製28葉，350×473㎜・40000円

＊

「間(あわい)の文化」と「独(ひとり)の文化」 比較社会の基礎理論
濱口惠俊著
ISBN978-4-901654-12-8 菊判288頁・3200円

寅さんと日本人 映画「男はつらいよ」の社会心理
濱口惠俊・金児曉嗣編著
ISBN978-4-901654-55-5 四六判304頁・1700円

総メディア社会とジャーナリズム 新聞・出版・放送・通信・インターネット【大川出版賞受賞】
矢野直明著
ISBN978-4-86285-057-7 菊判236頁・2400円

サイバーリテラシー概論 IT 社会をどう生きるか
矢野直明著
ISBN978-4-86285-020-1 菊判212頁・2200円

＊

ミクロ経済学
山崎　昭著　ISBN978-4-901654-84-5　B 5 判320頁·4600円

マクロ的経済政策論入門
荒憲治郎著　ISBN978-4-901654-01-2　菊判228頁·3500円

中央銀行の財政社会学
大島通義・井手栄策著　ISBN978-4-901654-76-0　菊判292頁·4500円

産業発展のルーツと戦略　日中台の経験に学ぶ　【日経賞受賞】
園部哲史・大塚啓二郎著　ISBN978-4-901654-34-0　菊判316頁·4500円

開発戦略と世界銀行　50年の歩みと展望
速水佑次郎監修／秋山孝允·秋山スザンヌ·湊直信共著　ISBN978-4-901654-11-1　菊判212頁·2800円

堤康次郎と西武グループの形成
大西健夫・齋藤憲・川口浩編　ISBN978-4-901654-68-5　菊判312頁·4200円

重商主義　近世ヨーロッパと経済的言語の形成
L.マグヌソン著／熊谷次郎・大倉正雄訳　ISBN978-4-86285-061-4　A 5 判414頁·6400円

ドイツ経済を支えてきたもの　社会的市場経済の原理
島野卓爾著　ISBN978-4-901654-18-0　菊判202頁·3000円

アジア通貨・金融危機，および中国の台頭　理論・実証分析
青木浩治著　ISBN978-4-86285-067-6　菊判380頁·6000円

北朝鮮の軍事工業化　帝国の戦争から金日成の戦争へ
木村光彦・安部桂司著　ISBN978-4-901654-19-7　菊判350頁·6800円

戦後日朝関係の研究　対日工作と物資調達
木村光彦・安部桂司著　ISBN978-4-86285-040-9　菊判342頁·6500円

経済数学
丸山　徹著　ISBN978-4-901654-10-4　菊判240頁·3200円

おどる数学　別解集
礒野　幸著　ISBN978-4-901654-25-8　菊判136頁·1800円

＊

哲　学
日本哲学会編　（A 5 判，各号1800円）
■ 第59号　ISBN978-4-86285-899-3　364頁
■ 第60号　ISBN978-4-86285-902-0　320頁

中世思想研究
中世哲学会編　（A 5 判，各号3500円）
■ 第51号　ISBN978-4-86285-903-7　190頁
■ 第50号　ISBN978-4-86285-901-3　234頁
■ 第49号　ISBN978-4-86285-900-6　208頁
■ 第48号　ISBN978-4-901654-79-1　188頁
■ 第47号　ISBN978-4-901654-56-2　230頁
■ 第46号　ISBN978-4-901654-40-1　208頁

西洋中世研究
西洋中世学会編　（B 5 判，各号3500円）
■ 第 1 号　ISBN978-4-86285-904-4　190頁

産業連関　イノベーション＆I-Oテクニーク
環太平洋産業連関分析学会編　（B５判，平均80頁，各号2000円）

■ 第18巻1･2号 ISBN978-4-86285-991-4 100頁
■ 第17巻３号 ISBN978-4-86285-992-1 86頁
■ 第17巻1･2号 ISBN978-4-86285-993-8 112頁
■ 第16巻３号 ISBN978-4-86285-994-5 104頁
■ 第16巻２号 ISBN978-4-86285-995-2 82頁
■ 第16巻１号 ISBN978-4-86285-996-9 62頁
■ 第15巻３号 ISBN978-4-86285-997-6 70頁
■ 第15巻２号 ISBN978-4-86285-998-3 88頁
■ 第15巻１号 ISBN978-4-86285-999-0 74頁
■ 第14巻３号 ISBN978-4-901654-89-0 86頁
■ 第14巻２号 ISBN978-4-901654-90-6 82頁
■ 第14巻１号 ISBN978-4-901654-91-3 78頁
■ 第13巻３号 ISBN978-4-901654-92-0 82頁
■ 第13巻２号 ISBN978-4-901654-93-7 80頁
■ 第13巻１号 ISBN978-4-901654-94-4 72頁
■ 第12巻３号 ISBN978-4-901654-95-1 80頁
■ 第12巻２号 ISBN978-4-901654-96-8 78頁
■ 第12巻１号 ISBN978-4-901654-97-5 74頁
■ 第11巻３号 ISBN978-4-901654-98-2 86頁
■ 第11巻２号 ISBN978-4-901654-99-9 80頁

2010年９月～12月 刊行予定

福居　純著　**スピノザ「共通概念」試論**
伊吹　雄著　**パウロによるアガペー(愛)の賛歌**　Ｉコリント13章について
五十嵐修著　**王国・教会・帝国**　カール大帝期の王権と国家
木村光彦編訳　**旧ソ連の北朝鮮経済資料集**　1946-1965年
小林　剛著　**アルベルトゥス・マグヌスの感覚論**　自然学の基礎づけとしての
小池　登著　**ピンダロス祝勝歌研究**
甲斐博見著　**ソクラテスの哲学**
近藤恒一著　**ペトラルカ研究**
山口誠一著　**ニーチェ『古代レトリック講義』訳解**
寂庵宗澤著／吉野白雲監修・吉野亜湖和訳・S.バーク英訳　**現代語訳 禅茶録**　英訳付
丸山　徹編　**経済学のエピメーテウス**
清水　誠著　**モンテーニュ研究**
G.オッカム著／渋谷克美訳註　**オッカム『七巻本自由討論集』註解 Ⅳ**
S.ディーチェ著／長島隆・渋谷繁明訳　**超越論哲学の次元**　1780-1810
B.A.エルマン著　馬淵昌也・林文孝・本間次彦・吉田純訳　**哲学から文献学へ**　晩期中華帝国における変化の知的・社会的側面

だから、アルベルトゥスの独自性の核心は、表象力、評定力による認識が持つ実在的な真理性よりもむしろ、そのような能力に基づく感覚認識を自然学の基礎に据えたという点にあると解釈すべきであるように思われる。

五　まとめ

アルベルトゥスにおける表象力、評定力は、基本的にはアヴィセンナにおける評定力、すなわち、実践的善悪に係わる意味内容を把捉し、それに関して複合分離をする能力に由来するものであると思われる。しかしアルベルトゥスは、アヴィセンナとは異なり、表象力ないしは評定力が把捉するものに、実践的善悪に係わる意味内容だけでなく、思弁的真偽に係わる意味内容をも含めて考えた。その結果、表象力、評定力に基づく感覚認識を自然学の基礎に据えることが可能となった。ここに、アヴィセンナに対するアルベルトゥスの独自性があると思われる。

付論　生　命　論

一　問題設定

第一部の最後、第三章のまとめで見た通り、アルベルトゥスによれば、動物（当然人間も含む）が有する共通感覚能力は、色、音、匂い、感触、量などあらゆる感覚可能な対象を、実際に感覚する以前に前もって、区別されていない仕方ですでに有している。また、第二部の後半、第六、七章で見た通り、同じく動物が有する表象力・評定力は、直接感覚することができない思弁的真偽や実践的善悪に係わる抽象的な意味内容を正しく把捉している。これらの能力は、時間的空間的に制約された存在であるに過ぎない一個の動物が有するものにしては、認識能力として高すぎるものであるようにも思われる。なぜなら、今述べられた認識内容はすべて、宇宙全体に係わるものだからである。

このようなアルベルトゥスの感覚論の裏には、西欧近代以前の世界に独特な宇宙論と、それに基づく生命論が隠されているように思われる。ここでは、その代表的な理論を示しているテキストとして、アルベルトゥスの『動物論』第十六巻第一論考第七章と第十一章を詳細に検討してみることにしたい[1]。なお次章には補遺として、当該テキスト全体の和訳を付することにする。

二　知性と自然

アルベルトゥスは第七章第四段落で「自然の業はすべて知性の業である」と言っている。この命題の正確な意味を知るためには、ここで言われている「知性」とは一体何か、また「自然」とは一体何かを正しく理解する必要があるように思われる。

アルベルトゥスは第十一章第一段落でもう一度「自然の業は知性の業である」と言った後、次の三点を明らかにしている。一つ目は、ここで言う知性とは天球の動者であるということである。二つ目は、天球の動者は複数存在するということである。三つ目は、それら複数の動者のなかに、第一知性と呼ばれる第一動者が存在し、「自然の業全体が、第一動者である知性の業だ」と言われるような仕方で、複数の動者たちがこの第一動者たる第一知性に引き戻される(referi)ということである。

以上のことから、ここでアルベルトゥスは、アリストテレスが自身の『形而上学』ラムダ巻で語っているような宇宙論をベースに話を展開していることが分かる。すなわち、地球が宇宙の中心に在り、その周りに、星が貼り付いていたりする透明な天球が何重にも重なっていて、その各々がそれぞれの動者である知性によって様々な方向に様々なスピードで回されていると考える宇宙論である。実際アリストテレスも同箇所の中で、「それぞれの星の運行に〔上下の〕順位があるのに応じて〔それぞれを動かすところの〕実体にも同じくその或るものは第一位、或るものは第二位というように順位があることは、明白である」(2)と述べているのである。アリストテレスが考えている第一動者とは、宇宙の最も外側に在って諸々の恒星が貼り付いていると考えられている恒星天球を回し、それによって宇宙全体に日周運動を与えている知性のことである。
さらにアルベルトゥスは第十一章第一段落で、「そうでなければ〔自然の業全体が、第一動者である知性の業でなければ〕宇宙全体の原理は一つではないことになってしまうであろう」と述べている。これは、「宇宙全体の原理は一つなのだから、自然の業全体は、第一動者である知性の業だ」と言わんとする帰謬法であると解すべきであろう。ということは、宇宙全体の原理は第一動者である第一知性だとされているということになり、その業である自然の業全体とは宇宙全体のことだということになるであろう。つまり、冒頭で挙げた命題で言われている「自然〔あるいは自然の業〕」とは宇宙全体のことであると、ひとまずは解釈することができるであろう。
しかし、ここで語られている「自然」とはこのような漠然とした意味にとどまるとは思われない。というのも、アルベルトゥスは第七章第四段落で次のように述べているからである。

引用一

業の到達点は、或る時は自然により近く、或る時は知性により近い。すなわち、存在と可能性に即して質料的、物体的である形相がこのような業〔自然の業〕の目的であるとき、業の到達点は確かに自然により近く、諸元素の第一性質や、混合物において諸元素の第一性質が原因となって生じる諸結果が業において勝る。

ここでは、質料的・物体的形相、より具体的に言えば、四元素（「火」、「空気」、「水」、「土」）の第一性質〔熱冷湿乾や軽重など〕およびその諸結果が、業の到達点として、知性よりも「自然により近い」と言われている。だとすると、ここで考えられる「自然」とは、四元素に固有な付帯性である第一性質およびその諸結果の原理であると通常考えられている四元素の実体形相・自然本性のことであると解釈するのが妥当であるように思われる。
以上のことからすると、アルベルトゥスによれば、宇宙全体で引き起こされていること、具体的には、宇宙全体の基本的構成要素である四元素の実体形相・自然本性が原理として引き起こす熱冷湿乾や軽重などの第一性質およびその諸結果はすべて、宇宙全体の原理である第一動者たる第一知性と、それによって動かされている諸天球の諸動者によって引き起こされているということになるであろう。

三　知性と魂

本章二では、四元素が引き起こすことはすべて、第一動者である第一知性が引き起こしているのだとアルベルトゥスが主張しているということが分かった。ここでは、第一動者である第一知性が四元素を通して引き起こすことができるとアルベルトゥスが考えている様々なことについて見てみることにしたい。

もし宇宙全体で引き起こされていることが、純粋に四元素の第一性質およびその諸結果だけであるとしたら、その形相・作用原理としては四元素の実体形相・自然本性だけで十分であり、それ以外に敢えて諸天球の諸動者、究極的には第一知性を措定する必要はまったくないと思われる。

しかしアルベルトゥスは、宇宙全体で引き起こされていることが四元素の第一性質およびその諸結果だけに尽きるとは考えていない。彼は引用一の箇所の直ぐ後で次のように述べている。

引用二

しかし、形相が物体的質料の諸条件を超えて高められるとき、より高められれば高められるほど、それに従って同じように、知性的自然本性すなわち知性との類似へとますます近づき、このとき知性の諸力が自然の業において勝る。

ここで言われている「形相が物体的質料の諸条件を超えて高められる」「知性との類似へと近づく」とは、具体的にどのような事態なのであろうか。アルベルトゥスは第七章第五段落で、質料的・物体的形相、すなわち四元素の第一性質およびその諸結果が、それらが有している物体としての自然本性を超えて高められる三つの段階について説明している。

第一段階は「栄養摂取的なもの」において在ると言われる。この「栄養摂取的なもの」とは植物の実体形相・自然本性すなわち栄養摂取的魂や、動物の栄養摂取能力のことであろう。ここではどのような仕方で物体的質料としての諸条件、物体としての自然本性は超えられ、知性との類似に近づくのであろうか。それはアルベルトゥスによれば、「物体的形相のように一つのものを生み出すのではなく、複数のものを生み出す」という仕方によってである。つまり、四元素の実体形相・自然本性のように、ただ熱くする、冷たくする、湿らせる、乾かすだけではなく、ただ上へあるいは下へ移動させるだけではなく、それらが複雑に組み合わされた様々な状態や場所的動きを生み出すという意味であろう。

第二段階は「感覚を分有している諸々のもの」において在ると言われる。この「感覚を分有している諸々のもの」とはもちろん動物の実体形相・自然本性、すなわち感覚的魂、特にその感覚能力のことであろう。ここでは、アルベルトゥスによれば、「諸々の感覚対象の形相を質料なしで受け取る」という仕方で物体的質料としての諸条件、物体としての自然本性は超えられ、知性との類似へと近づく。たとえば目という感覚器官は或る色を、耳は或る音を受け取るのであるが、しかしそれらは、熱冷湿乾や軽重など四元素の第一性質によって感覚器官自体に色が着いたり、そこで音が鳴り出したりするという仕方でではないのである。

第三段階は、形相そのものが知性と似て、物体的質料からほとんど分離している場合であると言われる。これは人間の理性的魂に関わる話であるが、これについては本章の五で触れることにする。

以上の通り、アルベルトゥスによれば、第一動者である第一知性と、それによって動かされる諸天球の諸動者によって、四元素の第一性質およびその諸結果は、物体的質料の諸条件・物体としての自然本性を超えて高められ、知性との類似へと近づき、植物や動物の栄養摂取能力のように、複雑な状態や場所的移動を引き起こしたり、感覚能力のように、四元素の第一性質およびその諸結果を、それ自体にはならずに受け取ったりすることができるのである。

四　生命誕生のプロセス

本章三では、動植物の、つまり生物の魂の働きが、第一動者である第一知性によって四元素を通じて生み出されるとアルベルトゥスが考えているということが分かった。ここでは、魂の働きが具体的にどのようにして生み出されるとアルベルトゥスは考えているのかを見てみることにしたい。

アルベルトゥスによれば、まず第一動者たる第一知性の力が諸天球の諸動者の力を動かしつつ、天体を場所的に移動させる。第七章第六段落と第十一章第一段落では、諸天体が様々な仕方で移動し、様々な位置に配され、様々な並び方をするのに従って、星から放射される光も地球上の様々な場所に様々な仕方で注がれ、これが実に多様で大きな力を生み出すと語られている。これを今仮に生命誕生の第一段階と呼ぶことにしたい。

次に、第十一章第三段落によれば、この諸天の力に動かされて、四元素の一つである火の元素の熱の力が微細な湿を生み出し、ここから精気を生み出す。これと同時に天体の力は、四元素の混合物から、熱冷湿乾や軽重など諸性質の過剰な対立を取り除き、混合物の構成を天体の均等性に類似した中間状態に固定する。このようにして混合物が生命を受け取る準備が整えられる。これを今仮に生命誕生の第二段階と呼ぶことにしよう。

さらに、第七章第二段落によれば、食物が消化され、そこから種子（精子や卵子も含む）が生み出される。すなわち動物の場合、まず胃の中で、四元素の一つである土の元素の過剰分が分離される。そして肝臓で、同じく四元素の一つである水の元素の過剰分が分離される。その後血管で、さらには種子管でも消化がなされ、最終的に種子が生み出される。これを今仮に生命誕生の第三段階と呼ぶことにしよう。

この第三段階は、次の第七章第三段落で次のようにまとめられている。すなわち、消化によって種子を生み出す熱にまず形相を与えるのは「火」の力である。そして「火」の力に形相を与えるのは天体の力である。そして天体の力に形相を与えるのは魂の力であるとされている。ここで言われている「魂」とは、「それはちょうど、建築道具の運動が建築術によって形相を与えられるのと同様である。」と語られていることを考えると、天の魂、すなわち、天球の動者である知性のことを指していると解釈すべきであると思われる。

ところで、食物を消化し、そこから種子を生み出す働きには、それが行われる場である動植物自体の身体や魂の力とは無関係なのだろうか。アルベルトゥスは第七章第六段落で次のように述べている。

引用三

そして天の運動の力のもとに、魂の力、すなわち、魂を与えられたものであることに即しての魂を与えられたものの身体の力がある。そしてこの力のもとには、四つないし五つの消化の過程を通して種子を消化する〔つまり消化によって種子を生み出す〕四肢の力がある。

このようにアルベルトゥスは、食物を消化し種子を生み出す働きに動植物の魂と身体の力が、天体の運動に動かされつつ参与していると考えていると思われる。

しかしそれにもかかわらず、第七章第三段落の種子産出に関するまとめのところで彼は、動植物の魂や身体の力にはまったく触れていない。それに対して第十一章第三段落では、動植物の魂と身体の力は、身体器官の形態を形成するために精気と熱に形相を与えると語っている。恐らくアルベルトゥスは、動植物の魂や身体の力が種子の産出に主として係わるのは、身体器官の形態を形成する能力を種子に与える際においてだと考えたのであろう。

そして最終的には、第十一章第三段落で述べられている通り、「諸器官が形態において完成すると、混合物において、生命の業を行う魂が第一知性の力によって創造される」。これを今仮に生命誕生の第四段階と呼ぶことにしよう。

以上の通り、アルベルトゥスによれば、第一動者たる第一知性が、まず諸天球の諸動者を動かしつつ天体を動かす。そしてそれによって混合物を均等な中間状態にするとともに、「火」を動かして精気を生み出す。さらに「火」や精気、動植物の魂や身体を動かして食物を消化して種子を生み出し、身体の諸器官を形成して生命を創造するのである。

五　理性的魂の創造

本章四では、第一動者たる第一知性が、諸天球の諸動者、諸天体、火の元素、精気、動植物の魂や身体を動かして生命を創造するとアルベルトゥスは考えているということが分かった。ここでは、人間の理性的魂の創造という例外的ケースについて見ておきたい。

第七章第五段落で語られている通り、栄養摂取的魂や感覚的魂は、物体的形相、すなわち四元素の第一性質に属する力によって作用する。それに対して、第十一章第六段落と第八段落によれば、人間の理性的魂が有している理性的・知性的能力は、人間の身体のどの部分とも結び付けられずに存在しているので、この能力を物体的質料、つまり四元素から引き出すことはできない。この能力は四元素を介さず、この箇所の表現を借りれば、「第一能動知性の光」から直接胎児に導入される。この「第一能動知性」とは、本章でも再三登場している第一知性のことであると解釈すべきであると思われる。

しかもアルベルトゥスは別な著作の中で、理性的・知性的能力は「第一原因」が無から産出すると述べている[3]。ここで言われている「第一原因」とは、上で第一知性と同一視された「第一能動知性」と同じものを指しているはずであるが、これは明らかに、無からの創造を行う一神教的な神であろう。

ところでアルベルトゥスは第十一章第五段落で、「一つの身体には一つの魂が在り」と述べており、次の第六段落では、人間の場合、理性的・知性的能力だけでなく、感覚能力や栄養摂取能力も理性的魂から流出して来ると述べている。だから、人間の理性的魂が有する諸能力、すなわち理性・知性の諸能力のみならず、栄養摂取、感覚の諸能力も、四元素を介することなく、すべて第一知性である神によって無から創造され直接胎児に導入されるとアルベルトゥスは考えているように思われる。

ただし、第一知性である神によって無から直接創造される理性的魂だけで人間を誕生させることができるわけではもちろんない。本章四で見た通り、何よりもまず、諸天の力が火の元素を動かして精気を生み出したり、混合物から諸性質の過剰な対立を取り除いて均等な中間状態を生み出したりして、生命の準備をしなければならない（生命誕生の第二段階）。生命誕生の第三段階では、親の理性的魂の力と、それによって動かされる身体の力とが、胎児の身体の諸器官の形態を形成する能力を種子に与えなければならない。なぜなら、理性的魂が神によって無から直接創造されるのであっても、恐らくそれ以前に器官の形態の形成はなされていなければならないと思われるからである。というのも、第十一章第三段落で、「諸器官が形態において完成すると、混合物において、生命の業を行う魂が第一知性の力によって創造される」と言われているからである。

以上の通り、アルベルトゥスによれば、人間の理性的魂は第一知性である神が無から創造して胎児に導入される。そしてそこから人間の栄養摂取的能力や感覚的能力が胎児に流出して来るのである。

六　まとめ

アルベルトゥスによれば、宇宙全体において四元素が引き起こすことはすべて、第一動者である第一知性が引き起こしている。第一動者たる第一知性はそれを通じてさらに、生物の魂の働きをも生み出す。より具体的に言えば、諸天球の諸動者、諸天体、火の元素、精気、生物の魂や身体を動かすことによって生み出す。ただし人間の理性的魂は、神として無から創造して胎児に直接導入する。つまりアルベルトゥスにとって生命とは、ただ単に同じ種に属する個々の生命体の魂だけが生み出すのではなく、第一知性である神が、宇宙に存在する実に様々なものを総動員しつつ生み出すものなのである[4]。だからこそアルベルトゥスは第七章第五段落で次のように述べるのである。

引用四

種子における諸々の力の中で、究極的で最も純一なものは、最も形相的で純一で、動かすことにおいて第一であり、魂の力と四肢の力と天の力と元素の力とに形相を与える知性の力である。

このような宇宙論、生命論を有していたからこそアルベルトゥスは、本章一で述べたように、或る動物の感覚的魂が有する感覚能力の一つである共通感覚能力が、あらゆる感覚可能な対象をすべて前もって有していると考えたり、同じく感覚能力である表象力・評定力が思弁的真偽や実践的善悪に係わる抽象的な意味内容を正しく把捉していると考えたりすることができたのであろう。

補遺　アルベルトゥス・マグヌス『動物論』第十六巻第一論考抄訳

一　第七章

導入されたすべてのことから要約的に取り上げて、述べられたすべてのことの要点を明らかにする付論[1]

（一）　ところで、もし誰かが、前述のすべての哲学者たちが述べたことから真であることを取り上げて、述べられた諸問題を規定しようとするならば、間違いなくその人だけが種子の力についてより完全に認識するであろう。[2]

（二）　それ（種子の力についてのより完全な認識）は以下の通りである。アレクサンドロスは多くの箇所で真理と対立することを述べているけれども、しかし、多くの消化を経る種子において特に在る諸元素の混合について彼が伝えたことは非常に正しく語っている。すなわち、食物は単純元素ではなく、混ぜられたものである何かなので、食物は、動物の食物である以前に、自身を構成している諸々のものの多くの消化、熟成を有している。しかし①食物は、すでに（動物に）摂取された後は、乾いた土質の過剰物が胃の中で分離され、その後消化される。そして、取り込まれたものは（動物に）似たものとなる。②食物は、水質の過剰分が肝臓の中で食物から分離されることによっても消化される。そして、取り込まれ、消化されたものは洗い清められ、心臓のもとで、心臓が有する生命力と、四肢を動かす力とを受け取る。③一方食物は、血管を流れながら精気と熱に突き動かされ、血管においても消化される。そして、より消化されにくいものは食物から離れてとどまる。すなわち、粘性がより強くより冷たいものは溜まってしまい、血管の末端まで進んでいかない。より軽いものは表面に浮かび上がって蒸発する。より無垢で純粋なものは四肢へと広がる。④第四に食物は、血管からの分泌そのものにおいても、四肢の力によって消化され、微細化される。なぜなら、前に述べた諸巻において以前我々が述べた通り、血管の末端は狭いので、より微細なものでなければ血管を通らないからである。そしてここでついに食物の過剰分が種子に割り当てられる。しかしこの過剰分は種子管でさらに消化される[3]。

（三）そして以上のことすべてにおいて、消化する熱に形相を与える力が三つ在る。すなわち、①「火」の力である。「火」の力は、今述べたような仕方で微細に混ぜられたもののうちに微細に在るその在り方によって形相を与える。②そして、この力に形相を与えるのは、永続的で、自らの実体を一定に保持する物体の力であることによって、消化されるものを確立し、実体化する天の力である。この力は（星の）合や衝、その他上で述べた諸々の事柄の位置と運動から多様な力を有している。③その上さらに、この天の力に最終的に形相を与えるのは魂の力である。それはちょうど、建築道具の運動が建築術によって形相を与えられるのと同様である。このような魂の形相付けによって、生命へと向かう働きが始まる。あるいはより正しくは、生きているもの、魂を与えられたものへと向かう働きが始まる。これら（②、③）の力は、種子の精気と熱に同時に集まる。そしてこれらの力は、天体と天の魂の力であるかぎりで、魂を与えられる実体へと向かって働くので、技芸として在ると言われ、技芸が技芸の道具において在るようにして、種子において在る。そしてこれら二つの力は魂の力であり、魂を与えられるものへと向かって働くので、ちょうど彫刻家が、彫刻を作る手と道具に、彫刻術の力全体に即して在るのと同じ様に、天の魂とその影響力も、種子の精気と種子に、魂、形相を与える力全体に即して在る。これは、ペリパトス派の中の熟達者たちが、魂が種子において在るのは、生命の可能態を有している物体の完全現実態としてではなく、むしろ、技芸品がそこにおいて生じるところの諸々の道具において技芸者、技芸が在るようにしてだと言ったことである（4）。

（四）さて以上のことにさらに次のことを付け加えるべきである。自然の業はすべて知性の業であること、自然学の他の諸々の著作においてすでに我々が規定した通りであるが、知性の力が自然の業を自身により近く、より似た形相へとそこにおいて到達させるところのものが最も知性の業である。というのも、自然の業と知性の業とが同一であるのは、自然が知性によって働き、知性が自然において働くことによるのであるが、しかし、業の到達点は、或る時は自然により近く、或る時は知性により近い。すなわち、存在と可能性に即して質料的、物体的である形相がこのような業の目的であるとき、業の到達点は確かに自然により近く、諸元素の第一性質と、混合物において諸元素の第一性質が原因となって生じる諸結果が業において勝る。しかし、形相が物体的質料の諸条件を超えて高められるとき、より高められれば高められるほど、それに従って同じように、知性的自然本性すなわち知性との類似へとますます近づき、このとき知性の諸力が自然の業において勝る（5）。

（五）そして、形相が物体の自然本性を超えて高められる第一段階は栄養摂取的なもののうちに在り、栄養摂取的なものは物体的形相のように一つのものを生み出すのではなく、複数のものを生み出す。一方、第二のより高められた段階は感覚を分有している諸々のものにおいて在り、これらのものは諸々の感覚対象の形相を質料なしで受け取る。それはちょうど蠟が印鑑の形を受け取るのと同様であること、『霊魂論』で我々が述べた通りである。このことは、物体的形相の力に属する何かを生み出すことを超えない。他方、最高段階は、理性を分有するものがそうであるように、形相そのものが、何らかの物体の部分の現実態でもなければ、物体の調和へと向けて働く、あるいは、調和の力を生み出す現実態でもなく、働いている知性と似てほとんど分離的であるようなものの場合である。このようなものには、生成において知性の諸力が勝り、天と元素の諸力を凌駕して、生成の目的である形相を知性自身との近似、類似へと完成させるというのでなければ、物体的な原因は一切存在しない。ただし、以上すべてのことについては、理性的魂の不死性についての著作においてより十分に論じられるであろう。この著作は神の助けにより後で論じられるであろう。しかし、ここで我々が述べたことは次のことのために語られたのである。すなわち、種子における諸々の力の中で、究極的で最も純一なものは、最も形相的で純一で、動かすことにおいて第一であり、魂の力と四肢の力と天の力と元素の力とに形相を与える知性の力である[6]。

（六） それゆえ我々は、種子の諸力をまとめて次のように言おう。第一に動かすものは知性の力である。そしてこの力のもとで天の運動の力が、上で規定されたこと、つまり、天の諸物体とその光線の位置と像と運動の相異性と相互関係と共に動かされる。そして、この相異性と相互関係を規定しているのは、諸々の生成の諸原因について天の諸力を通して規定しようとする人々である。そして天の運動の力のもとに、魂の力、すなわち、魂を与えられたものであることに即しての魂を与えられたものの身体の力がある。そしてこの力のもとには、四つないし五つの消化の過程を通して種子を消化する（消化によって種子を生み出す）四肢の力がある。というのも種子は種子管において第五の消化を受けるからである。そして四肢の力のもとには、混合可能なものの混合が、変化したものの合一であるのに即して混合物である食物の力が在る。というのもこの場合、アレクサンドロスが言ったことにおいて上で説明した通り、諸々の単純物の力が、諸々の数と比で集められているので、諸々の単純物の働きによって作用せず、調和的な働きによって働くからである。実際同じように医師達の中で熟練した者たちも、単純物である薬の諸段階を規定しているが、それに従ってどんな性質も調和の諸段階を受け取るのである。一方すべての力の中で最後に役に立つのは、『生成消滅論』という著作において我々が明らかにした通り、何らかの第一存在に即して救われて（現実化されて）おり、混合物において在る諸々の単純性質が有する力である。[7]

（七）さて以上が種子の諸力について我々が取り上げるべきであった見解である。[8]

（八）ところで男性の種子（精子）は形相を与える力を有しており、種子の十分な特質を有していない女性の種子（卵子）は形相を与えられ、受動する力を有しているのはどのようにしてか、その上さらに、女性は性的結合において常に種子を生み出すのではないのに、女性の種子は非常にしばしば子宮の中で見出されるものであるのはどのようにしてかということは、すでに以前この学知（動物論）の前の箇所で述べた諸々のことにおいて我々は十分に語った。それゆえ今のところは、種子の力と諸々の働きについては以上で十分とする。[9]

二　第十一章

種子において魂はどのように存在しているのか、種子において栄養摂取的魂と感覚的魂はどのような優先順位で存在しているのか、どのように理性的魂だけが外部から来るのかを明らかにする付論。[10]

（一）それゆえ我々は要約して、自然の業は知性の業であると言う。すなわち、天球を回す知性の業ということでなければ、（自然の業は）知性の業ではあり得ない。ところで、天球は一つの第一知性によって回される。この第一知性に他の諸動者は引き戻される。それはちょうど四肢の力が心臓のうちに在る力に引き戻されるのと同様である。このため自然の業全体が、第一動者である知性の業なのである。そうでなければ宇宙全体の原理は一つではないことになってしまうであろう。それはちょうど、人間やライオンのような完全な動物である小宇宙においても、すべての働きの原理は心臓という一つのものであること、この学知（動物論）で前に述べた諸々のことにおいて我々が明らかにした通りであるのと同様である。ところで、植物や動物の種子における天の諸力は驚くべきものである。なぜなら、諸天体とその位置、運動の多さから、また、諸々の光線が互いに交わることによるのであれ、生成したものの質料の上に降り注ぐことによるのであれ、生成のどんな場所であれ或る一つの場所に反射することによるのであれ、あらゆる仕方で光線が獲得する光線の多様性、光線の角度の多様性から、諸々の天の力は最大で多様だからである[11]。

（二）ところで、これらのもの（動植物の種子）すべてにおいてより能力の高い力は、第一知性と、諸々の下位の動者である諸知性との道具であるということからそれら（動植物の種子）において在る力である。それはちょうど魂の諸々の道具も魂の力に即して動かすのと同様である。というのも、動かすものと動かされるものから複合されている複合物に属するものである力はすべて、動かされるものの力よりも、動かすものの力により即しているからである。このことの表れは次のようなことである。すなわち我々は、動物の身体のうちに在るものは何でもすべて、身体の力よりも魂の力により従うということを見るのである。だから、以上のような天の諸力は驚くべきものであり、そしてこれらはすべて種子の精気と熱において在る。精気において在るのは、天の諸力が形相を与える基体としての精気においてであり、熱において在るのは、天の諸力がそれによって、懐胎されたものの質料のうちに自らの働きを広げる道具としての熱においてである。ただし、魂の力と、魂によって動かされる四肢の力とがどのようにして精気と熱において在るのか、また、諸々の単純元素の力と、混合されたものである限りでの混合されたものの諸力とはどのようにして精気と熱において在るのかは、前に述べた諸々のことから十分に明らかである[12]。

（三）それゆえ私は次のように言う。火質の熱の力は、自らと同質の微細なものを集め、土質の粗いものを散らすことができる。このことがなされると、混合物の在り方、その形相へと引きつけられた微細な湿が完成され、このような湿から、混合物において、動かされ得るものにおいて動かすものとして制御する精気が結果として生じる。そしてこのとき、混合物において在る天の諸力はできるかぎり、混合物の構成を高め、混合物の構成を天の均等性に類似させ、混合物の構成から、諸々の作用者と受動者の対立の過剰を取り除き、混合物を可能なかぎり天に類似した中間に固定する。そしてこのとき混合物は、生命と生命の業とを受け取ることへと近づいている。生命と生命の業とは魂の力と四肢の力なしには生じ得ないので、このとき魂と四肢の力は、魂と生命の業をそれを通して実行するところの諸器官の形態を形成するために、精気と熱とに形相を与える。諸器官が形態において完成すると、混合物において、生命の業を行う魂が第一知性の力によって創造される。諸器官は下位の天球を動かす諸知性によっても、諸器官の諸力の多様性へと規定される。これは、種子において在るものの諸力によってなされる[13]。

（四）それゆえ、述べられた諸力がすべて植物や動物の種子において在るのは、ちょうど現実に働く技芸が、技芸の道具において在るのと同様であること、我々が何度も述べた通りである。そしてこの仕方で魂は種子において在ると言われること、前に述べた諸々のことにおいて我々が言った通りである。そして上述の諸々の業が現れる際、上述の諸力は連続的に現れるだろう。それは次のような仕方でである。すなわちまず火質の熱の諸力が現れ、そして混合物の力が、その後天の諸力が現れる。そしてその後、魂と四肢の諸々の業の中でまず、生命の原理である諸力に属するものである業が始まる。そして生命の業が現れるとき、知性による魂の完成があるであろう。だからアリストテレスも、これらの業の各々は、その完成と同時には存在しないと言うのである。実際、種子の湿分が、四肢の形態の形成と同時に、（混合物へ）引きつけられているものになったり、消化されたものになったり（消化されて種子となったり）しないのと同様、混合物における生命の業も、栄養摂取的魂による植物の種、完成と同時には存在しないのである。動物においても、生命の業と、動物の類や種に沿った、感覚に即した完成とは同時には存在しないのである。しかし、植物においては二つの段階が生命の業の後に続き、動物には三つ、人間には四つの段階が続く。他のものにおいては、混合の諸段階と、生命や生命の原理以前の段階がある。実際、植物における生命の業は、植物の諸器官が形成されるとき、種子において技芸として在るものによって起こる。一方、植物が完成されるのは、栄養摂取的魂がこの形成された諸器官において存在するときである。他方動物における生命の業は述べた通りである。そして動物においては、感覚することが存在であるがゆえに、同じ諸器官が多くの場合生命と感覚に同時に係わるので、感覚の諸器官が生じるときに動物性の力も内在しており、この力の後で、馬やロバ、その他生成する動物に種の存在、特質を与える限定された形相に即して完成された種的形相が獲得される。それゆえアリストテレスも、生きているものと感覚的なものとは同時には存在せず、動物と馬も同時には存在しないと理解するのである[14]。

（五）もちろん、『霊魂論』という著作で我々が明らかにした通り、一つの身体には一つの魂が在り、一つの何性が種と一つの形相において在る一つのものに属するということは証明されたことなので、もし種子が、最初に栄養摂取的魂を実体として有し、その後で感覚的魂を獲得するとすれば、或る一つの実体形相から他の実体形相に、栄養摂取的なものの構成から感覚的なものの構成へと変化することになってしまう。これらはすべて、正しく哲学するどの人においても不条理なことである。一方もし、栄養摂取的実体は感覚的実体とは異なるが、しかしそれらは、身体に魂を与える一つの現実態において結びつけられていると言う人がいるとしたら、それは我々が「霊魂論」という学知において否認した作り話である。そこで証明されたことをここで繰り返す必要はない[15]。

（六）しかし、人間の生命が有する理性・知性の原理は、栄養摂取の原理、感覚の原理と、基体としては一つであるが、存在に即せば異なっている。なぜなら、栄養摂取の諸能力、感覚の諸能力、知性の諸能力、これらの或るものは身体に結び付けられており、或るものは結び付けられていないのであるが、これらがそこから流出してくるところの理性的魂は一つの実体だからである。そしてそれゆえ、身体に結び付けられていない諸能力（知性の諸能力）は、物体的質料からそれらの諸能力（知性的諸能力）を引き出すどんな力も有しておらず、むしろこの能力は、自然と種子の諸原理における能動知性の光の何かしらの似姿である。このため、種子の質料と諸力にとっては全くの外部から、アナクサゴラスとアリストテレスに言わせれば、前に導入されたすべての力において第一に作用するものである知性の光から懐胎されたものへと導入されるのが、『知性と知性認識対象について』という著作で我々が明らかにした通り、後で思弁の諸形相によって完成される理性的・知性的魂なのである。それゆえ、生きているものと感覚するものとは同時には存在せず、感覚するものと人間も同時には存在しないという秩序はまさにこのことなのである。そしてこれこそがアリストテレスの言葉の意味であり、アヴィセンナもアヴェロエスもテオフラストスもペリパトス派の中のすべての熟達者たちも、この説明に同意しているのである[16]。

（七）だからもし、魂という、生命と感覚と理性の原理が種子において在るかと問われるならば、私は次のように言う。生命と感覚の原理は二通りの仕方で語られる。すなわち（或る仕方で語られるのは）生命の可能態に即している器官的物体（身体）の完全現実態であるところの生命の原理である。そしてこの仕方では、生命の原理は種子において存在しないし、感覚の原理もこの仕方では種子において存在しない。なぜなら、もしこの仕方で生命の原理が植物や動物の種子において存在するとしたら、種子が植物の種子である場合には、種子が植物であることになってしまうし、動物の種子である場合には、種子が動物であることになってしまうからである。しかしもし生命の諸器官に対して働くものが生命の原理であると言われるならば、生命の原理は、技芸が技芸の諸々の道具において在る仕方で種子において在ること、しばしば我々が述べた通りである。そして魂もこの仕方で、器官的物体（身体）の完全現実態としてではなく、技芸として種子において在る。なぜなら技芸は理性に従って働き生み出す原理だからである。しかしより正しくは、種子において在るものは魂の何かであって、魂ではないと言われる。なぜなら、前で述べた諸々のことから明らかにされた通り、種子において在るのは魂の働きだからである[17]。

（八）さて、述べられたすべてのことから次のことが成り立つ。理性は或る四肢の現実態として身体の或る部分に結び付けられて存在しているものではないので、質料からも、物体的道具によっても、懐胎されたものには導入されず、むしろ、身体のどの質料にも、種子の質料において作用するどの力にも混ぜられていないものから導入されるのでなければならない。そしてそれゆえ理性の原理は第一能動知性の光以外の何ものでもない。なぜならこの知性は純粋であり、混ぜられておらず、全く受動し得ないこと、『霊魂論』第三巻で我々が明らかにした通りだからである[18]。

（九）以上の内容は、先の諸々の内容と結び付けられて、上で導入された諸々のことの真の意味を明らかにしている[19]。

結　論

アルベルトゥスによれば、第一動者たる第一知性が、諸天球の諸動者や諸天体などを動かすことによって、あるいは、人間の場合には直接的にも関与して魂の働きを生み出す。そしてその時、人間を含むすべての動物に与えられる動物の実体形相はその全体が同時に触覚能力でもあり、すべての触覚対象を可能的に有しており、その働きが限定を受けることによって触覚が生じる。それと同様に、人間を含む或る動物たちに与えられる共通感覚能力も、すべての感覚対象を可能的に有しており、その働きが限定を受けることによって諸々の感覚対象が生じる。これには、天体の光・光輝が不透明な物体において限定されて初めて視覚対象である色に成るのと似ている点があり、それゆえ、理性的能力が限定されて音声に成るのとも似ている点があるので、その意味で共通感覚能力は理性的能力に似ている。それと同時に、人間を含む或る動物たちに与えられる感覚能力である表象力、評定力は、天体の動者である純粋知性に動かされ、それによって諸々の物体の自然本性の意味内容が最高類から順に実体、物体、生物、動物、人間……などと認識される。そしてそれに従ってそれら意味内容と、色、音、感触、量など個々の感覚対象との複合分離がなされ、最終的に個の真なる認識へと到る。この認識が人間においては自然学を初めすべての学問の出発点となるのであって、プラトン主義的な数学論が考えるように、知性的直観のような仕方で数学を学べば物体のことがすべて分かるというわけではない。以上のような仕方で、感覚認識を起源として自然物の実体形相を認識し[1]、それによって自然物についての学問的真理を認識することが出来るとアルベルトゥスは考えているように思われる。これが本書の結論である。つまりアルベルトゥスによれば自然学的真理の原理は、天体の動者たる第一知性が直接的に、あるいは天体を動かしながら、その作用によって感覚認識を引き起こして人間に示すものなのである。このような思想は、他の思想家のものに比べ、特に類似しているアヴィセンナのものに比べても、アルベルトゥスに非常に独自なものであるように思われる。

しかし最後に重大な問題が残る。アルベルトゥスは人間にも、第一知性（神）にも、天使にも自由意思があるということを認める[2]。その一方で彼は諸天体の諸動者を、上述の通り一種の知性であるとは考えているが、しかし天使だとは考えていない[3]。果たして彼は天体の動者にも自由意思を認めるのであろうか。もし認めないとすれば、人間の知性から神へと至ると考えられている知性的存在の階層の中で、天体の動者だけに自由意思がないということになり、当時の考えとしてはかなり不自然であるように思われるとともに、知性的存在の統一的理解を難しくすることになるだろう。しかしもし認めれば、天体の動者はその自由意思によって天体の動きを自由に変えられるということになりかねない。そうだとすると、自然物について今我々が真理であると考えていることが、天体の動きが変わることによって後で真理でなくなる可能性があるということになる。もしそうだとすると、今真理であると考えている事を真理であるとする可能根拠を失うことになりかねない。真理に必要不可欠な時間的空間的不変性を保証するものがなくなってしまうからである。これは自然学だけでなく、形而上学や創造論にも関係する重大な問題であるように思われるが、これを扱う余裕はもはや本書には残っていないので、今後の研究課題としたい。

あとがき

二〇〇二年、私は京都大学大学院での五年間に及ぶ院生生活を終え東京に戻った。京大では主にトマス・アクィナスの天体論に取り組み、博士論文でもこのテーマを取り上げたが、東京に戻った後は、このテーマから生じたいくつかの重大な疑問を解決するため、トマスの師であるアルベルトゥス・マグヌスの感覚論を研究してみることにした。本書はそれからの約八年間の試みをまとめたものである。この場を借りて、大学院の先生方、諸先輩、院生仲間のみなさんに感謝の意を表したい。特に、京大へ行くまえの上智大学大学院生時代に、トマスに関する基礎知識を一から教えて下さった故矢玉俊彦氏、トマスのテキストの読み方を一から叩き込んで下さった京大名誉教授の山本耕平先生、私の分かりにくい議論に徹底的にお付き合い下さった京大教授の川添信介先生に心からお礼を申し上げたい。また、私のアカデミックな活動の主たる場である中世哲学会の会員の皆様、私のささやかな研究を本という形でこの世に残して下さった知泉書館の小山光夫、高野文子両氏にも深く感謝申し上げたい。

アルベルトゥスは従来、百科全書家に過ぎないとか、アリストテレスと新プラトン主義の思想を折衷したに過ぎないなどと、比較的低く評価される傾向にあったように思われる。しかし本書では、アルベルトゥスが、少なくとも彼の感覚論においては、アリストテレスの思想を基にし、新プラトン主義の絶大な影響を受けながらも、しかし非常にオリジナルな仕方で感覚認識を高く評価しているということを示すことができたように思う。ということは逆に言えば、それまでの哲学的文脈において、感覚認識を高く評価することがいかに難しかったかということも同時に示すことができたように思う。

だが彼のオリジナリティは感覚論にとどまるものでは恐らくないだろう。特に、感覚論と密接に関わる人間の知性認識に関する議論における彼のオリジナリティは驚くべきものであると私は感じている。しかもこちらの議論のほうが十三世紀当時においてはより人々の注目を集めていたであろうし、その後の人類に与えた影響もこちらの方が大きかったであろう。それゆえ今後は本書で得た成果を基にしつつ、アルベルトゥスにおける人間の知性認識に関する議論について研究を進めていきたいと考えている。

なお本書は以下の論文を加筆・訂正することによって成立した。

序論　書き下ろし

第一章「アルベルトゥス・マグヌスの視覚論」『中世哲学研究VERITAS』（京大中世哲学研究会）第二十三号、二〇〇四年十一月二十五日、四九―六一頁

第二章「色と音声のパラレリズム―アルベルトゥス・マグヌスの聴覚論―」『哲学研究』（京都哲学会）第五百八十一号、二〇〇六年四月十日、八八―一〇七頁

第三章「アルベルトゥス・マグヌスの触覚論」『中世哲学研究VERITAS』（京大中世哲学研究会）第二十八号、二〇〇九年十一月二十五日、一八―三三頁

第四章「アルベルトゥス・マグヌスにおける数量認識について」『哲学論集』（上智哲学会）第三十七号、二〇〇八年九月十日、一〇一―一一六頁

第五章「アルベルトゥス・マグヌスにおける数学的量について」『紀要哲学』（中央大学文学部）第五十一号、二〇〇九年二月二十日、一―一二頁

第六章　「アルベルトゥス・マグヌスにおける表象力について」『中世思想研究』（中世哲学会）第四十九号、二〇〇七年九月二十五日、八七―九八頁

第七章　「自然学の基礎としての表象力、評定力―アルベルトゥスのアヴィセンナとの比較―」『中世思想研究』（中世哲学会）第五十二号、二〇一〇年、七七―九一頁

第八、九章　「アルベルトゥス・マグヌスの生命論―『動物論』第十六巻第一論考第七章と第十一章―」『紀要哲学』（中央大学文学部）第五十一号、二〇一〇年二月二十五日、一―二三頁

結論　書き下ろし

二〇一〇年十月

小林　剛

ALBERT THE GREAT ON SENSE PERCEPTION

As the Foundation of Natural Philosophy

by

Go KOBAYASHI

Tokyo

Chisenshokan

2010

CONTENTS

Digression

Appendix

Abstract

The aim of this study is to make clear how Albert the Great thinks highly of the faculty of sense perception.

In Chapter 3, the last one of Part 1 in this study, I deal with Albert the Great on the sense of touch. In favor of Aristotle, Albert thinks as follows: Animal body, as well as all the other terrestrial bodies, is compounded from the four fundamental elements, i.e., Fire, Air, Water, and Earth. Fire and Air have hotness as their characteristic tangible quality. Water and Earth have coldness, Air and Water moistness, and, Fire and Earth dryness likewise. In other words, Fire is hot and dry, Air hot and moist, Water cold and moist, and Earth cold and dry. All the other tangible qualities, for example, hardness and softness, result from the mixture of those four fundamental qualities. In animal body, however, the opposite qualities, that is to say, hotness and coldness or moistness and dryness, don't exclude each other. Therefore, the body doesn't become absolutely hot, cold, moist, or dry like the four elements. These qualities of animal body, especially of human body, as a whole remains balanced with each other and middle of the extreme states. But partially in the body, some of the qualities can be a little bit too much in any way. This excess, which is an imperfection, is the very object of the sense of touch. Consequently, Albert says in *De homine*, question 33, article 2, response 5, that animal body is all the many objects of touch in the state of potentiality, though it is one and itself in the state of reality.

According to Albert, touch and the *sensus communis*, one of the internal senses, are very similar to each other. About the latter Albert says in *De anima*, book 2, tractate 4, chapter 11 and 12 like followings: There is the organ of the *sensus communis* in the front part of the brain. This is where all the nerves are gathered from the organs of the five external senses, that is sight, hearing, smell, taste, and touch. The organ of the *sensus communis* is united in harmony with all the perceived things through the external senses, so that it is a kind of the middle of them. Or rather, the faculty of the *sensus communis* itself is the harmony of all the forms perceptible by sense. In this faculty the whole faculty of sense has already been completed from the birth. Here the whole faculty has all the objects of sense previously in the state of potentiality, though it is one and itself in the state of reality. Once the potentiality is realized by the forms perceived through the external senses, and the reality of the forms as the object is

distinguished from that of the faculty as the subject, it perceives the object in the state of reality. In this way Albert explains the faculty of the *sensus communis* and sense as a whole by the analogy with that of touch. On the basis of such an explanation he thinks much of these faculties.

In Chapter 6 and 7, the latter half of Part 2 in this study, I examine the estimation theory of Albert. In *Physica*, book 1, tractate 1, chapter 6, Albert determines the relationship between human understanding and the sciences: In sense perception, firstly you understand the nature of the highest genus, substance. Secondly you understand the natures of the lower genera, for example, body, living thing, and animal. Thirdly you understand the lowest species, e.g., human being. Lastly you understand the individual. This order of an understanding is from the more simple and indistinct to the more complex and distinct. This is the former half of human understanding. It's very synthetic. After that, you analyze by your intellect the individual lastly understood in sense perception. Here firstly you understand species as a universal conception. Secondly you understand genera as well. Lastly you understand the highest genus. This is the latter half of human understanding. It's very analytical, and this order is the very opposite to that of the former. The former half has nothing to do with any other science but with natural philosophy (physica). For, in natural philosophy you understand the universal really mixed with each individual. You understand this universal in sense perception better than in intellectual analysis. In the other sciences, e.g., mathematics or metaphysics, on the other hand, you understand the universal which has the nature totally abstracted by your intellect from sense perception. You by no means understand it in sense perception but only in intellectual analysis.

What kind of sense faculty do you use in the former half? Albert claims in the same chapter that it is that of estimation. Here he divides human understanding in sense perception into three grades. The first of them is the estimation. He calls it "aliqua cognitio confusae rationis in sensu vel cognitionis, quae loco rationis est, quae a quibusdam dicitur aestimativa, quae est pars animae sensebilis". You can translate the former part, "aliqua cognitio confusae rationis in sensu" into "a certain perception of reason mixed with sense faculty". It's difficult to know what it means. But if you interpret the next word "vel" not exclusively but identify with "vel potius" (or rather), it's easy to know that the phrase as a whole means the estimation. Because you can translate the latter part, "cognitiois, quae loco rationis, quae a quibusdam dicitur aestimativa, quae est pars animae sensebilis" into "of the perception, which is like reason, what some people call the faculty of estimation, and part of the sensitive soul". And you should interpret so. The reason is that the paragraph which the phrase

belongs to is concerning the division of sense perception as he does in this chapter. So also, "a certain perception of reason mixed with sense faculty" must be a sort of sense perception. You shouldn't interpret the word "reason" literally. This sense perception happens about the common nature spread over each individual. You can't help regarding this nature as the universal really mixed with each individual, which you understand in natural philosophy. Accordingly, in natural philosophy you understand the universal, common nature mixed with and spread over each individual by means of the sense faculty of estimation. In this way Albert respects this faculty as the basis of natural philosophy.

索　　引

ア　行

カ　行

サ　行

タ　行

ナ　行

ハ　行

マ〜ワ　行

注

〈略号〉

De anima: Albertus Magnus, *De anima*, *Alberti Magni Opera Omnia*, Editio Coloniensis, t.7, pars2, Münster, Aschendorff, 1968.

De homine: Albertus Magnus, *De homine*, *Alberti Magni Opera Omnia*, Editio Coloniensis, t.27, pars2, Münster, Aschendorff, 2008. 但し q.（quaestio:「問題」）と a.（articulus:「項」）の箇所番号は Albertus Magnus, *Summa de creaturis*, secunda pars, *B. Alberti Magni Opera Omnia*, Editio Borgnet, vol.35, Paris,Vivès, 1896, tractatus 1 のものを用いる。

Met. : Albertus Magnus, *Metaphysica*, *Alberti Magni Opera Omnia*, Editio Coloniensis, t.16, Münster, Aschendorff, 1960.

Phys. : Albertus Magnus, *Physica*, *Alberti Magni Opera Omnia*, Editio Coloniensis, t.4, pars1, Münster, Aschendorff,1987.

序　論

1）Aristoteles, *Metaphysica*, Γ , c.5, 1010a7-15.

2）Aristoteles, *Metaphysica*, Γ , c.5, 1010a7-9. ここで「運動変化」と訳したのは，この箇所に出てくる κῑνέω と μεταβάλλω の両語である。しかし厳密に言えばこの両語はアリストテレスにおいて区別して使われている。すなわち κῑνέω は量，質，場所という付帯性の変化を指すのに対し，μεταβάλλω はそこにさらに実体の生成消滅をも含めた意味を持つ。

3）Aristoteles, *Metaphysica*, Γ , c.5, 1010a15 以下。

4）οὐ ταὐτό ἐστι τὸ μεταβάλλειν κατὰ τὸ ποσὸν καὶ κατὰ τὸ ποιόν· κατὰ μὲν οὖν τὸ ποσὸν ἔστω μὴ μένον, ἀλλὰ κατὰ τὸ εἶδος ἅπαντα γιγνώσκομεν. Aristoteles, *Metaphysica*, Γ , c.5, 1010a23-25.

5）Et haec est vera solutio totius dubitationis istorum (sensibilium). *Met.*, lib.4, tract.3, c.5, p.193, l.38.〈訳〉「以上のことは，あれらのもの（諸々の感覚対象）をめぐる疑念全体の真なる解決である。」

6）*Met.*, lib.4, tract.3, c.9, p.198.

7）secundum materiae quantitatem *Met.*, lib.4, tract.3, c.5, p.193, l.19 et 22.

8）materiae autem partes influunt et effluunt in id quod est. *Met.*, lib.4, tract.3, c.5, p.193, ll.29-30.

9）Secundum continuum influxum et effluxum partium materiae et quantitatis partium mateirae, *Met.*, lib.4, tract.3, c.9, p.198, ll.69- 71.

10）secundum qualitatem essentialem, *Met.*, lib.4, tract.3, c.5, p.193, l.20.

11） quae dat nomen et speciem et rationem. *Met.*, lib.4, tract.3, c.5, p.193, ll.20-21.

12） (corpus sensibile) seucundum speciem est manes. *Met.*, lib.4, tract.3, c.5, p.193, l.23.

13） esse enim, quod est actus formae （ 中 略 ） manet idem numero non motum, *Met.*, lib.4, tract.3, c.5, p.193, ll.25-29.

14） aliquid certum de re praedicari potest et sciri; *Met.*, lib.4, tract.3, c.5, p.193, l.25.

15） forma et esse, quod est actus formae, stat unum et idem, et illud est quod praedicatur vel negatur. *Met.*, lib.4, tract.3, c.9, p.198, ll.71-73.〈訳〉形相と存在，それは形相の現実態なのであるが，それが同一にとどまっており，そしてこれこそが，述語付けられたり，否定されたりするところのものなのである。

16） Et ideo diximus in PRIMO LIBRO PERI GENESEOS, quod in his quae augentur et nutriuntur, quaelibet pars secundum formam nutritur et augetur, sed non quaelibet secundum materiam, quia illa influit et effluit sub forma et esse formae eisdem manetibus. *Met.*, lib.4, tract.3, c.5, p.193, ll.33-37.

17） τὸ ὑπομένοντός τε τοῦ αύξανομένου καὶ προσιόντος τινὸς αὐξάνεσθαι, ἀπιόντος δὲ φθίνειν, ἔτι δὲ τὸ ότιοῦν σημεῖον αἰσθητὸν ἢ μεῖζον ἢ ἔλαττον γεγονέται, Aristoteles, *De generatione et corruptione*, I, c.5, 321b12-15. σημεῖον を「小部分」と訳す理由については，アリストテレス『生成消滅論』（戸塚七郎訳，岩波書店，1968 年）第 1 巻第 5 章註 13 参照。

18） τὸ οὖν ότιοῦν μέρος αὐξάνεσθαι καὶ πρασιόντος τινὸς κατὰ μὲν τὸ εἶδός ἐστιν ἐνδεχόμενον, κατὰ δὲ τὴν ὕλην οὐκ ἔστιν. δεῖ γὰρ νοῆσαι ὥσπερ εἴ τις μετροίη τῷ αὐτῷ μέτρῳ ὕδωρ· άεὶ γὰρ ἄλλο καὶ ἄλλο τὸ γινόμενον. οὕτω δ'αὐξάνεται ἡ ὕλη τῆς σαρκός, καὶ οὐχ ότῳοῦν παντὶ προσγίνεται, ἀλλὰ τὸ μὲν ύπεκρεῖ τὸ δὲ προσέρχεται, τοῦ δὲ σχήματος καὶ τοῦ εἴδους ότῳουν μορίῳ. Aristoteles, *De generatione et corruptione*, I, c.5, 321b22-28.

19） Albertus Magnus, *De generatione et corruptione*, *Alberti Magni Opera Omnia*, Editio Coloniensis, t.5, Münster, Aschendorff, 1980, lib.1, tract.3, c.7, p.145, l.24.

20） aqua influens et effluens se habet sicut pars dicta secundum materiam. Albertus Magnus, *De generatione et corruptione*, lib.1, tract.3, c.7, p.145, ll.26-27.

21） Aristoteles, *De generatione et corruptione*, I, c.5, 321b17-19.

22） Sed de accidente non est simile, quia illius esse est inesse, et ideo mutatur. *Met.*, lib.4, tract.3, c.5, p.193, ll.39-40.

23） Causa autem, quare omnino erraverunt, est, quia non cognoverunt formas substantiales, sed materiam tantum. Met., lib.4, tract.3, c.5, p.193, ll.42-44.

24） augmentum fit eo manente quod augetur, in esse et ratione substantiali Albertus Magnus, *De generatione et corruptione*, lib.1, tract.3, c.7, p.144, ll.48-49.

25） *Met.*, lib.4, tract.3, c.9, p.198, l.68-75.

26） *Met.*, lib.4, tract.3, c.9, p.198, l.83 - p.199, l.36.

27） *Met.*, lib.4, tract.3, c.9, p.199, l.78.

28） *Met.*, lib.4, tract.3, c.9, p.199, l.78 - p.200, l.49.

29） Ulterius autem quaeritur a multis, utrum forma, quae est in mutata re, cedit in non-esse vel manet. Si autem cedit in non-esse, tunc aliquid ex ente fit nihil, quod est ita impossibile, sicut si dicatur fieri aliquid ex nihilo, quod abhorruit semper omnis philosophus. Adhuc autem secundum hoc id quod est principium existendi et cognoscendi, non est idem in his quae sunt unius et eiusdem rationis, et sic sunt aequivoca, et adhuc secundum hoc non sunt principia cognoscendi res incorruptibilia, quod in tantum abhorruit Plato, quod formas ideales posuit. *Met.*, lib.4, tract.3, c.9, p.199, ll.10-20.

30） Et scitur hoc modo, qualiter principium scientiae est incorruptibile, et qualiter idem est principium esse et scientiae secundum esse differens. *Met.*, lib.4, tract.3, c.9, p.200, ll.47-49.〈訳〉「そして以上の仕方で，学知の原理がどのようにして不可滅であり，存在の原理と学知の原理とが，どのようにして同一であり，存在に即しては異なっているのかも知られる」。

31） Si autem dicatur manere forma re ipsa mutata, hoc est iterum impossibile; non enim maneret in materia propria; absurdum autem est, ut dicatur manere in aliena. Nec iterum manet, prout est in seipsa, quia forma naturalis est materialis nec habet esse in seipsa. Nec iterum manet in anima, quia prout est in anima, non habet aliquod esse in rebus extra; *Met.*, lib.4, tract.3, c.9, p.199, ll.20-27.

32） Non enim fluit vel mutatur esse formae cum una materiali parte materiae vel subiecti, sed cum omnes simul fluunt vel radicales. *Met.*, lib.4, tract.3, c.9, p.199, ll.70-72.〈訳〉「実際形相の存在は質料の，つまり基体の質料的な一部とともに流出，変化するのではなく，すべての部分，あるいは根本的な部分が同時に流出するときに流出，変化するのである」。

33） sicut formae artificiatorum se habent ad intellectum practicum artificis, ita se habent formae rerum naturalium ad lumen intelligentiae agentis in natura. *Met.*, lib.4, tract.3, c.9, p.199, ll.82-85.〈訳〉「ちょうど諸々の人工物の形相が製作者の実践知性と関係しているのと同じように，諸々の自然物の形相は自然における能動知性の光・光輝と関係している」。

34） Si autem resolvatur forma artificialis in principia formalia proxima, resolvetur in moventia instrumenta et membra artificis, quae informavit ars et movit, dum produceretur in materiam, et in motus illorum instrumentorum. Qoud si ulterius resolvatur in principia formalia, resolvetur in imaginationes motuum instrumentorum et membrorum, quibus ordinata sunt instrumenta ad motus, quae imaginationes in se formalium intellectus in membra in spiritibus deduxerunt. Et si in prima formalia resolvatur, resolvetur in lumen artis et intellectus, quod apud se habet et praehabet omnium imaginationum et organorum et motuum determinationes, quibus ipsa forma inducitur. Et in illo lumine simplex est essentia, cum tamen multiplicis sit virtutis et immaterialis, et est incorruptibilis et eadem tantum in essentia, sed diversa in esse in his quattuor in quibus est, et non manens in uno secundum esse, manet in altero. *Met.*, lib.4, tract.3, c.9, p.199, l.85- p.200, l.7.

35） Forma autem naturalis, si resolvatur ad principia formalia, resolvetur in digerens et terminans calidum elementi et spiritum corporeum, qui vehiculum est virtutum agentium in generabilium

materia. Et si ulterius resolvatur, resolvetur in radios et angulos radiorum caelestium informantes calidum digerens et terminans et informantes spiritum, qui est instrumentum virtutum generantium. Et si iterum resolvatur ulterius, resolvetur in motus corporum, hos radios ad locum generationis mittentium. Et si iterum ulterius fiat resolutio, stabit in lumine intelligentiae agentis et informantis omnia ista, et in illo est secundum formalissimum esse suum et simplicissimum, et in illo lumine est ubique et simper. Sed omnia haec in generatione intrinseca sunt materiae, et ideo transmutantia materiam generant, et ideo manifestum est, quod nulla formarum substantialium cedit in non-esse. Cederet autem pro certo in non-esse, si opus naturae non esset opus agentis intelligentiae. Et quia quando forma est in lumine agentis intelligentiae, sine hic et nunc est in eo, ideo praesentia sui ipsius est in omni lumine tali. *Met.*, lib.4, tract.3, c.9, p.200, ll.16-38.

36） Cf. *Phys.*, lib.1, tract.1, c.1.

37） omnia naturalia diffinitiones habent materiales; per materiam enim sensibilem et motui subiectam diffiniuntur, quia essentialia rei naturalis, quae in diffinitione ponenda sunt, talia sunt, quod motui et sensibilibus qualitatibus subiciuntur. *Phys.*, lib.1, tract.1, c.1, p.2, ll.39-43.〈訳〉「すべての自然物は質料的な定義を有している。すなわち，感覚可能で運動変化のもとに在る質料によって定義される。なぜなら，自然物が有する諸々の本質的なものは，定義において措定されなければならないものなのであるが，これらは，運動変化と感覚可能な質のもとに在るような類のものだからである」。

38） In eo autem quod talia (physica) quantitate distincta sunt, imaginabilia sunt, *Phys.*, lib.1, tract.1, c.1, p.2, ll.71-72.〈訳〉「諸々の自然物は，量によって区別されるのにおいては，想像の対象である」。

39） in eo autem quod (physica) sunt distincta formis activis et passivis, sunt sensibilia, quia agere et pati non contingit nisi secundum aliquam qualitatem sensus. *Phys.*, lib.1, tract.1, c.1, p.2, 11. 72-75.〈訳〉「（自然物は）作用し作用を被る諸形相によって区別されるのにおいては，感覚の対象である。なぜなら，作用被作用は，感覚が係わる何らかの質によってでなければ生じないからである」。ここで言われている「作用し作用を被る形相」とは，感覚可能な質のことであると解釈して良いだろう。このような質が外部感覚の対象であるということについては本書第 1 部参照。

40） humanus intellectus propter reflexionem, quam habet ad sensum, a sensu colligit scientiam, *Phys.*, lib.1, tract.1, c.1, p.3, ll.31-33.〈訳〉「人間の知性は，振り返りによって，これは人間の知性が感覚に対してするものであるが，これによって感覚から学問的知識を集める」。

41） Michael W. Tkacz, "Albert the Great and the Revival of Aristotle's Zoological Research Program", *Vivarium*, vol.45, 2007, Leiden/Boston, Brill, pp.30-68. この論文はトカクツが 1993 年にアメリカ・カトリック大学に提出した博士論文 *The Use of the Aristotelian Methodology of Division and Demonstration in the "De animalibus" of Albert the Great* (Ann Arbor, UMI, 1998) をさらに完成させたものである。

42） Michael W. Tkacz, “Albert the Great ～ ”, Abstract. アルベルトゥスのアリストテレス解釈における「研究プログラム」概念については *Ibid.*, p.41 参照。

43） James G. Lennox, Aristotle's Philosophy of Biology: Studies in the Origins of Life Science, Cambrigde, Cambridge University Press, 2001, pp.10-14.

44） Michael W. Tkacz, “Albert the Great ～ ”, Abstract and Conclusion.

45） Michael W. Tkacz, “Albert the Great ～ ”, p.45, 47.

46） Michael W. Tkacz, “Albert the Great ～ ”, p.50. Cf. *Phys.*, lib.2, tract.3, c.5, p.142, l.15.

47） Michael W. Tkacz, “Albert the Great ～ ”, p.49. Cf. *Phys.*, lib.2, tract.3, c.5, p.141, ll. 63-74.

48） Michael W. Tkacz, “Albert the Great ～ ”, p.37.

49） Michael W. Tkacz, “Albert the Great ～ ”, p.53.

50） Michael W. Tkacz, “Albert the Great ～ ”, p.54.

51） Michael W. Tkacz, “Albert the Great ～ ”, p.66.

52） Philosophus, tamquam sapientissimus et expertissimus in scientiis, in scientia ista (de animalibus) procedit primo narrando Albertus Magnus, *Quaestiones super de animalibus*, *Albert magni Opera Omnia*, Editio Coloniensis, t.12, Münster, Ashendorff, 1955, lib11, q.1, p.218, ll.46-47.

53） ここでの内容は基本的に J.A. Weisheipl, “The life and Works of St. Albert the Great”, *Albertus Magnus and the Sciences: Commemorative Essays 1980*, ed. J. A. Weisheipl O.P., Toronto, Pontifical Institute of Medieval Studies, 1980, pp.13-51 に依る。

54） Roger Bacon, *Opus Tertium*, ed. J.S. Brewer, London, Longmans, 1859, p.30.

第1部　外部感覚論

第1章　視覚論

1） πᾶν δὲ χρῶμα κινητικόν ἐστι τοῦ κατ'ἐνέργειαν διαφανοῦς. *De anima*, II, c.7, 418a31-b1.

2） *De homine*, q.21, a.3, 1, p.164, l.76 - p.165, l.1; *De anima*, lib.2, tract.3, c.7, p.108, l.31. *De anima* のこの箇所では，註解部分として，motivum の後に visus（「視覚を」）が補われている。

3） 確かにアヴェロエスはこう読んでいる。Et omnis color est movens diaffonum in actu; Averroes, *Grand Commentaire sur le Traité de l'Ame d'Aristote*, Text latin établi par F. Stuart Crawford, Carthage, Académie Tunisienne des Sciences des Lettres et des Arts Beït al-Hikma,1997, II, 67, p.230, ll.1-2.

4） Thomas Aquinas: omnis color est *motiuus* dyaphani *secundum actum*;（中略）movere diaphanum in actu;（中略）Et quia dyaphanum non fit in actu nisi per lumen, *Sentencia libri De anima, Santci Thomae de Aquino Opera Omnia*, t.45, Roma/Paris, Leonina/J.Vrin, 1984, lib.2, c.14, ll.64-72; R. D. Hicks: But colour is universally capable of existing change in the actually transparent, that is, in light; *Aristotle De anima*, Amsterdam, Hakkert, 1965, p.77; J. Tricot: Toute

couleur a en elle le pouvoir de mettre en mouvement le diaphane en acte. *De l'ame*, Paris, J.Vrin, 1995, p.106; D. W. Hamlyn: Every colour is capable of setting in motion that which is actually transparent. *Aristotle De anima*, Oxford, Clarendon press, 1993, p.26; G. Rodier: Toute couleur est motrice du diaphane en acte, *Traité de l'ame*, Paris, Ernest Leroux, 1900, p.105.

5) haec determinatio 'secundum actum lucidi' in toto potest esse determinatio eius quod dico 'est motivum'; et sic vera est, et sic explanatur ab AVICENNA et ab AVEMPACE, （中略） Si autem determinatio dividatur in se, et dividatur etiam a verbo 'est', quod praecedit, ut sit sensus: 'Color est motivum secundum se et secundum actum lucidi', hoc est lucidi existentis secundum actum, ut scilicet hoc ipsum quod dico: 'secundum actum' determinatio sit eius quod dico 'lucidi' gratia participii subintellecti, tunc est falsa. Et in hoc sensu explanatur ab Averroe. *De homine*, q.21, a.3, 1, 2, ad12, p.168, ll.5-8,12-19. 〈訳〉「「明るいものの現実態によって」というこの限定は，全体で，私が言う「動かすことができるものである」の限定であり得る。そしてこの場合，この限定は真である。アヴィセンナとアヴェンパチェはこのように説明している。(中略) しかしもし限定がそれ自体で分けられ，先行する「である」という言葉からも分けられ，その結果，色はそれ自身によって，現実態によって明るいもの，すなわち，現実態によって在る明るいものを動かすものであるという意味になる場合はどうであろうか。つまり，私が言う「現実態によって」自体が，分詞（在る）を補うために，私が言う「明るいものを」の限定である場合はどうであろうか。この場合この限定は偽である。そしてアヴェロエスはこの意味で説明している。」この箇所は次のアヴェロエスのテキストに対する批判として提出されている。Averroes, *Grand Commentaire*, II, 67, pp.230-234.

6) アルベルトゥスの用語法によれば，光 (lux) とは，光源の中に在る形相のことであり，光輝 (lumen) とは，照らされているものの中に在る形相のことであるが，ルーズに用いられる場合が多い。*De anima*, lib.2, tract.3, c.8, p.110, ll.63-69. この用語法の区別はアヴィセンナ由来のもののようである。Cf. *De homine*, q.21, a.1, ad5, p.161, ll.30-37.

7) φῶς δέ ἐστιν ἡ τούτου ἐνέϱγεια, τοῦ διαφανοῦς ᾗ διαφανές. *De anima*, II, c,7, 418b9-10.

8) これは，アルベルトゥスが，「corpus terminatum と言われるのは，その外側の境界でしか光輝を受け取らないものである」と言っていることを考慮して付けた訳語である。dicitur corpus terminatum, quod non suscipit lumen nisi in suis terminis exterioribus, *De homine*, q.21, a.3, 2, ad4, p.167, ll.80-82.

9) notandum quod duplex est esse coloris, scilicet materiale et formale. Dico autem materiale quod habet in materia in qua est, non quod sit ex materia aliqua. Materia autem eius in qua est, est corpus determinatum, idest non pervium, et hoc esse materiale habet color a qualitatibus primis activis et passivis, scilicet calido, frigido, humido et sicco. Esse autem formale coloris est esse coloris, quo est actu in potentia activa immutandi visum secundum actum, et hoc esse color habet a luce. Et hoc est quod dicit PHILOSOPHUS, quod 'color est motivum visus secundum actum lucidi', et hoc est ipsius natura. *De homine*, q.21, a.1, ad7, p.161, ll.41-52.

10) Sicut SUPRA distinctum est, color habet duplex esse, scilicet esse materiale, quod habet

in corpore spisso, quod non est pervium, sed terminat visum; et esse formale, secundum quod ipse movet sensum. Hoc autem duplex esse probatur inesse colori ex hoc quod ipse non tantum alterat sensum, sed etiam alterat corpora, et alterat corpora non subito, sensum vero subito. Cum igitur color per se non sit qualitas activa vel passiva, alterabit non actu proprio, sed actu alterius agentis; et si agens illud quo color alterat corpora, non agit subito, tunc color non alterabit subito. Agens autem illud vel est calidum vel frigidum vel humidum vel siccum, quorum nullum agit vel patitur subito, et idcirco alteratio coloris, quo alterat corpora, non est subito. *De homine*, q.21, a.3, 1, solutio, p.166, ll.23-36.

11） lumen nihil prohibet esse passionem vel passibilem qualitatem. Sed tunc distinguendum est inter passiones corporum passivorum et activorum, et inter passiones corporum, quae non habent contrarietatem nec agunt nec patiuntur, sed tantum movent. Sicut enim corpus caeleste se habet ad corpora inferiora, sic passio eius ad passiones inferiorum corporum. Unde sicut corpus caeli in elementis nullum habet contrarium, ita nec passio eius in passionibus elementorum. *De homine*, q.21, a.1, ad1, p.160, ll.54-62.

12） ただしアルベルトゥスは光・光輝が間接的に熱を生じさせるということを認める。本章 4 参照。

13） *sed* potius (*est* diaphanum aër) per unam *naturam* communem, *in* qua quaedam inferiora simplicia vel composita perspicua communicant cum *superiori* caelesti *et perpetuo corpore*. Licet enim perspicuitas, quae recipit lumen, sit in superioribus et in inferioribus, tamen per prius et sicut in causa est in superiori corpore et per posterius in inferioribus; *De anima*, lib.2, tract.3, c.8, p.110, ll.43-49. 〈訳〉「「しかし」むしろ一つの共通する「自然本性」によって（空気は透明なの）である。いくつかの下位の透明な単純物や複合物はこの自然本性において天「上の永続的な物体」と共通する。すなわち，透明性は光，光輝を受け取るものであるが，それは上位のものにも下位のものにも在るけれども，しかしそれは上位の物体においてより先なる仕方で，原因において在る通りに在り，下位の物体においてはより後なる仕方で在るのである。」Cf. *Ibid.*, c.12, p.116, ll.45-60.

14） Dicamus igitur quod est considerare colorem secundum relationem ad primas qualitates, quae causant ipsum in corpore determinato. Et hoc est esse ipsius quod habet in materia, hoc est in corpore determinato; et sic color bene est in tenebris, et sic non diffinitur in aliqua dictarum diffinitionum, quia sic non infert passionem in potentia visiva. Est etiam considerare colorem secundum relationem ad agens illud quod dat ei esse formale, quo possit immutare visum et medium visus. Et sic color habet esse in lumine et non in tenebris, et sic diffinitur in supra dictis diffinitionibus. *De homine*, q.21, a.3, 1, solutio, p.166, ll.43-54. 〈訳〉「それゆえ次のように言おう。（光・光輝の）限界となる物体のうちに色が在るということの原因となるものである諸々の第一性質との関係に即して色を考察するということがある。そしてこれは，色が質料において有している自身の存在（を考察するということ）であり，この存在は（光・光輝の）限界となる物体のうちに在る。そしてこの場合色は正しくは闇の中に在るのであって，それゆえ，述べられた諸定義のうちのいずれかで定義されることはない。

なぜならこの場合（色は）視力に（視力が）被るものをもたらさないからである。色に形相的存在を与えるものを生み出すものとの関係に即して色を考察するということもある。この形相的存在によって色は視覚や視覚の媒体を変化させることができるのである。そしてこの場合，色は存在を光・光輝において有しており，闇において有しているのではない。それゆえ（色は）上述の諸定義で定義される。」

15） Ille (color) enim non abstrahitur cum causis generantibus ipsum in subjecto, quae sunt calidum, frigidum, humidum, siccum, ut SUPRA dictum est. Sed abstractio fit in propria specie coloris tantum sine omni parte materiae et sine omni causa materiali; *De homine*, q.21, a.5, solutio, p.183, ll.47-51.〈訳〉「というのも，それ（色）は，色を基体において生み出す諸原因，すなわち熱，冷，湿，乾とともに抽象されはしないこと，上述の通りである。そうではなく，抽象はただ，質料のどの部分もなしに，どの質料的原因もなしに，色に固有な形象においてのみ生じるのである。」

16） qui (actus luminis) dat ei (colori) actum et speciem, secundum quod potest agere in visum, et secundum hoc diffinit eum, quando dicit: 'Color est motivum visus secundum actum lucidi, et hoc est ipsius natura'. Actus enim lucidi lumen est, et hoc nequaquam diceret esse coloris naturam, nisi aliquo modo daret ei esse et speciem. *De homine*, q.21, a.3, 1, solutio, p.166, ll.57-63.〈訳〉「これ（光・光輝の現実態）はそれ（色）に，視覚に作用することができるということに即して現実態と形象とを与える。（アリストテレスも）「色とは，明るいものの現実態によって視覚を動かすことができるもののことである。そしてこのこと（視覚を動かすことができるということ）が色の自然本性である」と言うとき，上述のことに従って色を定義しているのである。というのも，明るいものの現実態とは光・光輝のことだからである。そして（光・光輝の現実態が）何らかの仕方で色に存在と形象とを与えないとしたら，それ（視覚を動かすことができるということ）が色の自然本性だとは（アリストテレスは）決して言わないことだろう。」

17） 正確なタイトルは De visibili, quod est color, qualiter secundum actum lucidi movet visum.〈訳〉「感覚対象，すなわち色について。色はいかにして明るいものの現実態によって視覚を動かすか。」

18） Sed nos prius quaeremus, cum color non immutet visum nisi diaphano illuminato, utrum lumen illuminans exigatur ad visum propter colorem vel propter medium, *De anima*, lib.2, tract.3, c.7, p.108, ll.39-42.〈訳〉「しかし，照らされた透明なものによってでなければ色は視覚を変化させないので，まず先に，照らす光・光輝が視覚に必要であるのは，色のためであるか，それとも媒体のためであるかと問おう。」トマスも『アリストテレス「霊魂論」註解』で同様の問いを提出している。Thomas Aquinas, *Sentencia libri De anima*, c.14, p.130, ll.342-387.

19） Averroes, *Grand Commentaire*, II, 67, p.231, ll.10-21.

20） Cf. *De homine*, q.21, a.3, 1, ob.12-14, p.166, ll.3- 22. *Ibid.*, l.5, 14, 19 の註も参照。

21） *De anima*, lib.2, tract.3, c.7, p.108, l.47 - p.109, l.26. 光輝が必要なのは色のためであるという立場を論証するものとしてアルベルトゥスが挙げている「一つの経験」とは，光

輝は媒体に必要ないと主張するものであるが，これはアヴィセンナが挙げている内容と同じように思われる。Experimentum autem est, quia nos videmus, quod vidente existente in tenebris et aëre tenebroso iuxta videntem et tantum colore illuminato fit visio. Si autem e converso fiat color in tenebris et videns in lumine stet et aër sit illuminatus, non fiet visio. Similiter autem speculo posito contra lumen et facie in tenebris, non resultabit imago in speculo. Si autem e converso fiat, statim in speculo videbitur facies. *De anima*, lib.2, tract.3, c.7, p.109, ll.17-24.〈訳〉「一方経験とは，見るものが闇のなかに在り，見るものの周りに在る空気も暗いが，色だけが照らされている場合には視覚活動が生じるのを我々は見るということである。しかしもし逆に色が闇の中に生じ，見るものが光輝のうちに立っており，空気も照らされていたら，視覚活動は生じないであろう。ところで同様に，鏡が光輝に対置され，顔が闇のうちに在ったら，鏡のなかに像は写らないであろう。しかしもし逆のことが生じるならば，直ちに鏡の中に顔が見えるであろう。」Cf. Avicenna, Liber *De anima seu Sextus De naturalibus*, ed. S. Van Riet, Louvain/Leiden, Éditions Orientalistes/E.J.Brill, 1968, III, c.1, p.173, l.46 - p.177, l.105. このような考えに対してアルベルトゥスは批判を加えている。Quod autem dicitur de eo quod videtur color medio tenebroso existente, videtur dicendum, quod si medium sit omnino tenebrosum, tunc non videbitur color, sed oportet, quod sit illuminatum iuxta colorem ad minus ad hoc quod generet intentionem suam in medio. Et huius quidem causa est, quia color lumen est ligatum materiae, et ideo movere non potest medium, nisi sit in actu illuminatum, quia per hoc magis ad coloris similitudinem recipiendam disponitur, et ideo proprium medium coloris est diaphanum illuminatum; et ideo actus lucidi in visu exigitur propter medium, et color per suam substantiam movet. Per substantiam dico, quae est in eo formalis et essentialis; secundum illam enim non est in tenebris nisi in potentia tantum. Lucentia autem, quae habent lumen calcatum et non obligatum materiae, movent diaphanum tenebrosum, et ideo videntur in tenebra, sicut ignis et stellae et huiusmodi; de die autem vincitur lumen eorum fortiori lumine solis, et ideo tunc manifestatur color eorum. De his tamen INFERIUS prolixius loquemur. *De anima*, lib.2, tract.3, c.7, p.110, ll.1-21.〈訳〉「ところで，媒体が暗く在っても色が見えるということについて言われていること（に対しては）以下のように言わなければならないように思われる。もし媒体が全く暗かったら，その場合色は見えないだろう。そうではなく，色が媒体に自らの像を生じさせるためには少なくとも色の周りの媒体は照らされていなければならない。このことの理由は以下の通りである。色は質料に縛り付けられている光・光輝である。そして，媒体が現実態において照らされていなければ色は媒体を動かすことができないのは，媒体が照らされることによって，色の類似像を受け取るためにより態勢付けられるからである。だから色に固有な媒体も照らされている透明なものなのである。そしてそれゆえに，視覚における明るいものの現実態は媒体のために必要なのであって，色は自らの実体によって媒体を動かすのである。色において形相的であり本質的である実体ということによって私は以下のことを言う。すなわち実体に即せば，色は闇の中では可能態においてしか存在しない。一方光り輝くものは確固たる光・光輝を有しており，質料に縛り付けられていないので，暗く透明なもの

を動かす。だからちょうど火や星やその他同様のもののように，闇の中ででも見えるのである。しかし昼間はこれらのものの光・光輝は太陽のより強い光・光輝によって打ち負かされるので，このような場合はこれらのものの色が現れる。しかしこれらのことについては後に詳しく語られるであろう。」

22） Lumen est color diaphani non-terminati, *De anima*, lib.2, tract.3, c.7, p.108, l.65. Cf. lux, quamvis sit ipse color, sit color qui est in effectu, Avicenna, *De anima*, ed. Van Riet, III, c.3, p.188, l.61-62.〈訳〉「光は，それ自体色であるが，生じたもののうちに在る色である。」

23） Quoniam diaffonitas eius (diaffoni) in actu est illuminatio eius, et eius illuminatio est aliquis color; Averroes, *Grand Commentaire*, II, 67, p.231, ll.23-25.

24） E converso autem ALEXANDER et AVERROES innitentes dictis Aristotelis dicunt colorem esse per se visibile; ergo erit color tota causa visionis per essentiam suam propriam, non igitur per admixtionem luminis. Similiter enim dicunt esse in colore et in aliis sensibilibus, quae per se movent sensus. Dicunt etiam hoc non esse verum quod in secunda ratione praedicti viri inducunt; ibi enim supponitur, quod lumen sit color, *De anima*, lib.2, tract.3, c.7, p.109, ll.27-34.〈訳〉「さてその反対に，アレクサンデルとアヴェロエスは，アリストテレスが言ったことに依拠しながら，色は自体的視覚対象であると言う。だから色はそれ固有の本質によって視覚活動の全き原因であろう。それゆえ色は光・光輝の混合によって視覚活動の原因なのではない。その理由は以下の通りである。彼らが言うところによれば，色も他の感覚対象も同様に自体的に感覚を動かすものである。さらに彼らは，上述の人々（アヴィセンナとアヴェンパチェ）が第 2 の論拠で導入していることは真ではないと言う。なぜならこの論拠では，光・光輝は色であると考えられているからである。」

25） lux non sit necessaria in essendo colores moventes diaffonum nisi secundum quod dat diaffono formam aliquam qua recipit motum a colore, scilicet illuminationem. Averroes, *Grand Commentaire*, II, 67, pp.233, ll.71-74.

26） si esset color, tunc aër non reciperet colorem, quamdiu haberet lumen. *De anima*, lib.2, tract.3, c.7, p.109, ll.35-36.

27） Et hoc non est verum, quia videmus parietes colorari virore plantarum, quando nubes moventur et radii solis in nubibus divaricantur et postea per plantas diriguntur ad parietes. Similiter autem, quando radius transit per vitrum coloratum quocumque colore, ille color fit in aëre et in pariete opposito; et tamen prius habuit lumen et etiam tunc retinet lumen, quod non faceret, si lumen esset color; non enim aliquid secundum idem recipit duos colores simul. *De anima*, lib.2, tract.3, c.7, p.109, ll.36-45. Albertus Magnus, *De sensu et sensato*, *B. Alberti Magni Opera Omnia*, Editio Borgnet, vol.9, Paris, Vivès, 1890, tract.2, c.1, p.41 にも同内容の話が登場する。

28） Averroes, *Grand Commentaire*, II, 67, pp.231-232, ll.39-54. 恐らくアリストテレスの「色を受容し得るものは色のないものである」ἔστι δὲ χρώματος μὲν δεκτικὸν τὸ ἄχρουν, *De anima*, II, c.7, 418b26-27 が頭にあるのだろう。

29） utrosque secundum aliquam partem verum dicere arbitramur. *De anima*, lib.2, tract.3, c.7,

p.109, ll.46-47.

30） Materiale (esse) autem dicimus, quod fit per qualitates transmutantes materiam, quae sunt calidum, frigidum, umidum et siccum; haec enim diversimode variantia superficiem corporis terminati diversos inducunt et causant colores,（　中　略　）quoddam autem est perspicuum terminatum, et hoc non in toto, sed in sua superficie est perspicuum, et ideo terminat et non transducit visum. Et secundum quod corpus est perspicuum, ita recipit luminis habitum; quod enim in toto est perspicuum, recipit lumen in superficie et in profundo; quod autem non in toto, sed in superficie tantum est perspicuum, non recipit lumen nisi in superficie, et ibi lumen permixtum opacitati corporis causat colorem. *De anima*, lib.2, tract.3, c.7, p.109, ll.50-76.　アルベルトゥスは同様のことを，Aristoteles, *De sensu et sensato* における色の定義についても言っている。extremitas perspicui est ultima pars perspicui, quae est permixta superficiei corporis colorati, *De homine*, q.21, a.3, 1, ad7, p.167, ll.45-46.〈訳〉「透明なものの限界とは，透明なものの一番端の部分のことであり，色付けられた物体の表面に混ぜられている部分である。」

31） cum dicitur quod color est visibilis propter lucem sive propter actum lucidi, quod non sequitur quod actus lucidi sit magis visibilis sive lumen, quia non eodem modo se habent ad visum lumen et color, sed unum ut objectum terminans visum, alterum autem ut quo color movet visum, sive ut cujus actus terminatur ad obiectum visus, quod est color. *De homine*, q.21, a.1, ad11, p.162, ll.4-11.〈訳〉「色は光・光輝，すなわち，明るいものの現実態のために視覚対象であると言われるとき，そのことによって，明るいものの現実態，すなわち光・光輝はより視覚対象であるということは帰結しない。なぜなら，光・光輝と色の視覚との関係は同じではなく，むしろ，一方（色）は視覚を限界付ける対象として在り，もう一方（光・光輝）はそれによって色が視覚を動かすところのもの，すなわち，その現実態が色という視覚対象へと限定されるところのものとして在るからである。」

32） color lumen est ligatum materiae. *De anima*, lib.2, tract.3, c.7, p.110, ll.6-7.

33） トマスは不思議にも，結論としてはアルベルトゥスのこの結論に従っている。nam color nichil aliud est quam lux quedam quodam modo obscurata ex ammixtione corporis opaci. Thomas Aquinas, *Sentencia libri De anima*, II, c.14, III, p.130, ll.375-377.〈訳〉「というのも，色とは，暗い物体に混ぜられることから何らかの仕方で暗くされた或る種の光・光輝に他ならない。」

34） Averroes, *Grand Commentaire*, II, 67, p.233, ll.74-92;（χϱῶμα）ἐν ἑαυτῷ ἔχει τὸ αἴτιον τοῦ εἶναι ὁϱατόν. Aristoteles, *De anima*, II, c.7, 418a30-31; in eo (colore) invenitur causa in hoc quod est visibile. Averroes, *Grand Commentaire*, II, 66, p.229, ll.5-6.〈訳〉「視覚対象であるということの原因は，色のうちに見出される。」

35） impossibile est dicere quod lux est illud quod largitur colori habitum et formam qua fit visibilis.Arerroes,*Grand Commentaire*, II,67,p.233,11.82-84.

36） et sic color, secundum quod est color, est visibilis non mediante alia forma sibi contingente. Averroes, *Grand Commentaire*, II, 67, pp.233, ll.90-92.

37） Constat tamen, quod unum *visibilium* est *color*, et quod *color* est de numero eorum quae *secundum seipsa* sunt *visibilia*, *non* quidem illo modo *secundum se* sive per se, quo praedicatum est in *ratione* subiecti, qui modus dicendi per se est primus, *sed* illo modo quo subiectum est *causa* praedicati, qui modus dicendi per se vel secundum se est secundus; et ideo oportet, ut color per nihil extrinsecum, *sed* per suam *essentiam* sit agens in visum et *sit visibilis*. *De anima*, lib.2, tract.3, c.7, p.108, ll.20-29.〈訳〉「しかし次のことがある。「色」は「諸々の視覚対象の」一つであり，「色」は「自ら視覚対象」であるものに入るが，それは述語が主語の「内容の」中にある「自らの」，すなわち自体的な仕方，この自体的な言い方は第一のものなのであるが，そのような仕方で「ではなく，むしろ」，主語が述語の「原因」である仕方でなのである。この自体的な，自ずからの言い方は第二のものである。そしてそれゆえ色は何ら外的なものによるのではなく，「むしろ」自らの「本質」によって視覚に作用するものであり，「視覚対象である」のでなければならない。」

38） 本章一で挙げたアリストテレスの色の定義は，古代哲学研究の文脈では，視覚活動に物理的変化は伴うかという論点で議論されているようである。Cf. Katerina Ierodiakonou, “Aristotle on Colours”, *Aristotle and Contemporary Science*, Vol.II, New York, Peter Lang, 2001, p.216.

39） 光線 (radius) とはアルベルトゥスによれば「光輝の直進 (exitus luminis secundum rectam lineam)」である。*De homine*, q,21, a.1, IV, p.162, l.78- p.163, l.1.

40） Dicitur *autem* etiam privatum colore sive non-color, quod *est* per se *invisibile*; et hoc dicitur multipliciter, scilicet quod nullo modo videtur per se *sicut tenebra, aut* quod *vix videtur* sicut atomi discurrentes in radiis, qui non videntur, cum aliquis oculos in radio ipso teneat, eo quod tunc radius divaricat visum et superat ipsum, eo quod non potest adunare virtutem suam, ut minima perspiciat. Aliquando autem dicitur invisibile sive privatum colore, quod non nisi cum corruptione visus videtur, sicut lux solis in sphaera solis est invisibilis. Et huius causa est, quia lux solis fortissima super oculum sphaericum et politum multas facit radiorum reflexiones ad medium oculi, ubi est umor glacialis, in quo sigillantur formae visibilium, et reflexio illa calefacit et dissolvit umorem illum et forte consumit vel forte fluere facit umidum alienum dissolutum circa oculum infra myringas et tunicas oculi et tunc generat maculam in oculo vel aliud impedimentum visus inducit. Et haec est causa, quare lacrimantur oculi, quando excellens lucidum viderit aliquis, et ideo dicitur hoc invisibile. Herodius autem, de quo dicitur, quod respicit lucem in rota solis, non potest hoc habere ex sui oculi puritate, ut quidam aestimant, quia ex hac sola causaretur velox oculi corruptio, sicut patet ex ratione inducta, sed habet hoc ex visus coadunatione. Coadunantia autem visum non sunt nisi duo, unum per se, aliud per accidens. Per se quidem nigrum, quod non sinit ipsum disgregari. Et ideo terrestre nigrum circumpositum umori glaciali, adunat ipsum, frigiditas etiam ipsius umoris naturalis constringit et non sinit dissolvi. Et haec duo in oculis avis illius maiora sunt, et ideo lucem in rota solis intuetur; non tamen puto, quod diu hoc possit facere. Signum autem huius est, quod natura oculos in omnibus habentibus visum profundat quasi clausos in vase et circumponit nigredinem palpebrarum et

superciliorum, ut ex obscuro foveae et nigredinis superciliorum visus coadunetur et fortificetur. Adhuc autem, huius signum est, quod si homo crystallum super argentum vivum fervens ponat et diu motum argenti vivi sub crystallo vel vitro intueatur, multum laeditur visus eius, et forte excaecabitur propter visus divaricationem; similiter autem, si inspiciat aurum politum vel aliquid aliud fulgens, quod sit ignitum. Et hoc totum fit, quia umor glacialis et uvalis ex talibus dissolvitur et fluit et amittit propriae complexionis habitudinem. *De anima*, lib.2, tract.3, c.13, p.118, ll.26-73.

41） Est autem haec forma quae vocatur lumen, vivificativa vivorum et calefactiva et motiva ad esse generabilium, inquantum est instrumentum intelligentiae, quae per motum luminarium lumine emisso movet ad esse omne quod in natura est, sicut etiam SUPRA diximus. *De anima*, lib.2, tract.3, c.12, p.116, ll.80-85.〈訳〉「ところで，光・光輝と呼ばれるこの形相は，光り輝くもの（諸天体）の運動によって光・光輝を発しながら，自然のうちに在るもの全てを存在へと動かすものである知性実体の道具であるかぎりで，生きるものを生かし，生成するものを熱し，存在へと動かすことができるものであること，上でも述べた通りである。」ita dicimus, quod lumen multas habet virtutes, inquantum est instrumentum corporis caelestis moti per intelligentiam, et ideo in talibus virtutibus existens efficit corpora generabilia et corruptibilia; *De anima*, lib.2, tract.3, c.10, p.114, ll.50-54.〈訳〉「それゆえ我々は次のように言う。光・光輝は，知性実体に動かされる天体の道具であるかぎりで多くの力を有している。そしてそれゆえ光・光輝は，このような諸力において存在しながら，生成消滅する諸物体を生み出すのである。」

42） per hoc quod dissolvunt et faciunt distare partem a parte, *De homine*, q.21, a.3, 2, solutio, p.170, ll.37-38.

43） sed etiam hoc *quod* communi *ratione* nominis est dicere visibile, sicut lucentia non sub colore, sed sub lumine videntur in tenebris. *De anima*, lib.2, tract.3, c.7, p.108, ll.13-16.〈訳〉「名前の共通的な「意味で」視覚対象であると言える「もの」も（視覚対象である）。たとえば，光り輝くものが闇の中で色のもとでではなく，光・光輝のもとで見えるような場合である。」Cf. Aristoteles, *De anima*, II, c.7, 419a1-3; *De homine*, q,21, a.2, pp.163- 164; *De anima*, lib.2, tract.3, c.12, p.117, ll.1-58; c.13, p118, l.1-, p.119, l.27.

第２章　聴覚論

1） ただしアルベルトゥスは，音と運動とを別種の感覚対象と考えるアリストテレスの『霊魂論』の立場に従って，空気の運動は音そのものではなく，あくまでも音の原因と考える。Cf., *De homine*, q.24, a.2, solutio, pp.207-208; *De anima*, lib. 2, tract.3, c.18, p.125, l.65- p.126, l.10.

2） Sicut enim dicit ALGAZEL in sua PHYSICA, ‘sonus est quiddam quod fit in aëre propter inundationem accidentem aëri ex motu fortissimo proveniente ex vehementi aliquorum inter se percussione vel separatione’. Dicimus igitur quod sonus est qualitas sensibilis proveniens ex fractivo motu aëris et ens cum illo. *De homine*, q.24, a.1, solutio, p.206, ll.41- 46.

3） πληγὴ γάϱ ἐστιν ἥ ποιοῦσα. *De anima*, II, c.8, 419b10-11.

4） *De homine*, q.24, a.4, solutio, p.210.

5） (sonus) diversitates specierum in acuto et gravi recipit ex diversitate percussorum. Videmus enim, quod aliter sonat metallum et aliter lignum; quas differentias sonus non haberet, si esset aër solus subiectum eius. *De anima*, lib. 2, tract.3, c.18, p.125, ll.24-27. Cf., De *homine*, q.24, a.4, ob.1, p.209.

6） より詳しくは *De homine*, q.24, a.4, solutio, p.210 を参照。

7） Aristoteles, *Physica*, IV, c.8, 215a1-4.

8） Sed forte ex hoc credet aliquis sonum non esse naturale sensibile in natura, cum a violenta excitetur percussione. Sed non est ignorandum hoc, quod determinatum est ante finem OCTAVI PHYSICORUM et in TERTIO et QUARTO DE CAELO ET MUNDO; dictum est enim ibi, quod motus violentus secundum aliquid naturalis est aëri et aquae, licet secundum movens sit violentus. *De anima*, lib. 2, tract.3, c.21, p.129, ll.16-23.〈訳〉「しかしこのことから恐らく，音は強制的なものである打撃によって引き起こされるので，自然本性において自然本性的な感覚対象ではないと信じる人もあろう。しかし，『自然学』第 8 巻の末尾と『天界地界論』第 3，4 巻で規定されたことを忘れてはならない。すなわちこれらの箇所では次のように語られたのである。強制運動は，動者に従えば強制的であるが，空気と水にとっては或る意味で自然本性的である。」Cf., *De homine*, q.24, a.3, solutio, p.209.

9） τὴν μὲν οὖν ἄνω ποιήσει φοϱὰν ἧ κοῦφος, ὅταν ὠσθῇ καὶ λάβῃ τὴν ἀϱχὴν ἀπὸ τῆς δυνάμεως, τὴν δὲ κάτω πάλιν ᾗ βαϱύς· Aristoteles, *De caelo*, III, c.2, 301b24-26. Cf., Aristoteles, *Physica*, VIII, c.10, 266b25-267a20; *De caelo*, lib.4, c.3 冒頭 .

10） Solutio: Dicimus quod soni obviantes contrarii et excellentes infringunt se in loco contactus, ita quod vel ab ambobus generatur unus confusus, et hoc quando ambo fuerint excellentes, vel alter destruit alterum, et hoc quando unus fuerit fortis et alter debilis. Sed tamen notandum quod non ubique confringunt se nisi alter obtineat alterum in tota circumferentia, sicut quando unus est debilis et alter valde vehemens. Sed quando comparantur in fortitudine, tunc maxime confringunt se ad rectum diametrum sonantium, sed in alia parte circumferentiae non ita; et cum ubique reflexio fiat in sono, ut dicit PHILOSOPHUS, inde contingit quod uterque illorum sonorum adhuc percipitur quandoque, quia licet in quadam parte sui sit corruptus, tamen in altera parte suae circumferentiae reflectitur ad auditum. *De homine*, q.24, a.6, solutio, p.214, ll.4-18.

11） et est simile de sono et de lapide proiecto in aquam, qui ubi cadit, quasi centrum est, et commovetur aqua in circuitu circulariter, et dilatantur circuli plus et plus distantes, quamdiu durat impetus lapidis,（中略）Et similiter generatur sonus in aëre, et est primum sonans sicut locus centri, et inundat sonus super circulationes aëris;（中略）circuli lati, ex opposito venientes, se tangunt in parte, quae est quasi punctum, et ibidem unum confringit aliud; sed arcus in aliis partibus se nec tangunt nec confringunt, et in illis est soni figuratio, et ab illis iterum fit in aëre vicino, *De anima*, lib. 2, tract.3, c.19, p.126, ll.53-57, 59-62, p.127, ll.88-93.

12） Aristoteles, *De anima*, II, c.8, 420b5-421a6.

13） *De homine*, q.25, pp.214-223; *De anima*, lib. 2, tract.3, c.22, pp.129-132.

14） non est vox significans affectum, sed potius conceptum—conceptus enim cordis interpretativus sonus vox est —, et ideo vox non est nisi habentis intellectum concipientem intentiones rerum et ideo ad exprimendum conceptum format voces.Cetera autem animalia affectus habentia sonos suos affectus indicantes emittunt et ideo non vocant; *De anima*, lib. 2, tract.3, c.22, p.131, ll.20-27.

15） ἡ δὲ φωνὴ ψόφος τίς ἐστιν ἐμψύχου· Aristoteles, *De anima*, II, c.8, 420b5-6.

16） φωνὴ δ'ἐστὶ ζῴου ψόφος. Aristoteles, *De anima*, II, c.8, 420b13.

17） σημαντικὸς γὰρ δή τις ψόφος ἐστὶν ἡ φωνή· Aristoteles, *De anima*, II, c.8, 420b32-33.

18） multa animalia vocant et non solus homo. *De homine*, q.25, a.1, solutio, p.214, ll.70-71.

19） 年代は J.A. Weisheipl, “The life and Works of St. Albert the Great”, pp.22 et 35 に依る。

20） potentia rationis, quae dicitur interpretativa, percutiendo aërem per organa vocalia imprimit in vocibus formatis speciem similem imaginationis et intellectus, et tangit aërem suscipientem illas species per instrumenta vocalia, et secunsdum quod tangit, agit in ipsum, et secundum quod agit, transmutat eum ad actum significandi. *De homine*, q.25, a.2, solutio, p.217, ll.42-48.

21） vox est sonus formatus in signum, quod ad placitum significat rem; et ideo de re facit notitiam sicut signum, et ideo non percipit illam vocem, qui nescit institutionem signi; propter quod de diversis ideomatibus loquentes non se intelligunt. *De anima*, lib. 2, tract.3, c.22, p.131, ll.62-67; Cf., *De homine*, q.25, a.1 et 2, solutio.

22） Et quia singulae formationes elementorum et syllabarum distinctae sunt nec aliquo uno continuantur, ideo sunt de numero discretorum et non continuorum, et quia tamen continuo tempore mensurantur, ideo non sunt numerus, et quia sunt in motu (tenere spiritum), licet motus non sunt, sicut SUPERIUS ostendimus, et motus permanentiam in partibus non habet, ideo permanentiam in suis partibus nullam habent. *De anima*, lib. 2, tract.3, c.22, p.131, l.82 - p.132, l.5.

23） cum duo sint in voce, scilicet figuratio dictionis et significatum, *De anima*, lib. 2, tract.3, c.22, p.131, ll.47-48.〈訳〉「音声には二つのもの，すなわち，語りの形成と表示対象とがあるので」; Item Dicit AUGUSTINUS quod in verbo duo sunt: vox quae transit, et significatum quod manet; *De homine*, q.25, a.2, ob.2, p.215, ll.39-40.〈訳〉「同様に，アウグスティヌスは次のように言っている。言葉には二つのものがある。それは，過ぎ行く音声と，留まる表示対象とである。」

24） Ergo quaecumque dicuntur et transeunt, soni sunt, litterae sunt, syllabae sunt. Hoc verbum transit, quod sonat: quod autem significavit sonus, et in cogitante est qui dixit, et in intelligente est qui audivit, manet hoc transeuntibus sonis. Augustinus, *In Ioannnis Evangelium*, Turnhout, Brepols, 1954, tract. I, 8.

25） Aristoteles, *De sensu et sensato*, c.1, 436b18 - 437a15.

26） Thomas Aquinas, *In De sensu et sensato*, Torino, Marietti, 1949, lecito 2, n. 24; n.27.

27） Sed quia omne quod quis scit, aut addiscens, aut inveniens novit: et sic duo sunt modi

acquirendi scientiam: ideo horum ipsorum quos diximus duorum sensuum ad notitiam quae est per inventionem, melior est visus per seipsum solum sumptus: sed discenti per doctrinam sumenti scientiam, secundum accidens melior est auditus. Quod autem visus sit melior ad notitiam quae est per inventionem, patet: multas enim et multimodas rerum ostendit differentias virtus visiva. Multas autem voco differentias multorum: omnia enim corpora colore participant, eo quod, sicut inferius ostendemus, lumen colorum est hypostasis: et unumquodque corporum in tantum participat colore, in quantum participat lumine: participatio autem luminis aliqualiter in omni corpore simplici et mixto invenitur.（中略）Auditus autem non nuntiat nisi differentias strepitus et sonorum, et in paucis animalibus annuntiat differentias vocis quae cum imaginatione profertur: et ideo non nisi per accidens annuntians est ea universaliter de quibus accipitur scientia universalis de omnibus. Secundum accidens enim proficit ad sapientiam multum auditus. Hoc autem accidens est quod vox significat res. Et ideo per hoc quod sermo auditur, intentio sermonis intelligitur: Albertus Magnus, *De sensu et sensato*, tractatus1, c.2.

28） auditus dicitur secundus sensus propter tres causas. Quarum una est, quae tangitur in PRINCIPIO DE SENSU ET SENSATO, quia 'ad notitiam melior est visus', quia 'multas differentias ostendit visus', eo quod omnia corporalia deprehendantur per visum, quia omnia corpora vel habent colorem vel lucem vel sunt diaphana, et haec omnia sunt obiecta visus. 'Auditus autem crepitus, idest soni, differentias' ostendit et confert 'disciplinae non secundum se, sed secundum accidens; ex nominibus enim constat'. Cum ergo visus ad sapientiam conferat secundum se, quia ostendit similitudines rerum secundum se, auditus autem per accidens, quia non ostendit similitudines rerum secundum se, sed in signo, eo quod nomina signa sunt similitudinis rerum, ideo visus primus sensus est inter disciplinales, et auditus secundus. Quia vero nomina signa sunt omnium rerum, scilicet visibilium, odorabilium, gustabilium et tangibilium, intelligibilium et etiam ipsorum audibilium, idcirco per auditum accipitur prudentia de omnibus per doctrinam, per visum autem non de omnibus; *De homine*, q.23, c.un., ad12, p.205, ll.21-41.

第３章　触覚論

1） ἥ μὲν γὰρ αἴσθησις ἀλλοίωσίς τίς εἶναι δοκεῖ. Aristoteles, *De anima*, II, c.4, 415b24; δοκεῖ γὰρ ἀλλοίωσίς τις εἶναι. *Ibid.*, 416b34-35.

2） Aristoteles, *De anima*, II, c.5, 417a2-3. 訳はアリストテレス『魂について』中畑正志訳，京都大学学術出版会，2001 年，第 2 巻第 5 章，85 ページ。Cf. R. D. Hicks, *Aristotle De anima*, pp.350-351, 417a2-a3.

3） Aristoteles, *De anima*, II, c.5, 417a3-4. 訳は中畑訳 86 ページ。

4） Aristoteles, *De anima*, II, c.5, 417a6-7. 訳は中畑訳 86 ページ。

5） Aristoteles, *De anima*, II, c.5, 424a2-5. 訳は中畑訳 118 ページ。

6） Cf. R.D. Hicks, *Aristotle De anima*, p.356, 417b3.

7） Cf. Aristoteles, *De anima*, II, c.5, 417b2-19.

8） Aristoteles, *De anima*, II, c.11, 422b19-23.〈訳〉「しかし次のことが問題となる。すなわち，（1）触覚とは複数の感覚群なのか，それとも単一の感覚なのか，さらに，（2）触れる能力のための感覚器官とは何であるのか。それは肉（また肉をもたない動物では肉に類比的なもの）なのか，それともそうではなくてむしろ肉は中間の媒体であり，第一義的な意味での感覚器官はそれとは異なる内部の何かなのか。」（中畑訳 113 ページ）

9） Aristoteles, *De anima*, II, c.11, 423a6-8.「それゆえ身体のこのような部分〔肉〕は，あたかも空気がわれわれのまわり一面に自然本性的に付着して生じたというのと同じような状態にあるように見える。」（中畑訳 114 ページ）；423a15-16.〈訳〉「この身体 [すなわち肉] も，触覚する能力に自然本性的に付着して生じた中間の媒体でなければならず，」（中畑訳 115 ページ）；423b17-20.〈訳〉「しかし一般的に言って，肉と舌とが本来の感覚器官に対する関係は，空気と水が視覚や聴覚や嗅覚に対するのと等しく，肉や舌は空気や水のそれぞれに相当すると思われる。」（中畑訳 117 ページ）ただしこの点に関してはアリストテレスの主張に発展があったようである。Cf. Aristoteles, *De partibus animalium*, II, c.1, 647a20; c.8, 653b24-25.

10） Aristoteles, *De anima*, II, c.11, 423b20-21 et 24-26.〈訳〉「また，感覚器官それ自身が対象と接触するならば，前者の場合も後者の場合も，感覚が生じることはないであろう。（中略）事実，感覚器官にものを置かれたときには感覚されないが，肉の上に置かれれば感覚されるのである。したがって肉は触覚する能力の中間の媒体なのである。」（中畑訳 117-118 ページ）

11） Aristoteles, *De anima*, II, c.11, 423b1-6.〈訳〉「感覚はすべてのものについて同じ仕方で成立するのか，それとも，対象の相違に応じて異なった仕方で成立し，味覚と触覚は接触することによるが他の感覚は隔たったものを対象とするという現在の通念のとおりであるのか，ということである。しかし事実はそうではない。むしろ硬いものも軟らかいものも，われわれは感覚器官とは別のものを媒介して感覚するのであり，この点は音を発するもの，見られるもの，嗅がれるものを感覚するのと同様である。」（中畑訳 116 ページ）

12） ratio ARISTOTELIS in SECUNDO DE ANIMA, qui probat carnem esse medium sic dicens: 'Omnino autem caro et lingua, sicut aër et aqua ad visum, auditum et olfactum se habent, sic se habere videntur ad hoc quo sentimus', supple: ut organo tactus. Sed illa se habent ut meida; ergo caro se habet ut medium in tactu. *De homine*, q.33, a.3, ob.6, p.251, ll.57- 63.〈訳〉「アリストテレス『霊魂論』第二巻の議論は，肉が媒体であるということを証明して次のように述べている。「しかし一般的に言って，肉と舌が，我々がそれによって感覚するところのもの」，補って，触覚器官として（在るもの）「に対する関係は，空気と水が視覚や聴覚や嗅覚に対するのと同様であるように思われる。」ところでこれらのもの（空気と水）は媒体として（視覚や聴覚や嗅覚に対して）関係する。だから肉は触覚において媒体として（触覚器官に対して）関係する。」；Item, IBIDEM dicit aliam rationem: Sensibili enim super organum posito non fit sensus, sed sensibili tactus super carnem posito fit sensus; ergo caro non est organum, sed medium. *De homine*, q.33, a.3, ob.7, p.251, ll.64- 67.〈訳〉「さらに，ア

リストテレスは同じ箇所で他の議論を述べている。すなわち，感覚対象が器官の上に置かれても感覚は生じない。しかし触覚対象を肉の上に置けば感覚は生じる。だから肉は器官ではなく媒体である。」

13） Aristoteles, *De anima*, II, c.11, 423a16-17.〈訳〉「それ（媒体である肉）を通じて複数の感覚が成立するのである。」（中畑訳 115 ページ。括弧内は筆者）

14） Aristoteles, *De anima*, II, c.11, 422b25-27.「触れられるもののなかには，熱と冷，乾と湿，硬と軟，さらに他のそのような性質など，反対関係にあるものの対が数多く含まれるからである。」（中畑訳 113 ページ）

15） Probat enim ARISTOTELES in FINE SECUNDI DE ANIMA quod ‘non sint sensus praeter quinque’; sed si tactus esset plures sensus, sequeretur quod essent plures seusus quam quinque; ergo tactus non est plures sensus. *De homine*, q.33, a.2, ob.1, p.248, ll.6-9.〈訳〉「アリストテレスは『霊魂論』第二巻末尾で，「感覚は五つ以外にはない」と証明している。しかしもし触覚が複数の感覚であるとしたら，五つ以上の感覚が存在するということが帰結してしまうだろう。だから触覚は複数の感覚ではない。」Cf. Aristoteles, *De anima*, III, c.1, 424b22-24.

16） Sed contra hoc obicitur: (4) Et sumantur primo rationes ARISTOTELIS positae in littera in SECUNDO DE ANIMA CAPITULO DE TACTU, quarum prima haec est: ‘Omnis sensus unius contrarietatis esse videtur, ut visus albi et nigri, auditus gravis et acuti, gustus amari et dulcis; in eo autem quod tangi potest, multae insunt contrarietates, scilicet calidum, frigidum, humidum, siccum, durum, molle et alia, quae sunt hujusmodi’; ergo tactus non erit sensus unus. Si forte dicatur quod ‘in aliis sensibus contrarietates multae, ut in voce non solum acutio et gravitas, sed et magnitudo et parvitas, lenitas et asperitas vocis’, et in visu similiter non solum album et nigrum, sed etiam clarum et obscurum et congregativum visus et disgregativum, obicit Aristoteles quod omnes illae contrarietates quae sunt in auditu et visu reducuntur ad ‘unum subjectum’, quod est genus proximum, ut in auditu ad vocem et in visu ad colorem, et propter unitatem illius generis dicitur visus unus et auditus unus. In tactu autem contrarietates non possunt reduci ad genus unum proximum; ergo tactus erit sensus plures. *De homine*, q.33, a.2, ob.4, p.248, ll.21-41.〈訳〉「しかし，以上に対して次のような異論が出される。（４）まず最初に，アリストテレスの諸議論が『霊魂論』第二巻の触覚に関する章の字句通りに措定され，取り上げられる。それらのうちの第一の議論は次の通りである。「感覚はすべて一つの対立性に係わるように思われる。たとえば視覚は白と黒，聴覚は重（低）と鋭（高），味覚は苦と甘に。しかし，触れられ得るものには多くの対立性が内在する。すなわち熱，冷，湿，乾，堅，柔，その他同様のものである」。だから触覚は一つの感覚ではないであろう。図らずも次のように言われる場合はどうであろうか。「他の諸感覚に多くの対立性が在る。たとえば音声には音声の鋭さ（高さ）と重さ（低さ）だけでなく，大きさと小ささや穏やかさと荒々しさも在る。」視覚にも同様に，白と黒だけでなく，明と暗や視覚の集と散もある。この場合アリストテレスは次のように反論する。聴覚や視覚のうちに在るこれらの対立性はすべて「一つの基体」に還元される。すなわち近接類であ

るものに還元される。たとえば聴覚においては音声に，視覚においては色にというようにである。そしてこの類の一性のために視覚は一つ（の感覚）と言われ，聴覚も一つ（の感覚）と言われる。しかし触覚においては諸々の対立性を一つの近接類に還元することができない。だから触覚は複数の感覚であるだろう。」；Alia ratio Aristotelis est super quandam responsionem, quae posset fieri, scilicet quod tactus sit unus propter unitatem speciei eius, per quod sentimus, sicut est species carnis, quae connaturalis est nobis, et in ipsa sentimus omnia tangibilia. Obicit autem in contrarium sic: Ponamus quod circumaptetur nobis aër vel aqua connaturalis sicut caro, tunc uno quodam intrinseco medio sentiemus colorem et sonum et odorem. Tamen non propter unitatem illius medii dicetur sensus unus visus, auditus et odoratus, quia secundum quod determinatae sunt actiones activorum, secundum quas aliter agit color et aliter sonus et aliter odor, ita determinatae sunt potentiae passivae medii, quia secundum naturam diaphani aër patitur a colore et secundum naturam vacui patitur a sono et secundum naturam rari facile immutabilis patitur ab odore. Sed sic non est in carne, quia ex simplici elemento non potest fieri animatum corpus, sed tota caro per unam naturam sentit omnia tangibilia, scilicet in quantum mixta est ex omnibus. Cum igitur actiones activorum plures sint in genere, et secundum numerum activorum in genere multiplicentur potentiae passivae in sensibus, tactus erit sensus plures propter plura obiecta et non unus propter unitatem eius, in quo sentit tangibilia. *De homine*, q.33, a.2, ob.5, p.248, ll.42- 65.〈訳〉「アリストテレスのもう一つの議論は，出され得る或る種の応答を見越している。すなわち，我々がそれによって感覚するところの触覚の形象の一性のために触覚は一つ（の感覚）であるという応答である。それは，肉の形象が我々と共自然本性的であり，この肉の形象において我々はすべての触覚対象を感覚する通りである。しかしこれに対してアリストテレスは次のように反論する。我々の周りに共自然本性的な空気や水が肉のように備わっているとしよう。この場合我々は何か一つの内的媒体によって色と音と匂いとを感覚するだろう。しかしこの媒体の一性のために視覚と聴覚と嗅覚とが一つ（の感覚）であるとは言わないだろう。なぜなら，それに従って色，音，匂いが異なる仕方で作用するところの諸々の作用者の諸作用が規定されているのに従って，その通りに媒体の受動的能力も規定されるからである。というのも，空気が色から作用を受けるのは透明なものの自然本性に即してであり，音から作用を受けるのは空間の自然本性に即してであり，匂いから作用を受けるのは，容易に変化する薄いものの自然本性に即してだからである。ただし肉においては同様ではない。というのも，魂を持つ物体（身体）は単一元素からは生じ得ず，肉全体は一つの自然本性によってすべての触覚対象を感覚する。すなわち，すべての触覚対象から混合されているものであるかぎりにおいて感覚するからである。だから，諸々の作用者の諸作用は類において複数であり，諸感覚における受動的能力は作用者の数に従って多数化されるので，触覚は複数の対象のために複数の感覚であり，触覚がそこにおいて触覚対象を感覚するところのものである触覚の一性のために一つ（の感覚）なのではないであろう。」Tertia ratio est Aristotelis est per simile, quia licet tactus et gustus in lingua eodem fiant organo, non tamen dicuntur idem sensus in lingua propter diversa obiecta; ergo a simili si in toto

corpore sentiremus gustabilia et tangibilia sicut in lingua, licet tunc videretur unus sensus gustus et tactus, non tamen esset unus, sed plures proper plura obiecta. Similiter igitur licet tangibilia sentiamus in toto corpore per carnem unam in specie, non tamen tactus erit unus, sed plures propter pluralitatem tangibilium in genere. *De homine*, q.33, a.2, ob.6, p.248, ll.66- 75.〈訳〉;「アリストテレスの第3の議論は類似によるものである。すなわち，舌において触覚と味覚が同じ器官で生じるけれども，しかし対象が異なるため，舌の感覚は同じであるとは言われない。だから同じ様に，もし我々が味覚対象と触覚対象とを，舌においてのように全身で感覚するとしても，その場合味覚と触覚は，一つの感覚のように見えるが，しかし対象が異なるため，一つではなく複数（の感覚）であることだろう。それゆえ同様に我々は，肉が種的に一であるため全身で触覚対象を感覚するけれども，しかし諸々の触覚対象は類において複数であるため，触覚は一つではなく複数（の感覚）であるだろう。」

17） Videntur autem virtutes tangendi multae esse, quarum unaquaeque appropriatur uni contrariorum, videlicet ut id per quod deprehendimus contrarietatem quae est inter grave et leve, sit aliud ab eo per quod apprehendimus contrarietatem quae est inter calidum et frigidum. Istae enim sunt primae actiones sensus, et oportet ut unumquodque genus earum habeat virtutem propriam. Avicenna, *De anima*, ed.Van Riet, II, c.3, p.140, l.38-p.141, l.44.〈訳〉「ところで，触覚力は多数存在し，それらの力のそれぞれは，諸々の対立の中の一つに当てられていると思われる。すなわちたとえば，それによって我々が重と軽の間に在る対立性を把捉するところのものは，それによって我々が，熱と冷である対立性を把捉するところのものとは異なるというようにである。というのも，これらは感覚の第一活動なのであり，これらのものの類はそれぞれ固有の力を有さなければならないからである。」

18） instrumentum naturale quod est caro nervosa aut caro et nervus ex hoc quod sentit, sentit ex tactu, quamvis non sit ibi medium aliquo modo: Avicenna, *De anima*, ed. Van Riet, II, c.3, p.138, ll.2-4.〈訳〉「神経の通った肉である自然本性的道具，あるいは，自然本性的道具がそこから感覚するところの肉と神経が触覚から感覚する。ただし触覚には何らかの仕方で媒体が存在するということはない。」この考えは，アルベルトゥスの『霊魂論』では，アヴィセンナだけでなく，アレクサンドロス・アフロディシアスやテミスティオスの考えでもあるとされている。後二者については恐らくアルベルトゥスがアヴェロエスから学んだ知識であろう。Et propter istas rationes tres magni viri in Peripateticorum secta, dixerunt carnem nervosam esse organum tangendi, ALEXANDER scilicet et THEMISTIUS et posterior eis AVICENNA. *De anima*, lib.2, tract.3, c.31, p.143, ll.10-13.〈訳〉「そしてこれらの理由のために，ペリパトス派の三人の偉大な人々，すなわちアレクサンデル，テミスティウス，そして彼らよりも後の人であるアヴィセンナは，神経の通った肉が触覚器官であると言ったのである。」Cf. Averroes, *Grand Commentaire*, II, 116, p.311, ll.60-67; 115, p.308, l.45. ただしアヴィセンナは，ラテン語に訳されなかった *De anima*, II, c.3 では，肉は触覚器官であると同時に媒体でもあると言っている。

19） tota cutis, quae circumdat totum corpus, est sentiens per tactum, et non una sola eius pars. Quia enim sensus iste est natura conservans corpus ab accidentibus quae multum nocerent,

Avicenna, *De anima*, ed. Van Riet, II, c.3, p.140, ll.28-31.〈訳〉「皮膚全体は，身体全体を取り巻いているのであるが，これが触覚によって感覚するのであって，その一部だけがそうなのではない。というのも，この感覚は非常に害を及ぼすはずの諸々の付帯性から身体を守る自然本性なので，……。」

20） Item, AVICENNA: ‘Videntur autem virtutes tangendi multae esse, quarum unaquaeque appropriatur contrariorum uni, videlicet ut id per quod deprehendimus contrarietatem, quae est inter grave et leve, sit aliud ab eo per quod apprehendimus contrarietatem, quae est inter calidum et frigidum. Istae enim sunt actiones primae sensus, et oportet quod unumquodque genus eorum habeat virtutem propriam. Sed quia diffusae sunt istae virtutes per omnia membra aequaliter, ideo putaverunt eas esse unam virtutem, veluti si tactus et gustus essent diffusi per totum corpus, sicut sunt diffusi in lingua, putaretur quod eorum principium una virtus esset; sed quia diversi sunt extra linguam, cognita est eorum diversitas’. *De homine*, q.33, a.2, ob.7, p.248, l.76 - p.249, l.10.〈訳〉「さらにアヴィセンナ（の異論）：ところで，触覚する力は多数存在し，それらの各々は諸々の対立のうちの一つに当てられていると思われる。すなわちたとえば，それによって我々が，重と軽との間に在る対立性を把捉するところのものと，それによって我々が，熱と冷との間に在る対立性を把捉するところのものとは異なるというようにである。というのも，これらは感覚の第一活動であり，これらのものの類はそれぞれ固有の力を有さなければならないからである。ところがこれらの力は身体のすべての部分を通して均等に拡散しているものであるので，これらは一つの力であると人々は措定したのである。それはちょうど，もし触覚と味覚が，舌において拡散しているものであるのと同じ様に身体全体に拡散しているものであるとしたら，触覚と味覚の原理は一つの力であると措定されることだろうが，それと同様のことである。しかし舌を超えて考えれば，触覚と味覚は異なるものなので，それらの相違は認識されるものなのである。」；Dicit AVICENNA quod ‘tactus est vis ordinata in nervis cutis totius corporis et eius carnibus ad apprehendendum id quod tangit illud et afficit contrarietate permutante complexionem et affectionem compositionis’. *De homine*, q.33, a.1, p.245, ll.57-61.〈訳〉「アヴィセンナは次のように言っている。「触覚は，身体全体の皮膚が有している神経と，身体全体の肉において，身体全体に触れて，（身体全体の）構成と，構造の状態に対して，それを対立性が完全に変えてしまうという仕方で影響を与えるものを把捉することへと秩序付けられている力である。」」；Hoc idem videtur per AVICENNAM dicentem sic: ‘Ex proprietatibus tactus est quod instrumentum naturale, quod est caro nervosa, ex hoc quod sentit aut caro aut nervus, sentit ex tactu, quamvis non sit ibi medium aliquo modo’. *De homine*, q.33, a.3, ob.5, p.251, ll.52-56.〈訳〉「この同じことをアヴィセンナも言っているように思われる。彼は次のように言っている。「触覚の諸々の固有性から次のことがある。すなわち，神経の通った肉である自然本性的道具が触覚から感覚するのは，肉かあるいは神経が感覚するものからである。ただし触覚には何らかの仕方で媒体が存在するということはない。」」；Videtur etiam per Avicennam quod multiplex sit instrumentum huius sensus et nullum medium. Dicit enim sic: ‘Ex proprietatibus tactus est quod tota cutis circumdans totum corpus est sentiens

per tactum, et non sola una eius pars'. Et ponit probationem dicti sui talem: 'Quia iste sensus est natura conservans corpus totum ab accidentibus, quae multum nocerent, si consisterent in aliquo membrorum, ideo oportuit totum corpus esse sentiens per tactum', ut totum removeretur ab illis per experimentum tactus. *De homine*, q.33, a.3, ob.13, p.252, ll.65- 74. 〈訳〉「アヴィセンナによっても，このような感覚の道具は多数的であり，媒体はないように思われる。なぜならアヴィセンナは次のように言っているからである。「触覚の諸々の固有性から次のことがある。身体全体を取り巻く皮膚全体が触覚によって感覚するのであり，その一部分だけが感覚するのではない」。そしてアヴィセンナは自分が言ったことの証明を次のように述べている。「この感覚は，諸々の付帯性から身体全体を守る自然本性であり，その諸々の付帯性は，もし身体の或る部分にとどまるとすれば，非常に害を及ぼすはずのものである。だから身体全体が触覚によって感覚するのでなければならなかったのである。」それは触覚の経験によって身体全体がそのような諸々の付帯性から遠ざけられるためであった。」ßßß

21） Solutio: Dicimus quod tactus duo habet de ratione sui. Quorum unum est quod est iudicium tangibilium, et sic est potentia et pars animae sensibilis. Alterum est quod est esse et perfectio, a quo sumitur sermo diffinitivus animae sensibilis, et sic non est pars animae sensibilis, sed est id quod constituit ipsam et facit esse sensibilem animam. Et hoc patet duabus rationibus. Quarum una est necessaria, scilicet quod posito tactu ponitur animal et destructo tactu destruitur; et non est sic in aliis sensibus, scilicet visu, auditu, odoratu, gustu nisi secundum quod gustus est quidam tactus. Cum igitur propter sensus animal sit animal, ut dicit AVICENNA, tactus erit sensus, propter quem animal est animal. Cum autem sensibile sit diffinitivum animalis, tactus erit ille sensus, a quo est sensibile, quod difinit animal. Et hoc est quod dicit ARISTOTELES in SECUNDO DE ANIMA: 'Vivere propter hoc principium', scilicet vegetabile, 'inest viventibus', scilicet plantis. 'Animalis autem', supple: vivere, est 'propter sensibilis primum; et namque... multa animalium; manentia autem cum sint natura, habent solum sensum. Sensuum autem primo inest omnibus tactus; sicut autem vegetativum potest separari a tactu et omni sensu, sic et tactus a sensibus aliis'. Alia ratio est per similitudinem, quia sicut in partibus animae vegetabilis generativa est, a quo sumitur difinitio animae vegetabilis, et est perfectio ipsius, eo quod unumquodque dicimus perfectum, cum potest facere ex se alterum tale quale ipsum est, sic etiam in partibus animae sensibilis tactus est esse et perfectio sensibilis animae secundum suum genus, eo quod animal perfectam naturam animalis dicimus habere, quando tangendi habet sensum. *De homine*, q.33, a.1, solutio, p.246, l.68 - p.247, l.22. 〈訳〉「解決：私たちは以下のように言う。触覚は自らの意味内容のうちに二つのことを有している。そのうちの一つは，諸々の触覚対象の判断であるということである。そしてこの場合，触覚は能力であり，感覚的魂の部分である。もう一つは存在であり，完全性であるということである。ここから感覚的魂を定義する名辞が取られる。そしてこの場合触覚は感覚的魂の部分ではなく，感覚的魂を完成し，感覚的魂を感覚的魂たらしめるものである。以上のことは２つの議論によって明らかである。そのうちの一つは必然的議論である。すなわち，触覚が措定され

れば動物も措定され，触覚が滅べば動物も滅ぶ。そして他の諸感覚，すなわち視覚，聴覚，嗅覚，味覚においては，味覚が或る種の触覚であるということに即してでなければ，触覚と同様ではない。それゆえ，アヴィセンナが言う通り，動物は諸感覚のために動物であるのだけれども，それのために動物が動物であるところの感覚は触覚であるだろう。一方，感覚的なものが動物を定義するものなのだけれども，動物を定義するものである感覚的なものがそこから取られるところの感覚は触覚であるだろう。アリストテレスが『霊魂論』第 2 巻で言っているのもこのことである。「生きているということはこの原理のために」，すなわち栄養摂取的なもののために「諸々の生物に」，すなわち植物に「内在する。一方動物が」，補って，生きていることは，「感覚的なものの第一のもののため」である。「実際動物の多くは……。しかし，止まっている動物は，自然本性によって止まっているのだけれども，感覚だけは有しているのである。さて，諸感覚の中ですべての動物に第一に内在しているのは触覚である。ところで，栄養摂取能力は触覚と感覚すべてから分離されていることがあり得るが，それと同様に触覚も他の諸感覚から分離されていることがあり得るのである」。もう一つの議論は類似によるものである。すなわち，栄養摂取的魂の諸部分の中には，そこから栄養摂取的魂の定義が取られるところのものである生殖能力があり，各々のものは自分自身がそうであるのと同じような他のものを自分から生み出すことができるときに完全であると我々は言うので，生殖能力は栄養摂取的魂の完全性でもある。それとちょうど同じ様に動物も，触れる感覚を有しているとき動物の完全な自然本性を有していると我々は言うので，感覚的魂の諸部分においては触覚が感覚的魂のその類に即しての存在であり，完全性である。」Cf. Aristoteles, *De anima*, II, c.2, 413b2, 4-7.〈訳〉「だが動物であることは，第一義的には，感覚に基づく。（中略）しかし感覚のなかで最も原初的なものとしてすべての動物にそなわっているのは触覚である。そしてちょうど栄養摂取する能力が触覚をはじめとしたすべての感覚能力から分離されて存することができるように，触覚も他の感覚から分離されることができる。」（中畑訳 68 ページ）; Avicenna, *De anima*, ed. Van Riet, II, c.3, p.130, l.82 - p.132, l.6.

22）　Aristoteles, *De anima*, II, c.2, 413b6-7.〈訳〉「触覚も他の感覚から分離されることができる」（中畑訳 68 ページ）

23）　Solutio: Secundum SUPRA dicta dicimus quod tactus est in duplici ratione, scilicet in ratione potentiae et partis, secundum quod iudicium tangibilium est, et in ratione formae animalis, secundum quod est animal; et propter hoc ipse solus inter sensus plurium est contrarietatum, cum tamen sit sensus unus secundum quod est forma. Sicut enim generativa in plantis, quae perfectio vegetabilium est, non est in una parte corporis plantae, sed determinat totum - sicut est forma totius existens in radice, stipite et ramis et virgis -, nec est secundum unum modum, sed potius secundum multos generans folia, ramos, virgas, fructus, semina et plantas, sic etiam tactus, qui forma perfectiva est animalis, et non est pars nisi per comparationem ad opera specialia, sicut etiam generativa est pars vegetabilis, - non est ergo tactus in una parte corporis animalis, sed in omnibus secundum aliquem modum, ut INFRA dicetur; nec est uno modo, sed plurium contrarietatum apprehensivus, scilicet omnium illarum quae determinant ipsum corpus,

secundum quod est organum tactus, ut INFRA ostendetur. Dicimus igitur quod tactus est sensus unus, secundum quod est forma, est tamen contrarietatum plurium secundum opera specialia. *De homine*, q.33, a.2, solutio, p.249, l.77-p.250, l.13.

24) 『人間論』第 33 問第 1 項主文「もう一つの議論は類似によるものである (Alia ratio est per similitudinem)」以下参照。

25) Solutio: Secundum SUPRA dicta tactus habet duplicem intentionem, scilicet formae et potentiae. Et secundum quod est forma et perfectio animati corporis, sic totum corpus habet pro organo et non utitur aliquo medio, sed magis sentit in partibus illis quae magis accedunt ad aequalitatem et magis participant spiritum sensibilem, sicut in nervis et carne et cute. Quae autem recedunt ab aequalitate et non participant spiritum sensibilem, sicut ossa et cerebrum et capilli et cornua et ungues, non sentiunt nisi secundum quemdam modum, ut INFRA dicetur, scilicet inquantum circumposita sunt talia panniculis quibusdam nervosis, in quorum dissolutione sentitur dolor sicut circa cerebrum et circa ossa. Cum enim tactus sic sit forma animati corporis, terminat et complet totam materiam suam. Et propter hoc percipit quicquid immutat carnem et quicquid immutat cutem et quicquid immutat nervum, et quoad hoc tactus principaliter est in corde, quod est principium totius corporis et per fila nervorum continet totum corpus. Secundum autem quod tactus est iudicium tangibilium, sic principaliter est in loco iudicii sensibilium, idest in cerebro. Licet enim cerebrum propter sui frigitatem et humiditatem nullum habeat tactum, tamen ab ipso diffunditur spiritus animalis, qui est principium sensuum, sicut dicit ALGAZEL, quod tactus 'pertingit ad partes carnis et cutis mediante corpore subtili, quod est vehiculum eius, quod dicitur spiritus, et discurrit per compagines nervorum, quibus mediantibus pertingit ad partes carnis et cutis, et hoc corpus subtile non acquirit neque haurit virtutem hanc nisi a corde et cerebro'; et secundum hunc modum nervus virtutem recipit a cerebro et corde et reddit carni et cuti. *De homine*, q.33, a.3, solutio, p.252, l.79- p.253, l.26. ガザーリーの著作は西欧中世においては，哲学概説書である『哲学の意図』だけが訳され，広く流布した。そのため，そこで要約されていたアヴィセンナらの思想がアル・ガザーリー本人のものと誤解された経緯がある。

26) Aristoteles, *De generatione animalium*, II, c.3, 736b30-32. 訳はアリストテレス『動物発生論』島崎三郎訳，岩波書店，1969 年，第 2 巻第 3 章，163 ページ。

27) ガレノス『ヒッポクラテスとプラトンの学説について』第 3 巻第 8 章，第 7 巻第 3 章，『治療法』第 12 巻第 5 章等参照。アルベルトゥスはプネウマ・プシューキコンのことを spiritus animalis（動物精気）, あるいは spiritus sensibilis（感覚精気）と呼ぶ。G. E. R. ロイド『後期ギリシア科学』（山野耕治ほか訳），法政大学出版局，2000 年，第 9 章「ガレノス」220-221 ページ参照。

28) アルベルトゥスがドミニコ会入会前に，パドヴァ大学で自由学芸を学んでいたとき，すでに精気理論について学んでいたかもしれない。パドヴァ大学では，自由学芸と医学は同じ学部で教えられていたのである。E. グラント『中世における科学の基礎付け―その宗教的，制度的，知的背景―』（拙訳），知泉書館，2007 年，247 ページ参照。

29） Spiritus enim omnis generatur a corde quantum ad substantiam suae materiae, sed tamen formam ad opera specialia accipit in quibusdam aliis membris. Ad operationem enim nutrimenti formam accipit in hepate, sed ad operationem motus et sensus formam accipit in cerebro, et ad operationem vitae formam accipit in corde. *De homine*, q.43, a.3, pars. 1, ad 3, p.329, ll.11-17.

30） アリストテレスも，*De sensu et sensato*, c.2, 439a1-2 では，触覚器官は心臓の近くに在ると言っている。

31） Immutatio autem a tangibili simul tempore fit in carne et nervo, sed natura prius in carne, et sic caro quandam rationem videtur habere quam non habet nervus, ut videtur velle ARISTOTELES. *De homine*, q.33, a.3, solutio, p.253, ll.26-29.〈訳〉「一方，触覚対象による変化は肉と神経において時間的には同時に生じるが，自然本性的には，肉において先に生じる。そしてそれゆえ肉は，神経が持っていない何らかの意味内容を有しているように思われること，アリストテレスが言おうとしているように思われる通りである。」; Ad id quod obicitur quod tactus nullum habeat medium, IAM patet solutio. Tactus enim propter hoc quod non tantum est potentia, sed etiam forma animati corporis, apprehendit in omnibus partibus suae materiae simul tempore et non in una prius et altera posterius; secundum tamen comparationem ad obiectum natura prius immutatur caro quam nervus, quia vicinior est obiecto agenti in tactu. *De homine*, q.33, a.3, ad4, p.253, ll.61- 68.〈訳〉「反対に提出される異論，すなわち，触覚はいかなる媒体も有さないという論に対しては，解決はすでに明らかである。というのも，触覚は，単に能力であるだけでなく，魂を有する物体（身体）の形相でもあるため，その（触覚の，あるいは，身体の）質料の全部分において時間的に同時に，或る部分では先に，他の部分では後にということなく把捉するからである。しかし対象との関係に即しては，肉が神経よりも自然本性的に先に変化させられる。なぜなら（肉の方が）触覚において作用する対象により近いからである。」Ad rationem Aristotelis dicendum quod in veritate maiorem rationem medii habet caro quam nervus, sed non est medium, quod prius immutetur tempore, sicut etiam IBIDEM dicit Aristoteles. *De homine*, q.33, a.3, ad6, p.253, ll.70- 73.〈訳〉「アリストテレスの議論に対しては次のように言わなければならない。真に肉は神経よりも媒体としての意味内容をより多く有している。しかし，時間的により先に変化させられるものである媒体だということではないこと，アリストテレスも同じ箇所で述べている通りである。」Ad aliud dicendum quod caro quandam rationem habet medii, ut SUPRA dictum est. *De homine*, q.33, a.3, ad8, p.254, ll.1- 2.〈訳〉「他の反対異論に対しては次のように言わなければならない。肉は何らかの媒体であるという意味内容を有していること，上述の通りである。」; Ad duas auctoritates Avicennae dicendum quod tactus duas habet comparationes. Unam habet secundum recipere virtutem tactivam, et quia virtutem illam recipit a corde et cerebro per spiritum et nervos, sic nervus erit primo recipiens et ulterius reddens virtutem carni et cuti. Et quoad hanc comparationem loquitur Avicenna. Aliam habet comparationem quoad recipere species tangibilium per immutationem, et sic secundum naturam pellis et caro erunt primo recipientia et ulterius nervo reddentia. Et sic loquitur ARISTOTELES. *De homine*, q.33, a.3, ad12, p.254, ll.17- 26.〈訳〉「アヴィセンナの

二つの典拠に対しては以下のように言わなければならない。触覚は二つの関係を有している。一つは，触覚力を受け取るのに従っての関係である。そしてこの力を触覚は心臓と脳から，精気と神経を通して受け取るので，この場合は神経が第一に受け取るものであろうし，さらに肉と皮膚に力を与えるものでもあろう。そしてアヴィセンナはこの関係について語っているのである。触覚は，変化を通した触覚対象の形象の受け取りに関しては他の関係を持っている。そしてこの場合，自然本性に従えば，皮と肉とが第一に受け取るものであり，さらに神経に（触覚対象の形象を）与えるものでもあろう。そしてアリストテレスはこの場合について語っているのである。」Alter (modum) est, quod sit temperatum ad aequalitatem et recesserit ab excellentiis qualitatum sensibilium; et hoc oportet in tactu esse medium, *De anima*, lib.2, tract.3, c.31, p.143, ll.65-67.〈訳〉「もう 1 つのあり方は，均等な状態に制御され，感覚可能な諸性質の過剰から離れた在り方である。そして触覚において媒体はこのような在り方で存在しなければならない。」

32） アリストテレス『霊魂論』第 2 巻第 11 章 423b20-21.〈訳〉「感覚器官それ自身が対象と接触するならば，前者（触覚）の場合も後者（視覚，聴覚，嗅覚）の場合も，感覚が生じることはないであろう。」（中畑訳 117 ページ。括弧内筆者）

33） non sentiunt instrumenta nisi a medio, *De anima*, lib.2, tract.3, c.34, p.147, ll.8-9.〈訳〉「道具（器官）は媒体からでなければ感覚しない。」

34） Sed hoc videtur forte mirabile, cum omni temptanti per experimentum constet nervos esse magis sensibiles, quando tanguntur a sensiibilibus quam ipsam carnem; quod est contra praedicta. *De anima*, lib.2, tract.3, c.34, p.147, ll.15-17.〈訳〉「しかしこのことは恐らく奇妙に見える。なぜなら，諸々の感覚対象に触れられるとき，肉そのものよりも神経の方がより感覚的であるということが，実験を通して実験者たちに知られているからである。このことは上述のことに反する。」なお，神経が解剖学的に発見されたのは紀元前 3 世紀のことのようである。

35） *De anima*, lib.2, tract.3, c.34, p.147, ll.24-39.

36） Nos autem et veritatem salvare cupientes et reverentiam exhibere patri philosophorum Aristoteli dicamus carnem esse medium tactus; *De anima*, lib.2, tract.3, c.34, p.147, ll.40-42.

37） Dicimus igitur nervos sensitivos in loco, ubi (nervi) sensum hauriunt, non sentire, si sine meidio tanguntur a sensibili, et hoc est in loco, ubi a cerebri anteriori parte (nervi) oriuntur; ibi enim complexionem carnis (nervi) non habent, sed potius cerebri, unde oritur sensus. *De anima*, lib.2, tract.3, c.34, p.147, ll.74-79.〈訳〉「だから我々は次のように言う。感覚神経は，感覚を生み出す場所では，感覚対象に媒体なしに触れられても感覚しない。そしてこのことは脳の前方部分から神経が出ている場所で起こる。というのも，ここでは神経は肉の構造を有しておらず，むしろ，感覚の出所である脳の構造を有しているからである。」Ad aliud dicendum quod in veritate posito tangibili supra nervum fit subtilissimus tactus; dissimiliter enim se habet in tactu et in aliis sensibus. Et quod dicit Aristoteles quod nec in tactu nec in aliis sensibus sensibili supra instrumentum posito fit sensus, non potest intelligi nisi de cerebro. Tactus enim secundum quod est iudicium tangibilium fluit a cerebro, et cerebrum in se

non habet tactum, licet in panniculis, quibus circumponitur, sentiat tangibilia. *De homine*, q.33, a.3, ad7, p.253, ll.74-82.〈訳〉「他の反対異論に対しては次のように言わなければならない。真に，触覚対象が神経の上に置かれると，最も鋭敏な触覚が生じる。なぜなら（神経は）触覚と他の諸感覚とでは異なっているからである。触覚においても，他の諸感覚においても，道具（器官）の上に感覚対象を置いても感覚は生じないとアリストテレスが言っていることは，脳についてでなければ理解できない。というのも，触覚は，触覚対象の判断であるのに即せば脳から流出し，脳は，脳を取り巻いている（神経の）諸断片において触覚対象を感覚するけれども，脳自体は触覚を有してはいないからである。」

38） Quaeritur ergo, quare dicitur communis. Non enim dicitur communis ut genus neque ut totum integrale sive potestativum. Si enim esset communis ut genus, praedicaretur de singulis propriis, quod falsum est. Si vero ut totum, tunc sua essentia nihil esset extra essentias propriorum sensuum, sicut essentia totius nulla est extra suas partes constituentes ipsum; ergo relinquitur quod communitas ipsius sit ex parte obiecti. Cum enim quilibet sensuum propriorum recipiat sensibile sibi appropriatum, sensus ille non habebit rationem proprii, ad quem referuntur omnia sensibilia, sed habebit rationem communis. Praeterea videtur quod etiam alia ratione communitatis dicatur sensus communis. Licet enim color differat a sapore et odore, et sic de aliis, nihilominus tamen habent subiectum commune; idem enim est subiectum, in quo est color et odor et sapor, sonus et qualitates tactus. Cum ergo sensus communis per se immutetur a magnitudine subiecti, quae commune subiectum est omnium sensibilium, haec erit quaedam alia ratio communitatis eius. Praetera, tertia ratio communitatis eius est quod sensus proprii referuntur ad ipsum ut ad unum centrum omnium sensuum, ut dicit AVICENNA. Cum ergo id quod refertur ad plura, non possit esse cuilibet proprium, eo quod proprium est, quod convenit uni soli, haec videbitur tertia ratio suae communitatis. Solutio: Concedimus has ultimas rationes ostendentes, quare sensus communis dicatur sensus, et quare dicatur communis. *De homine*, q.35, a.2, ob.11 et solutio, p.273, ll.6- 35.〈訳〉「したがって，（共通感覚は）なぜ共通と言われるのかが問われる。すなわち，共通と言われるのは，類として言われるのでもなければ，完全無欠な全体として，あるいは能力的全体として言われるのでもない。というのも，もし仮に類として共通であるとしたら，個々の固有感覚に述語付けされるはずであるが，それは誤りだからである。一方もし仮に全体として共通であるとしたら，その場合，共通感覚の本質は諸々の固有感覚の本質の外にある何ものでもないはずである。それはちょうど全体の本質がその全体を構成する諸部分の外にある何ものでもないのと同様である。だから，共通感覚の共通性は対象の側から来るということが残る。というのも，諸々の固有感覚のそれぞれは，自身に適合する感覚対象を受け取るけれども，共通感覚は固有という特質を有さず，共通感覚にはすべての感覚対象が関係し，共通なものという特質を有するだろうからである。さらに，共通性の他の特質によっても共通感覚と言われるように思われる。すなわち，色は味や匂いとは異なり，その他のものについても同様，それらとは異なるけれども，しかしそれにもかかわらず，それらは共通の基体を有している。というのも，色と匂いと味，音と，触覚に係わる諸々の質とがその中に在るところ

のものである基体は同じだからである。それゆえ，共通感覚は自体的には基体の大きさによって変化させられ，基体の大きさはすべての感覚対象に共通する基体なので，これは共通感覚の共通性のもう一つの何かしらの特質であろう。さらに，共通感覚の共通性の第三の特質は次のことである。すなわち，諸々の固有感覚が共通感覚に対して関係するのは，すべての感覚の一つの中心としての共通感覚に対してであるということ，アヴィセンナが言う通りである。だから，固有なものはただ一つのものだけに一致するものであるがゆえに，複数のものに関係するものは，それぞれに固有なものであることは出来ないので，このことは共通感覚の共通性の第三の特質であるように思われるであろう。解決。なぜ共通感覚が感覚と言われ，なぜ共通と言われるのかを明らかにしている上記の最後の諸根拠を我々は認める。」

39） Ad aliud dicendum quod in veritate per corpus sentimus, in quantum est mixtum ex tangibilibus, cuius probatio est secundum ARISTOTELEM, quia non sentimus nisi per excellentias tangibilium, eo quod corpus nostrum mixtum ex tangibilibus medium est extremorum tangibilium. Cum igitur una natura mixti proportionem habeat ad omnia miscibilia et ad consequentia mixtum, per unum corpus secundum actum mixti, quod est potentia plura miscibilia, sentimus omnia miscibilia; et cum tactus sit forma perfectiva illius corporis, per unum tactum secundum actum apprehendimus omnia miscibilia. Probat autem ARISTOTELES in FINE PRIMI DE GENERATIONE ET CORRUPTIONE quod nihil est miscibile per se nisi qualitates tactus; ergo per unum tactum apprehendemus omnes contrarietates tangibilium. *De homine*, q.33, a.2, ad5, p.250, ll.19-33.

40） Cf. Ad dictum Avicennae dicendum quod in veritate tactus videtur esse plures virtutes passivae, sed passio eius reducitur ad passionem organi sui, quod est corpus animatum, et tunc illud virtute est plura passiva, sed actu unum, sicut omne mixtum actu est unum et potentia plura. *De homine*, q.33, a.2, ad7, p.250, ll.48-53.〈訳〉「アヴィセンナが言ったことに対しては次のように言わなければならない。真に触覚は複数の受動的力であるように思われる。しかしこの受動は，魂を有する物体（身体）である触覚器官の受動に還元される。そしてこの場合，これは能力的には複数の受動的力であるが，現実的には一つのものである。それは，混合されたものすべてが，現実態においては一つであるが，可能態においては複数であるのと同様である」

41） Aristoteles, *De anima*, II , c.11, 424a4.〈訳〉「そのことは感覚が，（中略）ある種の「中間的状態」であることを示している。」（中畑訳 118 ページ）

42） Similiter autem primum sentiens non quidem tempore, sed natura, hoc est in quo primitus salvatur tota virtus sensitiva, est sensus communis, （ 中 略 ） ipsa sensibilis vis est potentia a generatione perfecta habitu connaturali sibi. Qui habitus est inchoatio quaedam et harmonia omnium sensibilium formarum, sicut in genere est inchoatio et harmonia omnium differentiarum illius generis; et illa potentia sic habitu connaturali perfecta omnia sensibilia habet potestate et actu nullum antequam distinguatur ab eis. Et in hoc sensu dicitur a Philosopho, quod “sensus est species sensibilium, et intellectus species intelligibilium.” Talis autem forma una simplex est

praehabens potestate ea quorum ipsa est causa, et habet ea actu, quando distinguitur ab aliquo illorum. *De anima*, lib.2, tract.4, c.12, p.165, ll.14-16, 57-68. tractatus 4 は "De communibus sensuum"（「諸感覚に共通する諸対象について」）と題されている。Cf. Alain de Libera, *Albert le Grand et la Philosophie*, Paris, J. Vrin,1990, p.239; "Les sens commun au Ⅷ siècle. De Jean de La Rochelle à Albert le Grand" *Revue de Metaphysique et de Morale*,96, n.4, Paris, Armand Colin,1991,p.495, 註 52.

43） Cf. R.D. Hicks, *Aristotle De anima*, p.356, 417b3.

44） Cf. Aristoteles, *De anima*, III, c.8, 432a1.

45） sed omnes particulares nervi, qui ad organa propriorum sensuum derivantur et concavi sunt, ut in eis discurrat spiritus, qui est vehiculum virtutis sensitivae, diriguntur ad anteriorem cerebri partem, quae medietas quaedam est et symphonice composita ad omnia sensata propria et nullum habet sensum, potens omnes suscipere. Et ibi est organum sensus communis; *De anima*, lib.2, tract.4, c.11, p.163, ll.42-49. Cf. organum sensus communis est in prima concavitate cerebri, quae plena est spiritu sensibili. *De homine*, q.35, a.3, solutio, p.275, ll.1-2.〈訳〉「共通感覚の器官は脳の先端部分の空洞のうちに在る。そこは感覚精気で満たされた空洞である。」これはアヴィセンナの見解とされている。同項異論 p.274, ll.48-52 参照。

46） 以上のような共通感覚についての考え方は，『人間論』ではまだはっきり出てきていないように思われる。『人間論』ではただ，アヴィセンナに従って，共通感覚は各固有感覚の原理だと言われているだけのようである。Sicut dicit AVICENNA, 'dispositio sensus communis est talis quod ex ipso est principium cuiuslibet virtutis sensibilis, et postea redit ad ipsum cum lucro'. *De homine*, q.35, a.3, solutio, p.274, ll.70-73.〈訳〉「アヴィセンナが言う通り，「共通感覚の態勢は次のようなものである。すなわち，各感覚力の原理がそれに由来し，後でそこに富とともに帰ってくるのである。」」Sicut enim dicit AVICENNA, omones sensus proprii oriuntur a communi et revertuntur ad ipsum cum lucro. *De homine*, q.36, a 1, solutio, p.279, ll.47-49.〈訳〉「アヴィセンナが言う通り，すべての固有感覚が共通感覚に由来し，共通感覚へと富とともに戻ってくるのである。」seusus communis ex quo est principium cuiuslibet virtutis sensibilis, et ad quem postea redit cum lucro: Avicenna, *De anima*, ed. Van Riet, V, c.8, p.180, ll.38-39.〈訳〉「各感覚力の原理がそこに由来し，後で富とともにそこへと帰ってくるところの共通感覚」

47） J.A. Weisheipl, "The life and Works of St. Albert the Great", p.22 et 35.

48） Cf., Thomas Aquinas, *De ente et essentia*, Torino, Marietti,1957,c.6, n.8.

第二部　内部感覚論

第４章　数学と共通感覚について

1） J. A. Weisheipl, O.P., "Classification of the Sciences in Medieval Thought" *Nature and Motion in the Middle Ages*, Washington, D. C., The Catholic University of America Press, 1985, pp.203-237.

2） J. A. Weisheipl, O.P., “Classification of ～ ”, pp.206-210. Cf. Boèce, *Institution arithmétique*, Paris, Les Belles Lettres, 1995, livre1, (8), p.9.

3） J. A. Weisheipl, O.P., “Classification of ～ ”, pp.216-217. Cf. Alfarabi, *Über den Ursprung der Wissenscaftten* (*De ortu scientiarum*), Münster, Aschendorffsche Verlagsbuchhandlung, 1916, c.1.

4） J. A. Weisheipl, O.P., “Classification of ～ ”, pp.229-234.

5） A. G. Molland, “Mathematics in the Thought of Albertus Magnus”, *Albertus Magnus and the Sciences: Commemorative Essays 1980*, pp.463-478.

6） Fliut autem punctum ex unitate et linea ex binario et superficies ex ternario et corpus ex quaternario. Quoniam si ego accipiam primum indivisibile, in hoc conveniet et punctum et unitas; si autem addidero dicens indivisibile primum habens positionem in continuo, tunc genero punctum; punctum igitur addit supra unitatis rationem. Quandocumque autem duo sunt in genere uno, quorum unum se habet ex additione ad alterum, illud quod ex additione est, principiatur a simpliciori. Et hac ratione dixit *Plato* punctum principiari ex unitate. Et hac ratione discreta quantitas est ante continuam. Linea autem oritur a binario, quoniam linea constituitur in esse ex fluxu puncti in continuum. Fluxus autem omnis unius et eiusdem indivisibilis necessario est ab uno indivisibili puncto in aliud indivisibile punctum. Et sic linea duo indivisibilia puncta habet actu, quorum utrumque oritur ab unitate, sicut binarius est perfectus in duabus unitatibus. Haec igitur ratio est, quare linea orta dicitur a binario. Superficies autem oritur a ternario, quia tria puncta poni secundum actum non possunt in continuo in linea una prima simplici. Dico autem lineam primam simplicem esse rectam lineam, quoniam curva compositionem habet in partibus diversis, et circularis habet compositionem in formis duabus, quae sunt convexum et concavum, sicut in PHYSICIS et in libro DE CAELO ET MUNDO dictum est. Tria ergo puncta posita, a tribus unitatibus orta, si secundum actum sint positionem habentia, non continuabit linea una simplex, quocumque modo protrahatur, sed primum continuans ea est superficies. Ergo superficiei continuitas primum est in tribus punctis secundum actum positis in continuo. Si autem quattuor puncta ponam, ita quod quartum differentiam ponat a tribus, oportet, quod quartum figam in profundum continui, quoniam si ponam in latum, non faciet differentiam ad tertium, et si ponam in longum, non faciet differentiam ad secundum. Si autem positis quattuor punctis nulla superficies una continuabit ea, oportet igitur, quod corpus continuet haec quattuor puncta discreta, a quattuor unitatibus exorta.（中略）Hoc igitur modo dixit Plato principium omnium et formale et materiale esse numeros et supponebat cognosci rem ex principiis suis; *De anima*, lib.1, tract.2, c.2, p.21, l.72- p.22, l.19, ll.32-35.〈訳〉「ところで，点は一から，線は二から，面は三から，立体は四から流出する。その理由は以下の通りである。もし私が第一に不可分なものを理解すれば，そこでは点と一とは一致しているだろう。しかしもし第一の不可分なものを，連続体のなかで位置を有しているものと語りつつ，何がしかの付け加えをしていれば，そのとき私は点を生む。それゆえ点は一の意味内容に何がしかの付け加えをしているのである。ところで，二つのものが一つの類のうちにあり，その一方が他方と何らかの付け加えから関係を有しているときはいつでも，付け加えから生じるも

のの起源，原因は，より単純なものの方である。この根拠によって「プラトンは」，点は一を起源とし，原因としていると言ったのである。またこの根拠から，非連続量は連続量よりも先なるものなのである。ところで，線が二に由来するのは，点が連続体へと流出することから線が存在のうちに構成されるからである。ところで，同じ一つの不可分なものの流出はすべて必然的に，一つの不可分な点からもう一つの不可分な点への流出である。それゆえ線は二つの不可分な点を現実的に有しており，そのどちらも一に由来するものであること，二が二つの一において完成されるものであるのと同様である。だから線は二に由来するものであると言われるのである。ところで面が三に由来するのは，第一に単純な一本の線のなかに三つの点を現実態に即して連続的に措定することはできないからである。ところで私は，第一に単純な線とは直線のことであると言う。なぜなら曲線は異なる諸部分において複合を有しており，円周は二つの形，すなわち凹凸において複合を有していること，『自然学』と『天界地界論』で述べた通りだからである。それゆえ，措定された三つの点は，三つの一に由来するものであるが，それらがもし現実態に即して場所を有しているものであるならば，単純な一本の線では，それをどんな仕方で圧縮しても，それらの点をつながないだろう。それらの点を第一につなぐものはむしろ面である。だから現実態に即して連続的に措定される三つの点のうちには第一に面の連続性があるのである。ところで，もし四つ目の点が三つの点との違いを措定するという仕方で四つの点を私が措定するなら，私は四つ目の点を連続体の高さのうちへと確立しなければならないだろう。なぜなら，もし私が（四つ目の点を）幅のうちへと措定したら，三つ目の点との違いを生み出さないだろう。そしてもし長さのうちへと措定すれば，二つ目の点との違いを生み出さないだろう。しかしもし四つの点が措定されて，どの一つの面もそれらの点を結び付けないならば，四つの一に由来するものであるこの四つの非連続的な点を結び付けるものは立体でなければならないだろう。（中略）それゆえこのようにしてプラトンは，万物の形相的，質料的原理は数であると言い，数という原理から事物は知られると考えたのである。」Cf. Albertus Magnus, *De generatione et corruptione*, lib.1, tract.1, c.11, p.120, ll.5-21.（同様の内容であるが不鮮明なテキスト）：Plato dicit, quod punctus constituit lineam et linea superficiem et superficies constituit corpus. Et ideo punctum dicebat maxime esse substantiam et lineam post hoc et deinde superficiem et minime corpus, *Met.*, lib.5, tract.3, c.2, p.259, ll.78- 82.〈訳〉「プラトンは，点が線を構成し，線が面を構成し，面が立体を構成すると言う。だからプラトンは，点は最大限に実体であり，線は点の後に来るものであり，面はさらにその後であり，立体は最も少なく実体であるとも言っていたのである。」Et corpus quidem terminat materiam, superficies autem terminat corpus, et linea terminat superficiem, et punctus lineam. Et ideo ista (quidam Platonicorum: l.4) dicunt esse substantiam, et punctum magis substantiam dicunt quam lineam et lineam dicunt magis substantiam quam superficiem, et superficiem magis dicunt esse substantiam quam corpus. *Met.*, lib.5, tract.2, c.5, p.242, ll.5-12.〈訳〉「立体は質料を限界付け，面は立体を限界付け，線は面を限界付け，点は線を限界付ける。だから（プラトン派の中の或る人々は）点，線，面は実体であり，点は線よりもより実体であり，線は面よりもより

実体であり，面は立体よりもより実体であると言っているのである。」なお，数や点，面，線，立体など数学の対象を知ることによってさらに自然学の対象全体も知ることができるとする考えもプラトンに帰されている。このような考えは *Met.*, lib.1, tract.1,c.1, p.2, ll.31-67 で，本章 3 とほぼ同じ論拠に基づいて論駁されている。さらに *Phys.*, lib.1, tract.1, c.3, pp.5- 6; lib.2, tract.1, c.8, pp.88- 91 も参照。

7） Aristoteles, *Analitica Posteriora*, I, c.4, 73a34-37.

8） Aristoteles, *Metaphysica*, Ｂ , c.5, 1002a4-8.

9） Aristoteles, *Analitica Posteriora*, I, c.7, 75b1.

10） Cf. *Met.*, lib.3, tract.2, c.3, p.118, ll.40-43.

11） Est autem totum contrarium, si esse harum dimensionum secundum hoc quod in esse constituitur, consideretur. Superficies enim non habet mensurari in duo, nisi secundum quod est terminus corporis, et nisi corpus mensuraretur per tres diametros, non mensuraretur superficies secundum duas. Hoc autem sic probatur: omne illud cuius perfectio est mensurari secundum tres diametros quocumque modo ad rectum angulum dispositos, perfectius est secundum rationem mensurati quam id quod mensuratur secundum duos. Quod autem imperfectius est, dependet secundum esse a perfectiori, praecipue quia secundum esse mensuratum non dependet a mensura, sed potius e converso. Mensurat autem omnis mensura secundum id quod est finis, sicut patet in unitate, quae est mensura numeri. Cum igitur IAM probatum sit, quod quantitas omnis est accidens, et istud sit accidens quod est substantiae terminus et finis, constat, quod causatur a subiecto. Quod igitur proximius est subiecto, est prius. Est autem corporalis terminus proximior subiecto, quod est mensura perfecta. Illa igitur est mensura prima, nec superficies habet mensurari in duas dimensiones, nisi inquantum est terminus corporis et non secundum se, nec corpus habet hoc a superficie, sed e converso. Et adhuc linea habet mensurari in unam dimensionem, inquantum est terminus superficiei, et punctus habet esse indivisibilis, inquantum est terminus lineae. Et hoc est totum conversum eius quod dicit Plato. *Met.*, lib.5, tract.3, c.2, p.259, l.83- p.260, l.14.〈訳〉「しかしもしこれら諸次元（点，線，面）の存在を，（各次元が）存在において構成されているのに即して考察するとしたら，まったく反対なのである。すなわち，面は立体の限界であるのに即してでなければ二次元において測定することはできないし，立体が三つの直径（三次元）によって測定されないとすれば，面が二次元によって測定されるということもないことだろう。このことは以下のように証明される。どんな仕方であれ直角に置かれた三つの直径によって測定されるということがその完全性であるところのものはすべて，二次元によって測定されるところのものよりも，測定されるものという観点からすればより完全なものである。ところで，より不完全なものは存在に即せばより完全なものに依存している。それは特に，測定されるものは，存在に即せば尺度には依存しておらず，むしろその逆（に，尺度が測定されるものに存在に即して依存しているの）だからである。ところで，尺度はすべて，終極であるものに従って測定する。それは数の尺度である一において明らかな通りである。だから，量はすべて付帯性であり，この付帯性は実体の限界，終極であるということはすでに証

明されたので，この付帯性の原因は基体であるということが成り立つ。それゆえ，基体により近いものがより先なるものである。ところで，基体により近い物体的限界が完全な尺度であるものである。したがってこれが第一の尺度であり，面は立体の限界である限りででなければ，それ自体では二次元において測定されることはできず，立体が測定され得るのは面のお陰ではなく，その逆（で，立体のお陰で面が測定され得るの）である。さらに，線が一次元において測定され得るのは線が面の限界である限りでであり，点が不可分なものの存在を有しているのは点が線の限界であるかぎりでである。以上はプラトンが言っていることとまったく逆さまなのである。」Corpus enim physicum secundum naturam est ante corpus mathematicum, quia corpus physicum est substantia, ex materia et forma compositum, aptum undique intersecantibus se ad rectos angulos tribus diametris determinari. *Met.*, lib.3, tract.2, c.12, p.134, ll.16-20.〈訳〉「というのも，自然物は自然本性に即して数学的立体よりも先なるものである。なぜなら，自然物は実体であり，質料と形相とから複合され，どの方向にも直角に分岐している三つの直径によって測定されることが適合的であるものだからである。」Cf. *Phys.*, lib.6, tract.1, c.1, p.448, ll.16-28.

12） numerus secundum esse, quod habet in rebus numeratis, causatur a divisione continui et discretio sua est post continuitatis esse, quod habet in magnitudine continua.（中略）Si autem numerus secundum esse consideratur, quod habet in rebus numeratis, tunc numerus est post divisionem continui, quia ubi non est divisio materiae, ibi non est numerus. *Phys.*, lib.3, tract.2, c.12, p.191, ll.11-14, 26-30.〈訳〉「数の原因は，数えられる諸事物において数が有しているものである存在に即せば，それは連続体の分割であり，その不連続性は，連続体が連続的な大きさにおいて有しているものである連続性の存在の後に来るものである。（中略）しかしもし，数えられる諸事物において数が有しているものである存在に即して数を考察すれば，その場合数は連続体の後に来るものである。なぜなら，質料の分割のないところに数はないからである。」

13） 以上のような議論を土台として，数学の原理が自然学の原理ではないとアルベルトゥスが主張している箇所は *Met.*, lib.1, tract.1, c.1, p.2, ll.31-67. その他 *Phys.*, lib.1, tract.1, c.3; lib.2, tract.1, c.8 も参照。

14） Continuum tamen non dividitur in puncta, quia non dividitur per formam et materiam, sed per partes quantitativas, quae potentia infinitae sunt in ipso. Peccavit autem Plato dicens haec esse elementa corporum naturalium, quorum potius elementa sunt forma et materia. Albertus Magnus, *De generatione et corruptione*, lib.1, tract.1, c.11, p.120, ll.34-39.〈訳〉「しかし連続体は点に分割されてはいない。なぜなら連続体は形相と質料によっては分割されておらず，連続体において可能的に無限であるものである量的諸部分によって分割されているからである。しかしプラトンは，点が諸々の自然物の要素であると言って誤りを犯した。自然物の要素はむしろ形相と質料なのである。」

15） Causa *autem* divisionis in infinitum est, quia magnitudo componitur ex *magnitudinibus*, et ideo cum dividi sit passio quanti et nulla propria passio destruat suum subiectum, ideo divisio numquam tollit formam quantitatis a continuo vel discreto, propter quod quia forma continui

manet in divisis et dividentibus, efficitur semper praecedens in potentia ad ultiorem divisionem et ideo dividitur semper in infinitum. *Phys*., lib.3, tract.2, c.17, p.197, ll.66-74.〈訳〉「「ところで」，無限分割が生じる原因は，大きさが「諸々の大きさ」から出来ているということにある。だから，分割されるということは，量を有するものの特性であり，どんな固有性もその固有性の基体を破壊しないので，分割は決して量の形相を連続体や非連続体から取り去らないのである。そのため，連続体の形相は分割されているものと分割するもののうちに留まるので，さらなる分割へと可能態において向かっているものが常に生じ，それゆえ常に無限に分割されるのである。」

16）　アリストテレス『自然学』第 8 巻第 1 章参照。

17）　アリストテレス『自然学』第 3 巻第 6 章参照。Cf. *Phys*., lib.3, tract.2, c.18, p.199, ll.12-19.

18）　Est autem non omnis materia quanta divisibilis, eo quod quaedam est indivisibilis a forma naturali. Divisio autem separat vel est via separationis materiae a forma naturali; materia enim caelestium corporum nullo modo separatur a sua forma, et ideo materia quanta in eis non est divisibilis secundum naturam. Et si MATHEMATICI dicant eam dividi, hoc est secundum modum imaginationis et non naturae, et ideo etiam quia ad divisionem imaginariam sufficit quantitas in materia intelligibili, ideo mathematici utuntur divisione in infinitum aliter quam naturales. *Phys*., lib.3, tract.2, c.18, p.198, ll.58-69.〈訳〉「しかし量的質料がすべて分割可能なわけではない。なぜなら或る質料（天体の質料）は自然本性的形相によって分割不可能だからである。ところで，分割が（質料を）分離したり，質料を分離する仕方であったりするのは自然本性的形相によってである。たとえば諸天体の質料はその形相によってどんな仕方ででも分離されない。だから諸天体における量的質料も自然本性に従って分割不可能なのである。もし諸天体における量的質料も分割されると数学者たちが言えば，それは想像力の在り方で言っているのであって，自然本性の在り方によってではない。だから，想像上の分割のためには知性認識可能な質料で十分であるので，数学者たちは自然学者たちとは別な仕方で無限分割を用いるのである。」

19）　Ipsae enim disciplinales quantitates sunt imaginata quaedam; subiectum autem, quod in sua ratione diffinitiva concipiunt, non est imaginatum, sed in intellectu acceptum per prima principia substantiae corporeae solum. *Met*., lib.5, tract.3, c.2, p.259, ll.60-64.〈訳〉「数学的量そのものは想像された何ものかである。しかし数学的量がその定義的内容において包摂しているものである基体は想像されたものではなく，物体的実体の諸々の第一原理だけを通して知性に受け取られたものなのである。」

20）　quia (mathematici) non accipiunt quantitatem secundum esse, sed secundum imaginationem, et procedunt secundum potestatem imaginationis componentis figuras et angulos et non secundum potestatem rei imaginatae; multae enim figurae geometrorum nullo modo sunt in corporibus naturalibus, et multae figurae naturales et praecipue animalium et plantarum non sunt determinabiles arte geometriae. *Phys*., lib.3, tract.2, c.17, p.197, ll.44-51；点から線，線から面，面から立体への運動が想像上のものであると述べている箇所：*Phys*., lib.4, tract.3, c.7,

p.272, ll.43-45; lib.6, tract.1, c.1, p.448, ll.38-42; *Met.*, lib.5, tract.1, c.9, p.230, l.12; tract.3, c.2, p.260, ll.23-24.

21） Aristoteles, *Physica*, III, c.7, 207b27-34. 訳はアリストテレス『自然学』（出隆訳）岩波書店，1968 年，116—117 ページ。

22） W. D. Ross, *Aristotle's Physics*, London, Oxford University Press, 1936, p.560.

23） Aristoteles, *Metaphysica*, Ｚ, c.10, 1036a11-12. 訳はアリストテレス『形而上学』（出隆訳）岩波書店，1968 年，242 ページ。

24） *sicut* sunt *mathematica*; et haec etiam partes habent, quae nihil sunt quiditatis speciei, quae est circulus et triangulus et huiusmodi. *Met.*, lib.7, tract.3, c.5, p.362, ll.7-9.

25） Haec enim omnia magnam habent ambiguitatem, licet per rationes physicas haec sufficienter investigari non possint. Indigemus enim ad haec instrumentis et observationibus mathematicorum, et ideo plurima eorum oportet differre, usqueque de mathmaticis fiat tractatus. Albertus Magnus, *De caelo et mundo*, *Alberti Magni Opera Omnia*, Editio Coloniensis, t5, Pars 1, Münster, Aschendorff, 1971, lib.2, tract.3, c.11, p.166, ll.8-13.〈訳〉「以上のこと（天文学的問題）はどれも大変な曖昧さを残す。ただし自然学の議論ではこれらを十分に調査することができない。なぜなら，これら（天文学的問題）には数学者たちの道具と観察が必要だからである。だから，数学者たちの大部分が，彼らについての論考（恐らくアリストテレス『形而上学』ラムダ巻第 8 章）が登場するほど（その意見が）様々なのは当然なのである。」

26） *quae dicunt quidam* probabiliores *mathematicorum Met.*, lib.11, tract.2, c.22, p.511, ll.32-33.〈訳〉「「或る数学者たちが」よりありそうなことであると「言っていること」」

27） Aristoteles, *De anima*, II, c.6, 418a8-11.

28） Aristoteles, *De anima*, III, c.1, 425a14-15.

29） 現代の多くのアリストテレス解釈者たちは後者を比較的重視し，前者を暫定的なものと見るらしい。アルベルトゥスの解釈はこれとは異なり，前者を基本にして解釈している。中畑訳 195—192 ページ補注Ｋ，190—189 ページ補注M参照。

30） (2) Ad aliud dicendum quod sensatum commune per se est sensus communis, secundum qud per se dicit immediatum, quod non gratia alteirus facit sensum, per posterius autem est sensuum propriorum, sicut visus qui primo et per se accipit album, et per posterius figuram et magnitudinem albi, quia in magnitudine album est sicut in subiecto. (3) Ad aliud dicendum quod quando dicit Philosophus quod sensata communia sentimus per accidens sensibus propriis, non accipit per accidens secundum quod opponitur substantiali; substantiale enim est albo esse in magnitudine, quae est subiectum albi. Sed accipit per accidens prout opponitur ad immediatum; figuram enim et magnitudinem non sentimus sensu proprio immediate et gratia sui, sed gratia sensibilis proprii inventi in figura et magnitudine. *De homine*, q.34, c.2, ad2 et 3, p.261, ll.40- 55. Cf. *Ibid.*, solutio.〈訳〉「他の異論に対しては次のように言わなければならない。自体的に共通して感覚されるものが共通感覚に属しているのは，自体的ということが直接的なものを指すのに即してであり，ここで直接的なものとは，他のもののために感覚を生じ

させるのではないが，より後なる仕方で諸々の固有感覚に係わるもののことなのである。たとえば視覚が，白は基体のうちに在るようにして大きさのうちに在るので，まず第一に自体的には白さを受け取り，そしてその後で白の形や大きさを受け取るというような場合である。他の異論に対して次のように言わなければならない。共通に感覚されるものを我々は諸々の固有感覚対象によって付帯的に感覚すると哲学者アリストテレスが言うとき，彼は付帯的ということを実体的なものに対立するのに即して理解してはいない。というのも，白の基体である大きさにおける存在は白にとって実体的だからである。そうではなく彼は付帯的ということを，直接的なものに対立するのに応じて理解しているのである。というのも，形や大きさを我々は固有感覚によって，形や大きさ自体のために直接的に感覚するのではなく，形や大きさの中に見出される固有感覚対象のために感覚するからである。」Quando autem dicimus per se sentiri aliquod sensibile, volumus intelligere per se in illo modo dicendi per se , quando subiectum est causa praedicati, hoc est quod per propriam naturam et essentiam causa est immutationis sensus, eo quod ipsum est, quod essentialiter habet inferre passionem sensui. *De anima*, lib.2, tract.3, c.5, p.103, ll.1-7.〈訳〉「ところで，或る感覚対象が自体的に感覚されると我々が言うとき，自体的ということを，基体・主語が述語の原因であるときに自体的だと言う言い方で理解したい。すなわち，(感覚が）被るものを本質によって感覚にもたらすことができるものであるという意味で，固有の本性，本質によって感覚の変化の原因であるということである。」

31） *Aliud* autem est sensatum (per se et commune), quod ideo per se sentiri dicitur, quia sua intentio in sensu imprimitur coniuncta sensibili proprio; et hoc est proximum subiectum sensatae speciei, quod est magnitudo, in qua ut in subiecto proprio est omnis qualitas sensibilis. *De anima*, lib.2, tract.3, c.5, p.103, ll.25-30.〈訳〉「「もう一つ」（自体的に共通して）感覚されるものがあり，それが自体的に感覚されると言われるのは，その内容が固有感覚対象と結び付きながら感覚に刻印されるからである。そしてこれは感覚される形象の近接基体であり，それは大きさのことなのであるが，感覚可能な質はすべて大きさのなかに（それを自身に）固有な基体として存在するのである。」

32） Sensibile vero per accidens dicitur hic per oppositionem ad substantiale. Substantiale enim sensibile est, quod ex sui forma facit sensum. Unde per accidens est illud quod non facit sensum ex sui forma, sed potius in quantum coniungitur in eodem subiecto cum illo quod per se facit sensum, sicut album per se est visus; id autem quod cum albo est in eodem subiecto, per accidens sentitur a visu, sicut dicit PHILOSOPHUS quod visu per accidens sentimus dulce, quia album est dulce, et visu per accidens sentimus filium Diarrii vel Deonis, quia albus est filius Diarrii vel Deonis, et sic de aliis. *De homine*, q.34, c.2, solutio, p.261, ll.21- 32.〈訳〉「一方付帯的感覚対象とは，ここでは実体的なものとの対比で言われている。というのも，実体的なものとは感覚対象のことであり，それ自体の形相から感覚を引き起こすものである。だから，付帯的なものとは，それ自体の形相から感覚を引き起こさず，むしろ同じ基体において，それ自体によって感覚を引き起こすものと結び付いているかぎりで感覚を引き起こすもののことなのである。たとえば，白それ自体は視覚と係わるが，同じ基体において白と

ともに在るものは視覚によって付帯的に感覚される。それは，白いものが甘い場合に，我々は甘いものを視覚によって付帯的に感覚し，ディアリウスやデオンの子が白い場合に，我々はディアリウスやデオンの子を視覚によって付帯的に感覚すると哲学者アリストテレスが言っている通りである。その他の感覚についても同様である。」これはアリストテレス『霊魂論』第 2 巻第 6 章，第 3 巻第 1 章を意識した記述であると思われる。Cf. Aristoteles, *De anima*, II, c.6, 418a20-24; III, c.1, 425a27-425b4. 付帯的感覚対象についての感覚は可謬的である。Cf. Aristoteles, *De anima*, II, c.6, 418a16; III, c.1, 425b3; *De homine*, q.35-36.

第５章　数学と想像力について

1） quia (mathematici) non accipiunt quantitatem secundum esse, sed secundum imaginationem, et procedunt secundum potestatem imaginationis componentis figuras et angulos et non secundum potestatem rei imaginatae; multae enim figurae geometrorum nullo modo sunt in corporibus naturalibus, et multae figurae naturales et praecipue animalium et plantarum non sunt determinabiles arte geometriae. *Phys*., lib.3, tract.2, c.17, p.197, ll.44-51.

2） vis, quae retinet imagines sensibilium *De homine*, q.37, a.1, solutio, p.283, ll.34-35.

3） in qua (imaginatione) reservantur imagines acceptae a sensibus, *De homine*, q.37, a.1, solutio, p.283, ll.37-38.

4） virtus tenens imagines sensibilium re non praesente, *De homine*, q.37, a.1, solutio, p.284, ll.30-31.

5） in qua (imaginativa) imagines sensibilium rebus sensibilium absentibus reservantur. *De anima*, lib.3, tract.1, c.1, p.166, ll.49-50.

6） Aristoteles, *De anima*, III, c.3, 427b14-429a9.

7） *imaginatio* large accepta, prout ambit imaginationem et phantasiam, *De anima*, lib.3, tract.1, c.6, p.171, ll.74-75. Cf. quid est phantasia, prout communiter accipitur pro imaginatione, *Ibid*., c.8, p.174, ll.94-95.

8） Dicimus ipsam (phantasiam) esse potentiam componentem imagines cum intentionibus et intentiones cum imaginibus et imagines cum imaginibus et intentiones cum intentionibus *De anima*, lib.3, tract.1, c.3, p.168, ll.27-31.

9） ista (aestimativa) elicit intentiones, *De anima*, lib.3, tract.1, c.2, p.167, l.39.

10） 実際アルベルトゥスによれば，評定力が意味内容を引き出す働きは像どうしを複合分離する働きと不可分な関係にあり（第 7 章の 2 参照），それゆえ意味内容と像との複合分離とも不可分な関係にある（第 6 章の 2 と 4 参照）。

11） τοῦτο μὲν γὰρ τὸ πάθος ἐφ'ἡμῖν ἐστίν, ὅταν βουλώμεθα. Aristoteles, *De anima*, III, c.3, 427b17-18. 訳は中畑訳 140 ページ。

12） εἰδωλοποιοῦντες. Aristoteles, *De anima*, III, c.3, 427b20. 訳は中畑訳 140 ページ。

13） Imaginari *enim est passio* quaedam, quae est *in* potestate *nostra, quando voluerimus*; possumus *enim fingere* in nobis idolum *De anima*, lib.3, tract.1, c.6, p.171, ll.85-88.

14） この箇所の他に *De anima*, lib.3, tract.1, c.6, p.172, ll.20, 33.

15） *De anima*, lib.3, tract.1, c.6, p.172, l.27.

16） Ian Mueller, “Aristotle's doctrine of abstraction in the commentators”, *Aristotle Transformed*, ed.Richard Sorabji, London, Duckworth, 1990, pp.463-480.

17） ミューラーは，アレクサンドロス·アフロディシアス，ポルピリオス，アンモニオス，ピロポノスは抽象主義の立場を，イアンブリコス，シリアノス，プロクロスは投影主義の立場を，シンプリキオスは中間的な立場を取ったとしている。

18） これはミューラーが引用しているアンモニオスによる抽象の説明である。Mueller, p.466.

19） *Phys.*, lib.3, tract.2, c.17, p.197, ll.43-44 の “secundum actum”.

20） Aristoteles, *Physica.*, III, c.7, 207b27-34.

21） アリストテレスは『形而上学』第 9 巻第 8 章で，現実態は可能態よりも先なるものであると言っている。

22） Ipsae enim disciplinales quantitates sunt imaginata quaedam; subiectum autem, quod in sua ratione diffinitiva concipiunt, non est imaginatum, sed in intellectu acceptum per prima principia substantiae corporeae solum. *Met.*, lib.5, tract.3, c.2, p.259, ll.60-64.

23） quia quantitatum mensurae non insunt subiecto determinato secundum aliquam formam specialem, sed secundum ipsam formam corporeitatis primam, ideo in diffinitiva ratione quantitatum disciplinalium non intrat subiectum sensibilis materiae, nec concipiunt illud secundum subiectum intellectualis sive intelligibils materiae solum, nec est dicendum, quod concipiant materiam imaginabilem. *Met.*, lib.5, tract.3, c.2, p.259, ll.52-60.

24） この「知性認識可能な質料」が一体何を指しているのかというのも難しい問題であるが，ここでは恐らく「実体性」のことが考えられているであろう。ところでこれと同じものが，第 4 章の引用 3 では「思惟的質料」と訳されており，その例として数学的対象が挙げられている。この例示に対してアルベルトゥスは，「連続・非連続量を有するものである限りで」という限定を付けている。Cf. *Met.*, lib.7, tract.3, c.5, p.362, ll.6-7.

25） substantia, quae corpus est, constituitur ex materia et forma corporeitatis tali quae suscipit omni modo mensuram trium diametrorum, Et in hac forma nullum corpus differt ab alio corpore, nec est magis unum corpus quam aliud. Et ex hoc patet, quod mensura dimensionum actualium, secundum quam comparantur corpora ad invicem secundum maius et minus et aequale, est mensura et quantitas suscepta ab huiusmodi substantia secundum hoc quod susceptibilitas per actum formae substantialis est in ea. Igitur quantitas, quae mensura est, inest composito et non materiae simplici. *Met.*, lib.5, tract.3, c.2, p.259, ll.25-36.

26） Corpus enim physicum secundum naturam est ante corpus mathematicum, quia corpus physicum est substantia, ex materia et forma compositum, aptum undique intersecantibus se ad rectos angulos tribus diametris determinari. *Met.*, lib.3, tract.2, c.12, p.134, ll16-20.

27） 投影主義者シリアノスは仮想敵として，「足りないものを付け足して図形を正確なものにしているのだ」と主張する或る種の抽象主義者を取り上げているようだが，これは

アルベルトゥスの立場に近いかもしれない。Mueller, p.472.

28） 引用 1 では図形にしか触れなかったが，アルベルトゥスによれば，数学のもう一つの対象である数は図形，すなわち連続体に準じて生み出される。Cf. *Phys.*, lib.3, tract.2, c.12, p.191, ll.11-14; 26-30.

第 6 章　表象力，評定力について

1） κίνησις ὑπὸ τῆς αἰσθήσεως τῆς κατ'ἐνέργειαν γιγνομένη. Aristoteles, *De anima*, III, c.3, 429a1-2.

2） 想像力については第 5 章の二参照。

3） Solutio: Dicimus quod phantasia dicitur duobus modis, scilicet large et stricte. Large, secundum quod comprehendit imaginationem et phantasiam et aestimationem, et sic diffinitur a PHILOSOPHO in libro DE ANIMA quod est 'motus a sensu secundum actum factus'. Stricte autem accipitur pro potentia collativa imaginum per compositionem et divisionem, et sic diffinitur ab ALGAZELE, *De homine*, q.38, a.1, solutio, p.289, ll.23-30.〈訳〉「解決：以下のように我々は言う。表象力は 2 つの仕方で語られる。すなわち広義に語られる場合と狭義に語られる場合とである。広義に語られる場合は，想像力と表象力と評定力とを含むのに即して語られる。哲学者アリストテレスも『霊魂論』でこのように定義している。すなわち，「現実態に在る感覚によって引き起こされる運動」と定義しているのである。一方狭義に語られる場合は，複合分離によって像を比較する能力として理解され，アルガゼルはこのように定義している。」

4） imperare（命令する，支配する）の対義語。

5） phantasia apprehendit aliquid quod non apprehendit imaginatio, scilicet intentiones amici et inimici, veri et falsi, *De homine*, q.38, a.1, ad11, p.289, ll.73- 75.〈訳〉「表象力は，想像力が把捉しない何かを把捉する。すなわち，敵味方や真偽といった意味内容をである。」Si autem stricte accipiatur,（中略）phantasia habet imagines componendo et dividendo eas ad eliciendum intentiones veri et falsi, *De homine*, q.38, a.2, solutio, p.290, ll.28- 29, 38- 40.〈訳〉「さてもし狭義に理解されるならば，（中略）表象力は諸々の像を有し，これらを複合分離しながら，真偽の意味内容を引き出す。」ここで intentio を「意味内容」というように「意味」という言葉を使って訳した理由の一つは，アルベルトゥスによれば intentio を伴っているということが動物の発する音を単なる音ではなく音声，つまり或る意味で意味表示するものにする必須条件でもあるからである。Cf. Irven Resnick and Kenneth Kitchell, "Albert the Great on the 'Language' of Animals", *American Catholic Philosophical Quarterly*, vol.70, no.1, 1996, pp.47-48.

6） Solutio: Dicendum quod secundum quod phantasia large sumitur, tunc aestimativa est quaedam pars phantasiae, ut SUPRA habitum est. Si autem stricte sumatur, tunc aestimativa est virtus sequens phantasiam et diversa ab ipsa, et est determinans imitationem vel fugam in intetionibus apprehensis; quae, inquam, intentiones conjunctae sunt compositioni et divisioni phantasmatum, non tamen sunt acceptae a sensibus. (1) Ad primum ergo dicendum quod differt intentionem

illam accipere per modum veri speculativi tantum, et accipere eandem per rationem appetibilis vel detestabilis. Et primo modo intentionem accipit phantasia, secundo modo aestimativa. *De homine*, q.39, a.1, solutio et ad1, p.294, ll.8-20.〈訳〉「解決：以下のように言わなければならない。表象力が広義に取られるのに従えば，その場合評定力は表象力の或る部分であること，上で述べた通りである。しかしもし狭義に取られれば，その場合評定力は表象力の後に続く力であり，表象力とは異なる力であり，把捉された意味内容において模倣か忌避かを決定する力である。言っておくが，この意味内容は諸表象の複合分離に結び付けられているものであるが，感覚から受け取られるものではない。それゆえ第一異論に対しては以下のように言わなければならない。この意味内容を思弁的真のあり方だけで受け取るのと，この同じ意味内容を欲すべきもの，あるいは嫌悪すべきものという観点で受け取るのとでは異なる。そして1つ目の仕方で意味内容を受け取るのが表象力であり，2つ目の仕方で意味内容を受け取るのが評定力である。」(intentiones) accipiuntur duobus modis, scilicet prout sunt principium veri et falsi in particularibus tantum, et sic sunt phantasiae; vel prout determinant nocivum vel conveniens in appetibilibus, et sic sunt aestimativae. *De homine*, q.39, a.2, solutio, p.295, ll.24-28.〈訳〉「（意味内容は）2つの仕方で理解される。すなわち（まず）諸々の個における真偽の原理であるのに応じてである。この場合意味内容は表象力に係わる。あるいは，欲求対象において有害なものかふさわしいものかを規定するのに応じてである。この場合意味内容は評定力に係わる。」

7） 表象力については第5章の註8参照：Ea autem potentia quae aestimativa dicitur, ab imaginatione differt in ipsa specie quae apprehenditur, quoniam, sicut in PRAEHABITIS est determinatum, ista elicit intentiones, quae in sensu non sunt descriptae. Nec potest dici, quod hoc sit sensus officium, secundum quod determinavimus sensatum per accidens IN SUPERIORIBUS, quoniam numquam contingit cognoscere, quod iste est filius Dionis, nisi notitia habeatur filiationis, secundum quod est in isto, nec umquam lupus miseretur nato suo, nisi habeat cognitionem et huius individui et quod hoc individuum est natus eius. Oportet ergo aliquam esse virtutem animae elicientem huiusmodi intentiones, *De anima*, lib.3, tract.1, c.2, p.167, ll.36-48.〈訳〉「さて，評定力と言われる能力は，把捉される形象そのものにおいて想像力とは異なる。というのも，前に述べたことにおいて規定された通り，この能力は意味内容を引き出す。この意味内容は感覚のなかには描かれていないものなのである。これは感覚の仕事であると言うことも出来ない。それは，付帯的に感覚されるものについて我々が上述の様々な箇所で規定したことによる。というのも，この者はディオンの息子であると認識することは，息子というものの知を，その者において息子ということが在るのに即して有しているのでなければ決してできないし，オオカミが自らの子供を憐れむということも，この個体についての認識と，この個体は自分の子供であるという認識がなければ決してないのである。だから，このような意味内容を引き出す何らかの魂の力がなければならない。」

8） Phantasia autem discernit componendo et dividendo imagines, quae sunt in anima re non praesente, et eliciendo quasdam intentiones ex eis quae non sunt acceptae per sensus, sunt tamen

semper coniunctae sensibilibus, sicut est amicum et inimicum et conveniens et non conveniens, sicut intentio doloris coniungitur cum figura baculi, et intentio inimici cum figura lupi in ove, et intentio miserendi cum imagine sui agni, et huiusmodi. *De homine*, q.37, a.1, ad1, p.284, ll.47-55.〈訳〉「一方表象力は，事物が現存しない状態で魂の中にある像を複合分離し，感覚は受け取らないが，感覚対象と常に結び付いているものから何らかの意味内容を引き出すことによって，たとえば敵，味方である，適したもの，不適当なものであるなどと判別を行う。それはたとえば悲しみという意味内容が棒の形と結び付いていたり，敵という意味内容がヒツジにおいてオオカミの形と結び付いていたり，憐れみという意味内容がその子ヒツジの像と結び付いているような場合である。」

9） Et quia talis cognitio in pluribus animalibus expresse apparet, eo quod videmus ea quaedam eligere et alia quaedam quasi refutare, ad electionem autem et refutationem praeexigitur sententia et decretum, et ideo multi dixerunt, quod phantasia est aliquid rationis. Non autem est intentio nostra veram electionem esse animae sensibilis, sed aliquid simile electioni expresse videmus in quibusdam brutis, et in uno plus et in altero minus; nos etiam videmus ea per modum artis facere casas et providere cibum in longum tempus, cuiusmodi operum oportet esse principium potentiam aliquam animae sensibilis. Hoc autem esse non potest nisi illa virtus quae componit et dividit imagines et intentiones modo supra dicto. Haec etiam opera non in omnibus videmus in quibus est imaginatio et aestimatio, sed in quibusdam quae perfectiora sunt. *De anima*, lib.3, tract.1, c.3, p.168, ll.39-55.〈訳〉「そして或る動物たちは選び，或る動物たちは拒絶するかのようであるのが見られることから，このような認識が多くの動物において明らかに現れているのであるが，しかし選択や拒絶には判断，決定が前もって必要なので，表象力は理性に属する何かであると多くの人が言ったのである。一方，我々の言いたいことは，感覚的魂が真の選択を有しているということではない。そうではなく，選択に似た何かが明らかに或る非理性的動物に見られ，それが或る動物にはより多く，他の動物にはより少なく見られるのである。我々は動物たちが技芸の仕方で家を作ったり食物を長期間準備したりするのをも見るが，このような活動の原理は感覚的魂の何らかの能力でなければならない。ところでこの原理は像と意味内容とを上述の仕方で複合分離する力でなければあり得ない。このような活動は，想像と評定を行うすべての動物に見出されるのではなく，より完全な動物に見出される。」

10） Solutio: Dicendum cum Avicenna quod intentiones acceptae a sensibilibus non apprehensae per sensum apprehenduntur secundum duos modos, scilicet per rationem universalis, et sic elicere eas a sensibilibus est experientiae et virtutis intellectivae. Alio modo accipiuntur per intentiones numquam separatas a sensibilibus, quae sunt hic et nunc, *De homine*, q.39, c.2, solutio, p.295, ll.18- 24.〈訳〉「解決：アヴィセンナとともに以下のように言わなければならない。感覚対象から受け取られはするが，感覚によって把捉されはしない諸々の意味内容は二通りの仕方で把捉される。すなわち（まず）普遍の内容を通してである。この場合これらの意味内容を感覚対象から引き出すことは，経験と知性的な力とに属する。もう一つの仕方では，感覚対象からは決して分離されない諸々の意味内容を通して受け取

られる。このような意味内容は今ここに在るものである。」Ad aliud dicendum quod licet commune regens sit in aestimativa, tamen non consideratur secundum rationem communitatis suae, quia aliter oporteret quod aestimativa separaret commune a particulari per rationem suae communitatis; sed considerat ipsum per hic et nunc, quibus colligatur ad particulare. *De homine*, q.39, a.2, ad2, p.295, ll.35-40.〈訳〉「他の異論に対しては以下のように言わなければならない。評定力のうちには共通に支配的なものがあるけれども，しかしそれはその共通性の内容に即して考察されはしない。なぜなら，もし仮に考察されるとしたら，評定力はその共通性の内容によって，共通的なものを個から分離しなければならないはずだからである。しかし（評定力は）共通的なものを今ここを通して考察するのである。共通的なものは今ここによって個に結び付けられているのである。」(aestimatio) Separata autem ab ipsa (imaginatio) penitus esse non potest, quoniam huiusmodi intentiones non accipit secundum rationes communes et universales, sed potius in hac imaginatione vel illa, nihil coniciens de communi. *De anima*, lib.3, tract.1, c.2, p.167, ll.54-58.〈訳〉「しかし（評定力が）想像力から完全に離れているものであることが出来ないのは，（評定力が）このような意味内容を普遍的共通的内容に即しては受け取らず，むしろ，共通的なものについては何も推論せずに，あれやこれやの想像において受け取るからである。」Avicennaも同様のことを言っている。Cf. Avicenna, *De anima*, ed. Van Riet, p.118, ll.7-8; p.119, ll.16-17; ll.21-22; ed. Rahman, London, Oxford University Press, 1959, II, c.2, p.60, l.11; l.19; p.61, l.2; Dag Nikolaus Hasse, *Avicenna's De anima in the Latin West*, London/Turin, The Warburg Institute/Nino Aragno Editore, 2000, p.131, 註 293.

11） Ad aliud dicendum quod aestimativa magis imitatur naturam in movendo quam scientiam et artem intellectus practici. Unde licet uno modo ovis accipiat inimicum in omni lupo, tamen non utitur inquisitione et consilio in modo fugiendi quemadmodum homo; sed omnis ovis fugit uno modo omnem lupum, Et hoc est quod dicit DAMASCENUS quod 'bruta potius aguntur a natura quam agant'. Et idem dicit AVICENNA quod instinctu naturae moventur bruta et non ad rationem apprehensi, et ideo rationem universalis non considerant. *De homine*, q.39, a.2, ad3, p.295, ll.41-51.〈訳〉「他の異論に対しては以下のように言わなければならない。評定力は，動かすことにおいて，実践知性の学知や技芸的知識よりもより多く自然を模倣する。だから羊はどの狼においても敵ということを一様に受け取るけれども，しかし人間のように，避難する方法において探求や熟慮を用いはしない。そうではなく，どの羊も一様にどの狼も避けるのである。「非理性的動物は，（自然に）働きかけているというよりもむしろ自然に働かけられているのだ」とダマスケヌスが言っているのはこのことなのである。そしてアヴィセンナも同じことを次のように言っている。すなわち，非理性的動物は自然の刺激によって動かされているのであって，把捉されたものの内容に沿って動かされているのではない。そしてそれゆえ非理性的動物は普遍の内容を考察することもない。」Oportet autem non latere, quod quando hae potentiae (phantasia, imaginatio et aestimativa) coniunctae sunt rationi, sicut sunt in homine, accipiunt ordinem agendi et operandi et regimen a ratione; et quia ratio diversificatur secundum diversitatem eorum de quibus ratiocinatio fit, ideo

operationes etiam phantasiae multiplicantur valde. Quando autem non sunt cum ratione, tunc ipsae regunt ad instinctum naturae solum, et quia natura uno modo est in habentibus speciem unam, ideo opera phantasiae in omnibus habentibus speciem unam in irrationabilibus sunt uno modo, et ideo omnis hirundo uno modo facit nidum, et igitur omnis formica uno modo providet cibum, et sic de aliis secundum visa phantasiae ad instinctum naturae operantibus. Homo autem non sic operatur propter diversa principia operis, de quibus inquirit per rationem. Et hoc est quod dixerunt QUIDAM philosophi in philosophia naturali multum excellentes, quod istae virtutes in brutis potius aguntur a natura, quam agant, in homine autem potius agunt, quam agantur, quia in homine natura instrumentaliter tantum deservit eis, in brutis autem secundum aliquid movet eas potius, quam moveantur ab eis. *De anima*, lib.3, tract.1, c.3, p.168, l.77 - p.169, p.3.〈訳〉「しかし次のことが隠されてはならない。これらの能力（表象力，想像力，評定力）は，人間においてそうであるように，理性に結び付けられているものであるとき，作用，働きの順序と方向付けを理性から受け取る。そして理性は，それについて推論がなされるところのものの差異に従って差異化されるので，表象力の働きも非常に増加する。しかし理性とともにないとき，その場合これらの能力（表象力，想像力，評定力）は自然の刺激だけに沿って支配し，そして自然は，一つの種を有するものにおいては一様に在るので，非理性的動物で一つの種を有するすべてのものにおける表象力の働きは一様である。だからどの燕も一様に巣を作り，それゆえどのアリも一様に食物を準備するのである。自然の刺激に沿った表象力で見られたものに従って働く他の動物についても同様である。しかし人間はこのようには活動せず，活動の異なる諸原理のために働く。このような原理について人間は理性によって探求する。自然哲学において非常に優れていた或る哲学者たちが言っていたのもこのことなのである。すなわち，これらの力（表象力，想像力，評定力）は，非理性的動物においては，（自然に）働きかけるというよりもむしろ自然に働きかけられているのであるが，人間においては，働きかけられるというよりもむしろ働きかけるのである。というのも，人間において自然はただ道具的にのみこれらの力に仕えるが，非理性的動物において自然は，これらの力によって動かされるというよりも，これらの力を或る意味で動かすからである。」非理性的動物は自然だけに動かされるという表現はすでに 4 − 5 世紀のキリスト教思想家ネメシオスに見られる。Cf. Nemesius, *De natura hominis*, ed. Moreno Morani, Leipzig, BSB B. G. Teubner Verlagsgesellschaft, 1987, p.37, ll.2-3; ed. G. Verbeke et J. R. Moncho, Leiden, E. J. Brill, 1975, p.48, l.59. ただしアルベルトゥスは当時の他の西欧人と同様，ネメシオスのことをニュッサのグレゴリウスだと思っていたであろう。Cf. Nemesius, De natura hominis, ed. G. Verbeke et J. R. Moncho, まえがき。

12） In SUPERIORIBUS autem PRIMI LIBRI ISTIUS SCIENTIAE diximus formas naturales universaliter esse duplices; una enim est, quae magis sequitur naturam corporis naturalis, in qua est forma non elevata supra ipsum et potentias eius, sicut est illa quae est harmonia mixtorum vel harmoniam consequens; et talis forma natura proprie vocatur et non agit nisi unum, sicut determinatum est in principio SECUNDI LIBRI PHYSICORUM NOSTRORUM.

De omnibus mixtis talem formam habentibus iam tractavimus in scientia DE LAPIDIBUS ET MINERALIBUS. Est autem alia quae magis est vicina causae universaliter agenti primae, quae agit omnes formas, et haec est essentia incorporea movens et perficiens corpus, quae habet imprimere in naturam totam, eo quod ordine naturae supra naturam est omnis formae corporeae; et haec vocatur anima. Et quia potestatem agendi non trahit a corpore, sed ex prima causa, cuius naturam sequitur, ideo non agit tantum unum, sed multa, et quodlibet illorum operum est ei proprium et essentiale; et talis forma vocatur anima. *De anima*, lib.2, tract. 1, c.3, p.67, l.46-p.68, l.4.〈訳〉「さて，この学知（『霊魂論』）第 1 巻の上の方で我々は，自然形相には一般的に二通りあると述べた。一つは自然物の自然本性により付き従う形相である。自然物において形相は，自然物や自然物の能力を越えて高められてはいない形相である。たとえば混合物の調和という形相や，調和に伴う形相などである。そしてこのような形相は固有な意味で自然と呼ばれ，我々の『自然学』第 2 巻冒頭で規定した通り一つのものしか生み出さない。このような形相を有するすべての混合物について我々はすでに石と鉱物に関する学知（『鉱物論』）において論じた。さてもう一方の形相は第一の普遍的作用因により近いものである。第一の普遍的作用因はすべての形相を生み出すが，この形相も，物体を動かして完成する非物体的な本質であり，自然本性の秩序からして自然を超えていて，すべての物体形相と関わっているので，自然全体に刻印をなすことが出来る。そしてこのような形相は魂と呼ばれる。魂は作用力を物体からではなく第一原因から引き出している。魂は第一原因の自然本性に付き従う。だから魂は一つのものだけを生み出すのではなく，多くのものを生み出し，魂が行うことのそれぞれは魂にとって固有であり，本質的である。このような形相も魂と呼ばれる。」

13） Sicut enim a principio diximus, anima est super naturam totam, et ideo imprimit et influit in totam naturam corporis suas impressiones et suas vires, absque eo quod imprimatur sibi aliquid a natura, et ideo natura non agit in naturam, nisi etiam agatur et patiatur ab ea; omne enim movens physice movetur, eo quod in ordine unum physicum non superponitur alteri physico. Sed anima, cum sit incorporea, agit in naturam et non patitur ab ipsa natura, sicut etiam diximus SUPRA. Et ideo primum augens, quod est virtus animae, non augetur nec alteratur ab augmento, et similiter est in omnibus sicut de primo digerente. *De anima*, lib.2, tract.4, c.12, p.165, ll.1-13.〈訳〉「というのも，初めに述べた通り，魂は自然全体を越えているので，自然から何かが自らに刻印されること無く，物体の自然全体に自らの刻印と力を刻み，影響を与える。そしてそれゆえ自然は，自然から作用され，何かを被ること無く自然に作用することはないのである。なぜなら，秩序上或る物体的なものが他の物体的なものの上に置かれることはないので，物体的に動かすものはすべて動かされるからである。しかし魂は非物体的なものなので，自然に作用しても自然そのものから何かを被ることはないこと，これも上で述べた通りである。だから，第一に成長させるものは，魂の力なのであるが，それが成長することはないし，成長によって変化させられることもない。第一に消化するもののようなすべてのものにおいても同様である。」

14） *De anima*, lib.2, tract. 1, c.3, p.67, ll.52-53.

15） Est autem motor primus omnino incorporeum agens, quod tamen agit in materiam, quae est ex contrariis et commixta ex elementis et qualitatibus elementorum. Et agit per instrumentum corporeum quadrupliciter, quorum unum est virtus, quae est in corporibus caelestibus, aliud autem virtus, quae est in lumine caelesti descendente, et tertium motus caelestis et quartum est qualitates primae, quae sunt in elementis. Et ideo in quibusdam quae tantum commixta sunt materialiter, non inducit nisi formam corpoream sicut in lapidibus et metallis; et haec est differens corporaliter secundum omnem diversitatem lapidum et metallorum.（中略）Anima autem vegetabilis et sensibilis producuntur ex materia et radicem habent in materia, sed virtute agentis incorporei, sive hoc sit intellectus movens stellas sive sit virtus formativa in semine animatorum corporum. Sed tamen radix istarum animarum non est forma elementalis vel aliquid sequens commixtionem elementorum, sed potius forma impressa ab anima descindente semen vel impressa a motore orbium, sed educta instrumentis corporalibus, quae sunt lumen et virtus et motus caelorum et stelarum et qualitates elementales in se habentes caeli et animae virtutes. Et ideo tales animae sunt quidem virtutes in corpore existentes et sine eo non explentes operationes suas, sed tamen radix earum et inchoatio est forma impressa semini a virtute incorporea, ut dictum est. *De anima*, lib.1, tract.2, c.13, p.54, ll.28-40, 84- p.55, l.8.

16） Ad aliud dicendum quod secundum GREGORIUM NIXENUM et DAMASCENUM phantasma proprie appellatur vana compositio imaginum, sicut in corpore hominis caput leonis et cauda equi, eo modo quo imaginamur tragelaphum et hircocervum et onocentaurum; sed secundum AVICENNAM et ALGAZELEM phantasma est intentio elicita ex compositione imaginum vel divisione, et sic patet diversa esse obiecta imaginationis et phantasiae. *De homine*, q.38, a.1, ad12, p.289, l.78 - p.290, l.5.〈訳〉「他の異論に対しては以下のように言わなければならない。ニクセヌス（ニュッサ）のグレゴリウスやダマスケヌスに従えば，固有な意味で表象と呼ばれるのは，諸々の像の無駄な複合である。それはたとえば人間の身体にライオンの頭と馬の尻尾が付いているような場合である。それは雄ヤギシカや雌ヤギシカやロバ人間を我々が想像するのと同様である。しかしアヴィセンナやアルガゼルに従えば，表象とは諸々の像の複合分離から引き出された意味内容である。この場合，想像力と表象力の対象が異なるのは明らかである。」

17） *Sed non est in nobis opinari* vel intelligere, quia oportet habere rationem, quae faciat credere, et hanc a re et non a nobis oportet accipere. Similiter autem est de aestimatione, quia in his tribus (sensu, opnione, et aestimatione) *oportet* aliquid *falsum vel verum dicere* et discernere sicut ex sententia; et hoc non est in nobis, sed potius a re, de qua sententia veri vel falsi profertur.（中略）Amplius *autem, scientia et opinio et prudentia* et ceterae virtutes intellectuales, sicut et aestimatio in sensibilibus, *sunt* partes *acceptionis*; non accipitur autem, quod non acceptatur pro vero; imaginatio autem et phantasia fingens idola a nullo tamquam vera acceptatur, igitur non est pars acceptionis; ergo imaginatio et phantasia non sunt opinio vel aestimatio. *De anima*, lib.3, tract.1, c.6, p.172, ll.4-10, 29-35.〈訳〉「「しかし臆見」すなわち知性認識は「我々のうちにはない」。なぜなら（そこには）根拠がなければならず，根拠が信じさせるものであり，

根拠は事物から受容しなければならないのであって，我々から受容するものではないからである。ところで評定についても同様である。なぜならこれら三つ（感覚，臆見（知性認識），評定）においては，判断に基づくこととして何かを「真あるいは偽と述べたり」，区別したりし「なければならない」からである。そしてこうすることは我々のうちに在るのではなく，むしろ事物から来る。事物について真偽判断が述べられるのである。（中略）「さて」さらに，「学知と臆見と賢慮」とその他の知性的力は，諸々の感覚的なものにおける評定も同様であるが，これらは「受容の」一部「である」。しかし，真として受容されないものは受容しない。一方，イドラを作り出す想像と表象は誰にも真として受容されない。だから受容の一部ではない。それゆえ想像と表象は臆見や評定ではないのである。」Cf. Aristoteles, *De anima*, III, 427b20-21.〈訳〉「思いなすことはわれわれの意のままになることではない。なぜなら，思いなすとは，必然的に，誤謬をおかすかそれとも真理を把握するかという，真偽性に関与することだからである。」（中畑訳 140 ページ）

18）以下に出てくる引用二などここでの内容に関係する箇所では意味内容 intentio という用語は一度も出てこない。しかしその内容や，そこで用いられている例からして，ここで自然本性 natura，普遍 universale，不定の個 individuum vagum，像 imaginatio などと呼ばれているものはすべて本章の二で論じられた意味内容 intentio と同じであると解釈して良いと思われる。Cf. ideo una hirundo sicut alia facit nidum, quia licet imaginatio moveat ad facere nidum, non tamen movet secundum diversitatem imaginatarum specierum, sed ex una imagine, quam natura ingerit, quae est aptitudo loci ad ova fovenda et conservanda. *Phys.*, lib.2, tract.1, c.2, p.79, ll.5-10.〈訳〉「だから，或るツバメは他のツバメと同じように巣を作る。なぜなら，巣を作ることへと（ツバメを）動かすのは想像力であるけれども，しかしこの想像力は，想像される諸形象の相違に従って動かすのではなく，一つの像から動かすからである。この像は，自然が（ツバメに）注入するものであり，卵を温め保護するための場所の適性（の像）である。」ここでは意味内容が像 (imago) と呼ばれているようである。

19）cognitio, quae est perceptio sensus cum permixtione aliqua rationis vel aestimationis, est accipiens sensibile per accidens, et casus eius est supra naturam communem in supposito diffusam; haec enim natura communis est universale acceptum in re secundum esse.（ 中略 ）Ex istis est advertere quiddam valde notabile, quoniam licet proximum apud distinctam cognitionem individui sit species et post hoc genus et tandem ultimo occurrit generalissimum, tamen apud confusam sensus cognitionem indistinctam primum est natura generalissimi et post hoc subalternum genus et post hoc genus et tunc specialissimi natura, et sub illius natura distincte accipitur individui cognitio. Et prima quidem cognitio deservit intellectui resolventi, et in illa nihil est in sensu nisi primum, et quidquid resolutione accipitur ab illo, est in intellectu. Sed intellecuum sive intelligibilium illorum unum est proximius sensui quam aliud per modum, qui dictus est. Secundus autem modus cognitionis totus est in sensu et est per viam compositionis, ubi proceditur a simpliciori indistincto ad compositius distinctum. Et ille processus est scientiae

naturalis proprius et nullius alterius scientiae, quia nulla alia hoc modo accipit universale pro confuso secundum esse in particulari nisi ipsa, et ideo universale secundum solam ipsam est in sensu notius. In aliis autem, quae resolutoriae sunt, universale est simplex natura, quae a sensu est separata, et ideo universale in ipsis nequaquam est in sensu, sed in intellectu. *Phys.*, lib.1, tract.1, c.6, p.11, l.93-p.12, l.4, ll.41-63. 冒頭の「理性が何がしか混じっている感覚の知覚，すなわち評定力の知覚」という訳については，本書第 7 章の三引用十二の少し手前の議論参照。「中略」の部分では，ここで語られている類や種の例として「実体」「生物」「動物」「人間」などが用いられている。

20）アリストテレスの著作中，自然は必要なものは必ず与え，不必要なものは与えないという意味のフレーズが出てくる箇所：『霊魂論』415b15-16; 432b21-22; 434a31;『動物部分論』641b12-20;『政治学』1256b21；自然は余計なものは与えないという意味のフレーズが出てくる箇所：『動物部分論』694a15;695b19;『動物発生論』739b20;744a37. Cf. *De anima*, lib.3, tract.4, c.2, p.230, ll.68-69; tract.5, c.1, p.244, l.1.

21）De phantasia post hoc determinantes dicimus ipsam esse potentiam componentem imagines cum intentionibus et intentiones cum imaginibus et imagines cum imaginibus et intentiones cum intentionibus ad duplicem finem, qui est in particularibus. Unus autem finis est cognitio particularium maior, quae in sensibili anima haberi potest, et illius finis est sententia de hoc, quod sit illud, et de alio, quod sit aliud; et sic de omni eo de quo sententia profertur per modum affirmationis vel negationis. Secundus autem finis est opus, quod intenditur ex huiusmodi particularibus, *De anima*, lib.3, tract.1, c.3, p.168, ll.27-38.〈訳〉「この後，表象力について規定して我々は，表象力とは像を意味内容に，意味内容を像に，像を像に，意味内容を意味内容に 2 つの目的のために複合する能力のことであると言う。この 2 つの目的は個のうちに在る。さて，1 つの目的は諸々の個のさらなる認識である。これは感覚的魂において有され得，この目的には，このものはこれであり，あのものはあれであると判断することが属する。そしてこの場合，肯定否定という仕方で判断が述べられるものすべてについてこの目的が係わる。一方第二の目的は活動である。活動はこのような諸々の個から求められるものである。」

22）Natura etiam dicitur ad modum universalis et ad modum particularis naturae'. Et secundum hanc diversitatem etiam variatur cursus naturae, quoniam aliquid est 'extra cursum naturae particularem, quod non est extra cursum naturae universalem'. Sed ut hoc plenius intelligatur, videamus, quae sit natura universalis et quae sit natura particularis. Dicatur igitur, quod natura 'universalis dicitur' dupliciter, quarum una est natura 'universalis' determinata in esse generis vel 'speciei', sicut animalis natura et hominis natura dicitur esse universalis. Alio autem modo dicitur natura 'universalis absolute', et hoc adhuc dupliciter; dicitur enim universalis natura, quae 'principium' motus et quietis est in omnibus naturalibus, hoc est illud commne, quod omnia naturalia participant et ab ipso naturalia dicuntur; et dicitur natura universalis, quae universaliter 'continet' et regit omnem naturam particularem. Cum autem nos dicimus, quod natura dicitur universalis 'primo' vel secundo modo, non 'intelligimus', quod umquam 'fuerit' aliqua 'res' 'una'

secundum 'esse, quae divisa sit' in omnes particulares naturas, sive fuerit universalis sicut genus vel species, sive fuerit universalis absolute promo modo dicta, sicut dixerunt PYTHAGORICI et PLATO et post eos sensisse videtur HERMES TRISMEGISTUS, sed dicitur universalis sicut intentio universalis, ad quam particulares naturae resolvuntur in genere uno vel absolute in omnibus naturalibus; haec enim universalia secundum esse numquam sunt nisi in particularibus.（中略）Sed concedimus universalem naturam absolute dici de eo quod continet et regit omnes naturas particulares. Et haec natura est proportio virtutis motuum caelestium. *Phys.*, lib.2, tract.1, c.5, p.83, ll.4-32, 76-79.〈訳〉「「自然と言われるのにも，普遍的自然の在り方に沿っての場合と，個々の自然の在り方に沿っての場合とがある」。そしてこの相異に従って自然の成り行きも様々である。なぜなら，或るものは「個々の自然の成り行きを外れてはいるが，普遍的自然の成り行きを外れてはいない」からである。しかしこのことをより完全に理解するために，普遍的自然とは何か，個々の自然とは何かを見てみることにしよう。そこで次のように言おう。自然が「普遍的と言われる」のには二通りある。そのうちの一つは類の存在，あるいは「種の」存在に限定された「普遍的」自然である。たとえば動物の自然と人間の自然は普遍が有する存在であると言われるような場合である。一方もう一つの仕方では，「端的に普遍的な」自然が普遍的と言われる。そしてこの場合はさらに二通りある。すなわち，すべての自然物のうちに在る運動と静止の「始原」であるものが普遍的自然と言われる。これは共通的なものであり，すべての自然物がこれを分有し，すべての自然物はこの共通的なものから自然物と言われる。また，すべての個々の自然を普遍的に「包み」支配しているものも普遍的自然と言われる。ところで我々が「第一の」仕方で自然が普遍的だと言う場合も第二の仕方で言う場合も，ピタゴラス派やプラトンが言ったように，また彼らの後でヘルメス・トリスメギストスが考えたと思われるように，類としてあるいは種として普遍的であろうと，端的に普遍的な自然で一つ目の仕方で述べられたものであろうと，それは何らかの「存在」に即した「一つの事物であって」,「それが」すべての個々の自然に「分けられたのだと理解している」のでは決していない。そうではなく，普遍的意味内容として普遍的であると言っているのである。個々の自然はこの普遍的意味内容に沿って一つの類に，あるいは端的にすべての自然物に分析される。というのも，このように普遍は個々のものにおいてでなければ決して存在に即して存在しはしないからである。(中略) しかし我々は，すべての個々の自然を包み，これらを支配するものについて端的に普遍的自然であると語ることに同意する。そしてこの自然とは諸天の運動どうしの力の相互関係のことである。」アヴィセンナも普遍的自然について語っているが，そこで彼はアルベルトゥスが語る諸天の運動どうしの相互関係のようなものは考えていないように思われる。Cf. Avicenna, *Liber primus naturalium*, ed. Van Riet, Louvain la Neuve/Leiden, E.Peeters/E. J. Brill, 1992, tract. 1, c.7, p.66, l.29 - p.68, l.69.

第７章　アヴィセンナにおける評定力との比較

1）Aristoteles, *De anima*, III, c.3, 429a4-8; c.7, 431a14-17; c.10, 433b27-30; 434a4-12. Cf.

Hasse, p.141.

2） 'motus a sensu secundum actum factus'. *De homine*, q.38, a.1, solutio, p.289, l.27.

3） et sic diffinitur a PHILOSOPHO in libro DE ANIMA *De homine*, q.38, a.1, solutio, p.289, ll.26-27.

4） ἡ φαντασία ἂν εἴη κίνησις ὑπὸ τῆς αἰσθήσεως τῆς κατ'ἐνέργειαν γιγνομένη. *De anima*, III, c.3, 429a1-2.

5） Dicit ARISTOTELES in TERTIO DE ANIMA quod 'phantasia est motus a sensu sencundum actum factus'. *De homine*, q.38, a.1, p.288, ll.6-7.

6） Large, secundum quod comprehendit imaginationem et phantasiam et aestimationem, *De homine*, q.38, a.1, solutio, p.289, ll.24-26.

7） potentia collativa imaginum per compositionem et divisionem, *De homine*, q.38, a.1, solutio, p.289, ll.28-29.

8） et sic diffinitur ab ALGAZELE, *De homine*, q.38, a.1, solutio, p.289, ll.29-30.

9） Aliam diffinitionem dat ALGAZEL dicens quod phantasia est virtus, quae operatur componendo et dividendo quandoque in his quae sunt in arca formarum, quandoque in his quae sunt in arca intentionum. *De homine*, q.38, a.1, p.288, ll.8-11.

10） cuius (Cogitationis) est movere, non apprehendere; perquirit enim nunc de his que sunt in archa formarum, nunc de his que sunt in archa intencionum, quoniam fixa (sita) est inter eas, et operatur in his duabus componendo, et dividendo tantum; *Algazel's Metaphysics*, ed. J. T. Muckle, Toronto, St. Michael's College, 1933, p.170, 18-21. Cf. Al-Gazālī, *Maqāṣid al-falāsifah*, ed. S. Dunyā Cairo, Sa'ādah Press, 1960, pp.356-357.

11） Et imaginativa et memorialis sunt ad retinendum ea que refferuntur; fantasia vero est ad representandum ea postquam absentata fuerint; *Algazel's Metaphysics*, p.171, ll.19-21.〈 訳 〉「想像力と記憶力は，再現されるものを保持しておくために在る。一方表象力は，再現されるものが存在しなくなった後，それらを再現するために在る。」その他 p.170, l.7, 26, 28 にも fantasia という語が出てくる。Cf. Scias quod sensus interiores quinque sunt eciam, scilicet, sensus communis et virtus imaginativa, et cogitativa, et virtus estimativa, et virtus memorialis; *Ibid.*, p.169, ll.22-24.〈訳〉「次のことを知りなさい。内的感覚は五つある。すなわち共通感覚，想像力，思惟力，評定力，記憶力である。」

12） et ideo etiam dicit ALGAZEL quod quidam appellant eam potentiam cogitativam, sicut appellat eam Avicenna; sed tamen cogitativa non est proprie nisi in hominibus. *De homine*, q.38, a.1, solutio, p.289, ll.30-33.

13） hec (cogitatio) autem in homine solet vocari cogitativa. *Algazel's Metaphysics*, p.170, ll.26-27.

14） ἐφ'ἡμῖν. *De anima*, III, c.3, 427b18.

15） *Algazel's Metaphysics*, p.170, ll.22-24.

16） phantasia apprehendit aliquid quod non apprehendit imaginatio, scilicet intentiones amici et inimici, veri et falsi, *De homine*, q.38, a.1, ad11, p.289, ll.73-75.

17） phantasia habet imagines componendo et dividendo eas ad eliciendum intentiones veri et falsi, *De homine*, q.38, a.2, solutio, p.290, ll.38-40.

18） Estimativa est virtus apprehendens de sensato quod non est sensatum sicut ovis apprehendit inimicicias lupi;（ 中 略 ）harum intencionum, quas apprehendit estimativa, *Algazel's Metaphysics*, p.170, ll.8-13.〈訳〉「評定力とは，感覚されたものから，感覚されないものを把捉する力である。それはたとえばヒツジがオオカミの敵意を把捉するような場合である。（中略）これらの意味内容は，評定力が把捉するのである。」

19） Cf. Dicit ALGAZEL sequens AVICENNAM: ‘Aestimativa est virtus apprehendens de sensato quod non est sensatum, sicut ovis apprehendit inimicitias lupi; *De homine*, q.39, a.1, ob.un., p.293, ll.26-28.〈訳〉「アルガゼルはアヴィセンナに従って次のように言っている。「評定力とは，感覚されたものから，感覚されないものを把捉する力である。それはたとえばヒツジがオオカミの敵意を把捉するような場合である。」」

20） (vis aestimationis) apprehendens intentiones non sensatas quae sunt in singulis sensibilibus, sicut vis quae est in ove diiudicans quod ab hoc lupo est fugiendum, et quod huius agni est miserendum; videtur etiam haec vis operari in imaginatis compositionem et divisionem. Avicenna, *De anima*, I, c.5, ed. Van Riet, p.89, ll.49-53; ed. Rahman, p.45, ll.7-11. Cf. *Ibid.*, ed. Van Riet, IV, c.1, p.6, l.79 - p.7, l.88.

21） secundum AVICENNAM et ALGAZELEM phantasma est intentio elicita ex compositione imaginum vel divisione, *De homine*, q.38, a.1, ad12, p.290, ll.2-4.

22） Avicenna はギリシア語の phantasia を音写したアラビア語 banṭāsiā を共通感覚の意味で使っている。また，アヴィセンナのテキストのラテン語訳の写本の中には，通常 imaginativa と訳されるところに phantasia を用いているものもある。Cf. Avicenna, *De anima*, IV, ed. Van Riet, p.5, 註 61-67.

23） 第 6 章の註 6 参照。

24） 第 5 章の註 8 参照。

25） *De anima*, lib.3, tract.1, c.2, p.167, ll.39-48（第 6 章の註 7 参照）。

26） Cf. *Physica*, I, tract.1, c.1, p.1, ll.9-22.

27） Cf. Hasse, p.149.

28） これらの表現は，アリストテレスが付帯的感覚対象の例として挙げている「ディアレスの息子」を思い出させる。Cf. Aristoteles, *De anima*, II, c.6, 418a20-24. 第 6 章引用二冒頭，本章註 40 も参照。

29） Avicenna 自身の評定力概念の起源に関する現代の議論については Hasse, p.127, p.140, 註 338 参照。

30） ブラックによれば，アヴィセンナは，実践的善悪に係わる文脈以外の様々な文脈において，実に様々な機能を評定力に帰している。しかし，そこにおいても，実践的善悪に係わる意味内容以外の意味内容，たとえばアルベルトゥスが考えるような思弁的真偽に係わる意味内容を評定力が把捉するというようなことは，全く考えられていないようである。Cf. Deborah L. Black, “Estimation (Wahm) in Avicenna: The Logical and

Psychological Dimension", *Dialogue:Canadian Philosophical Review*, vol.32, 1993, pp. 219-258.

31） Sed (intentiones,)quae non sunt sensibiles ex natura sua, sunt sicut inimicitiae et malitia et quae a se diffugiunt quam apprehendit ovis de forma lupi et omnino intentio quae facit eam fugere ab illo, et concordia quam apprehendit de sua socia et omnino intentio qua gratulatur cum illa: Avicenna, *De anima*, IV, c.1, ed. Van Riet, p.7, ll.82-86; ed. Rahman, p.166, ll.7-10. Cf. Hasse, p.131. quae a se diffugiunt を「自ずから遠ざけられるもの」と訳したのは，アラビア語の原語 al-munāfara (the avoided) を意識してのことである。

32） Et per istas cautelas apprehendit aestimatio intentiones quae sunt commixtae cum sensibilibus de eo quod obest vel prodest; Avicenna, *De anima*, IV, c.3, ed. Van Riet, p.38, ll.33-34; ed. Rahman, p.184, l.8-9. Cf. Hasse, p.131. その他 Avicenna, *De anima*, II, c.2, ed. Van Riet, p.118, ll.7-12; ed. Rahman, p.60, ll.12-13. Cf. Hasse, p.130 et 149.

33） *Phys.*, lib.1, tract.1, c.6, p.11, l.93–p.12, l.63. 第 6 章引用 2，註 19 参照。

34） sensus et imaginatio in suis comprehensionibus particularium incipiunt primum ab imaginatione singulari quae magis habet similitudinem cum intellectu communi, donec perveniat ad imaginationem personalem quae est individuum purum ex omni parte. Avicenna, *Liber primus naturalium*, tract.1, c.1, p.11, ll.0-3; *Al-Shifā', Al- Ṭabī'iyyāt*, I, ed. Said Zayed, Cairo, 1983, p.9, ll.17-19. '

35） illud quod similius est communi et propinquius similitudini illud notius est, quia non potest apprehendi sensu et imaginatione quod hoc est istud animal, nisi ante apprehenderit quia est hoc corpus, et non apprehenditur quod hic est hic homo, nisi prius apprehendatur quod est hoc animal et hoc corpus. Aliquando autem apprehendit quod est hoc corpus cum viderit a longe et non apprehendit quod est hic homo. Avicenna, *Liber primum naturalium*, tract.1, c.1, p.11, ll.12-17; *Al-Shifā', Al- Ṭabī'iyyāt*, I, p.10, l.3-l.6. Cf. Avicenna, *Liber primum naturalium*, tract.1, c.1, p.16, ll.97-00. ここで「共通的なもの」と訳した communi のところには，アラビア語原文では ilm（知識，学問）という言葉が使われている。

36） Singularia enim depinguntur in vi sensibili interiore, et post ex illis intellectus abstrahit communitates et diversitates et abstrahit naturas communium specialium. Avicenna, *Liber primum naturalium*, tract.1, c.1, p.10, ll.88-90; Al-Shifā', *Al- Ṭabī'iyyāt*, I, p.9, ll.12-13.

37） *Phys.*, lib.1, tract.1, c.6, p.11, ll.73-74, p.12, ll.7-8, 19.

38） Hoc autem AVICENNA egregie probat per eum quem videmus de longe. *Phys.*, lib.1, tract.1, c.6, p.12, l. 19.

39） "capitulum de assignanda via qua pervenitur ad scientiam naturalium per principia eorum".

40） cognitio, quae est perceptio sensus cum permixtione aliqua rationis vel aestimationis, est accipiens sensibile per accidens, et casus eius est supra naturam communem in supposito diffusam; *Phys.*, lib.1, tract.1, c.6, p.11, l.93–p.12, l.3. これは第 6 章引用二の冒頭の箇所である。

41） 正確には「固有感覚と共通感覚と，感覚に混ぜられた理性による，すなわち，

理性の位置に在り，或る人々が評定力と呼ぶ，感覚的魂の部分である認識による何らかの認識に即した受容」acceptio secundum sensum particularem et communem et aliquam cognitionem confusae rationis in sensu vel cognitionis, quae loco rationis est, quae a QUIBUSDAM dicitur aestimativa, quae est pars animae sensibilis. *Phys.*, lib.1, tract.1, c.6, p.11, ll.55–59.

42） Acceptio autem rationis permixtae sensibus aut aestimationis in brutis est super rei naturam, in qua sunt accidentia, quae sunt sensata propriorum sensuum, et cuius est magnitudo subiecta sensibilibus propriis, quae accipitur per sensum communem. Et per illam accipit puer, quod vir homo est pater et non asinus, et agnus accipit, quod ovis est mater et non lupus. *Phys.*, lib.1, tract.1, c.6, p.11, ll.65 –71.

43） acceptio nostra secundum sensum est triplex. *Phys.*, lib.1, tract.1, c.6, p.11, ll.51-52.

44） *De anima*, lib.3, tract.1, c.2, p.168, ll.1-24.

45） Avicenna, *Liber primus naturalium*, tract.1, c.1, p.11, l.2 et 4; p.12, l.32. 訳者がここで敢えて intentio ではなく intellectus と訳しているのは，ここでの意味内容が感覚によって把捉されるものではなく，知性によって把捉されるものを指していると考えたからであろう。そしてその解釈は，文脈からして正しいように思われる。

46） Avicenna, *Liber primus naturalium*, tract.1, c.1, p.11, l.17; p.12, l.34; *Al-Shifā', Al-Ṭabī'iyyāt*, I, p.10, l.6 et l.14.

47） Et omnes homines sunt quasi convenientes in cognitione naturarum communium et generalium, sed differunt quia quidam illorum sciunt specialia et pertingunt ad illa et perscrutantur divisionem, alii vero perdurant in scientia generalium: alii enim sciunt animalitatem, alii humanitatem sive hinnibilitatem. Avicenna, *Liber primus naturalium*, tract.1, c.1, p.9, ll.71-75; Al-Shifā', *Al- Ṭabī'iyyāt*, I, p.9, ll.3-5.

48） Avicenna, *Liber primus naturalium*, tract.1, c.1, p.10, l.84; Al-Shifā', *Al- Ṭabī'iyyāt*, I, p.9, l.9.

49） Avicenna, *Liber primus naturalium*, tract.1, c.1, p.12, ll.21-30; Al-Shifā', *Al- Ṭabī'iyyāt*, I, p.10, ll.8-12.

50） アヴィセンナにおける知性認識で感覚認識がどれほど積極的な役割を果たしているのかという問題については，現代のアヴィセンナ研究者の間でも相当に見解が分かれているようである。Cf. Hasse, pp.183-186.

51） Dicemus igitur quod ipsa aestimatio fit multis modis. Unus ex illis est cautela proveniens in omne quod est a divina clementia, Avicenna, *De anima*, IV, c.3, ed. Van Riet, p.37, l.19-20.

52） Fa-naqūlu inna dhālika li-l-wahmi min wujūhin, min dhālika al-ilhāmāti al-fā'iḍati 'alā al-kulli min al-raḥmati al-ilāhīyati. Avicenna, *De anima*, IV, c.3, ed. Rahman, p.183. ll.16-18.

53） li-gharīzatin fī al-nafsi ja'ala-hā fī-hi al-ilhāmu al-ilāhīyu. Avicenna, *De anima*, IV, c.3, ed. Rahman, p.184, l.2（下線筆者）.

54） Cf. Avicenna, *De anima*, IV, c.3, ed. Van Riet, p.37. Cf. *Ibid.*, I, c.5, p.89, ll.49-53; IV, c.1, p.6, l.79 - p.7, l.88.

付論　生命論

1）同じテーマについてアヴィセンナの考えが短くまとめられている箇所としては，Avicenna, *De anima*, V, c.7, ed. Van Riet, p.172, l.98- p.174, l.35; ed. Rahman, p.261, l.8 - p.262, l.16 を参照。

2）Aristoteles, *Metaphysica*, Λ, c.8, 1173b2-3. 訳は出隆訳 423 ページ。

3）Et ideo cum intellectiva solum procedat ex nihilo, productio eius solum pertinet ad causam primam. *Albertus Magnus*, *Quaestiones super de animalibus*, lib.16, q.12, ad3, p.283, ll.44-46.〈訳〉「そしてそれゆえ，知性的能力は無からしか生じないので，知性的能力の産出は第一原因にしか属さない」

4）本章で扱ったアルベルトゥス『動物論』第 16 巻第 1 論考第 7 章と第 11 章はアリストテレス『動物発生論』第 2 巻のパラフレーズ中に出てくる付論 (digressio) である。しかしアリストテレスが上記の箇所で言及しているのはせいぜい「子を作るもの [父親] に由来する運動」（第 2 巻第 1 章 734b34-35）程度のことであり，その他では天体について僅かに「「元素」とは別の，それらよりも神的な或る物体と関係があるようである」（第 2 巻第 3 章 736b30-32）と述べているに過ぎない（訳は島崎三郎訳 163 ページ）。もっと広く哲学史上全体におけるアルベルトゥスの独自性については J. A. Weisheipl, “The Axiom 〉Opus naturae est opus intelligentiae〈 and Its Origins”, *Albertus Magnus Doctor universalis: 1280/1980*, ed. by Gerbert Meyer and Albert Zimmerman, Mainz, Matthias-Grunewald, 1980, pp.441-463 を参照。

補遺　アルベルトゥス・マグヌス『動物論』第 16 巻第 1 論考抄訳

1）Et est digressio declarans summam omnium quae dicta sunt, summatim colligendo ex omnibus inductis. Albertus Magnus, *de Animalibus*, ed. H. Stadler, Münster, Aschendorff, 1920, XVI, tract.1, c.7, p.1081, ll.7-8.

2）Si quis autem ex omnium philosophorum praedictorum dictis colligendo quae vera sunt, dictas determinare velit quaestiones, pro certo ille solus perfectius cognoscet de virtute spermatis. *Ibid.*, ll.9-11.

3）Licet enim Alexander in multis dicat contraria veritati, tamen hoc verissime dicit quod tradidit de elementorum mixtura quae praecipue est in spermate quod per multas transit digestiones. Non enim simplex elementum est cibus, sed aliquid commixtorum et ideo cibus antequam sit cibus animalis, multas habuit suorum componentium digestiones et maturationes. Postquam autem iam cibat, digeritur post separationem siccae et terrestris superfluitatis in stomacho: et id quod assumitur, assimilatur. Digeritur etiam per separationem aquosae superfluitatis ab ipso in epate et id quod assumitur et digeritur et lavatur et mundatur, et sub corde cordis vitalem et motivam ad membra accipit virtutem: fluendo autem per venas pellitur a spiritu et calore et digeritur etiam in eis, et residet ex ipso quod fetulentius est: et quod viscosius et frigidius est, stat nec progreditur usque ad ultimum terminum venarum: et quod levius est, superenatat et evaporat, et currit ad membra id quod est sincerius et purius. Quarto etiam in ipsa resudatione a venis, virtute

membrorum digeritur et subtiliatur quia sicut diximus superius in ante habitis libris, extrema venarum stricta sunt, nec transit per ea nisi quod est subtilius: et tunc demum superfluum illius semini deputatur: quod tamen adhuc ulteriorem in vasis seminariis accipit digestionem. *Ibid.*, ll.12-31.

4) Et in omnibus hiis sunt tres virtutes calorem digerentem informantes: virtus ignis videlicet hoc modo quo subtiliata est virtus ignis in ita ut dictum est, subtiliter commixto: et hanc virtutem informat virtus caelestis quae fundat et substantificat ea quae digeruntur eo quod est virtus corporis perpetui et substantiam suam uno modo retinentis: et haec virtus habet virtutes mulitplicatas ex sitibus et motibus coniunctionum et praeventionum et aliorum quae superius dicta sunt. Hanc autem virtutem caelestem adhunc ultimo informat virtus animae, sicut motus instrumenti archytectonici informatur ab arte archytectonica: per quam informationem animae incipit operari ad vitam sive quod verius est, ad vivum et ad animatum: et istae virtutes simul collectae sunt in spiritu et calore spermatis: et quia operantur ad substantiam animatam in quantum sunt caelestis corporis et animae, ideo dicuntur hee virtutes esse sicut ars et sunt in semine sicut ars est in instrumentis artis: et quia sunt animae et operantur ad animatum, ideo sicut artifex statuarius secundum totam virtutem artis statuariae est in manibus et instrumentis quibus operatur statuam, ita anima et caelestis influxus secundum totam virtutem animandi et formandi sunt in spiritu et calore spermatis, et hoc est quod dixerunt peritiores Perypatheticorum quod anima est in semine non ut enthelechya corporis potentiam vitae habentis, sed potius sicut artifex et ars sunt in instrumentis in quibus fit artificatum. *Ibid.*, p.1081, l.32 - p.1082, l.13.

5) Est autem hiis adhuc addendum quod cum omne opus naturae sit opus intelligentiae, sicut in aliis libris physicis iam determinavimus, quod istud maxime est opus intelligentiae in quo virtus intelligentiae opus naturae terminat ad formam sibi propinquiorem et similiorem. Cum enim unum et idem sit opus naturae et intellligentiae eo quod natura per intelligentiam et intelligentia in natura operatur: terminus tamen operis aliquando propinquior est naturae et aliquando propinquior est intelligentiae. Quando enim formae quae secundum esse et posse sunt materiales et corporeae sunt fines huiusmodi operis, pro certo est terminus operis propinquior naturae et vincunt in opera qualitates elementales primae et consequentes quae causantur ex eis in mixto. Quando autem elevatur forma super conditiones materiae corporalis, secundum quod plus et plus elevatur, sic plus et plus appropinquat ad intellectualis naturae sive intelligentiae similitudinem, et vincunt tunc vires intelligentiae in naturae opere. *Ibid.*, ll.14-28.

6) Et primus quidem huius gradus quo supra naturam corporis elevatur, est in vegetabili quod plura et non unum sicut forma corporalis operatur. Secundus autem elevatior gradus est in sensu participantibus quae accipiunt formas sensibilium sine materia sicut cera accipit figuram sigilli sicut in libro de Anima diximus, quod non praevalet facere aliqua virtutum corporearum formarum. Summus autem gradus est, quando ipsa forma talis est quod nec actus est alicuius partis corporis nec ad armoniam corporis aut virtutem armoniae operans sicut est participans ratione, quod fere ad similitudinem intelligentiae operantis est separatum: cuius nulla physica

causa est nisi quod in generatione virtutes intelligentiae vincunt et praevalent supra virtutes caelestes et elementales et ad sui propinquitatem et similitudinem perficiunt formam quae est finis generationis. De omnibus autem hiis plenius tractabitur in libro de Immortalitate animae rationalis quem post Deo adiuvante tractabimus. Hoc autem quod hic diximus, propter hoc dictum est, quod in spermate ultima et simplicissima virtutum est illa, quae est intelligentiae virtus quae formalissima et simplicissima est et prima in movendo et informat et animae virtutem et membrorum et caelestem et elementalem. *Ibid.*, p.1082, l.29 - p.1083, l.10.

7）Colligendo igitur virtutes spermatis dicemus primo moventem esse illam quae est intelligentiae, et sub ipsa moveri virtutem caelestis motus cum omnibus diversitatibus et proportionibus situum et imaginum et motuum tam corporum caeli quam radiorum ipsorum supra determinatis: et quas determinant hii qui de causis generationum per virtutes caelestes intendunt: et sub ipsa est virtus animae sive animati corporis secundum quod est animatum et sub illa est virtus membrorum digerentium sperma per decursum quatuor aut quinque digestionum quoniam quintam accipit in vasis spermaticis: et sub illa est virtus mixti cibi secundum quod est mixtio miscibilium alteratorum unio. Sic enim numeris et proportionibus colligantur virtutes simplicium ut non agant actu simplicium, sed actione armonica sicut superius in Alexandri dictis explanatum est: sic enim quaelibet qualitas gradus accipit armonicos, secundum quod etiam peritiores medicorum gradus simplicium medicinarum determinant. Ultima autem omnium ministra est virtus simplicium qualitatum quae sunt in mixto secundum aliquod esse primum salvatae, sicut ostendimus in libro pery geneos. *Ibid.*, ll.11-27.

8）Haec igitur est sententia quam nos de spermatis virtutibus oportuit colligere. *Ibid.*, ll.28-29.

9）Qualiter autem sperma maris habeat virtutem formativam et sperma feminae quod non plenam habet rationem spermatis, virtutem habeat informativam et passivam, adhuc autem qualiter sperma feminae ut saepius est in matrice inventum, quamvis non semper in coitu femina spermatizet, iam olim a nobis in praehabitis istius scientiae satis dictum est. Sufficiant igitur haec ad praesens de spermatis virtute et operationibus. *Ibid.*, ll.30-36.

10）Et est digressio declarans qualiter anima est in semine et secundum quem ordinem prioritatis est in eo vegetabilis et sensibilis et qualiter sola rationalis est ab extrinseco. *Ibid.*, c.11, p.1091, ll.35-37.

11）Resumentes igitur dicimus opus naturae esse opus intelligentiae: nec potest opus esse intelligentiae, nisi eius quae revolvit orbem. Orbis autem revolvitur ab uno intellectu primo, ad quem referuntur alii motores sicut referuntur virtutes membrorum ad virtutem quae est in corde: propter quod totum naturae opus est intellectus illius qui est primus motor: aliter non esset totius universitatis principium unum, sicut etiam in minori mundo qui est animal perfectum sicut homo vel leo, principium omnium operationum est unum quod est cor, sicut nos in antehabitis istius scientiae ostendimus. Virtutes autem caelestes in seminibus plantarum et animalium sunt mirabiles: quoniam maximae et multiplices sunt ex multitudine corporum caelestium, et situum et motuum eorum, et ex multiplicitate radiorum et angulorum radiorum quos aqquirunt omni

modo, sive se invicem intersecando, sive incidendo super materiam generati, sive ex reflexione quam habent ad unum aliquem locum generationis quemcumque. *Ibid.*, p.1091, l.38 - p.1092, l.13.

12) Virtus autem quae potior est in hiis omnibus, est quae est in eis ex hoc quod sunt instrumenta intellectus primi et intellectuum inferiorum moventium sicut et animae instrumenta movent secundum animae virtutes. Omnis enim virtus quae est compositi quod componitur ex motore et moto, magis est secundum virtutem motoris quam secudum virtutem eius quod movetur. Cuius signum est quod videmus quod omnia quaecumque sunt in corporibus animalium, magis sequuntur vires animae quam corporis. Istae igitur virtutes caelestes sunt mirabiles et sunt omnes istae in spiritu et calore seminis: in spiritu quidem sicut in subiecto quod informant, et in calore sicut in instrumento per quod suos actus explicant in materia concepti. Qualiter autem sint in eisdem virtutes animae et membrorum quae moventur ab anima, et qualiter rursus in eisdem sint virtutes simplicium elementorum et virtutes mixti secundum quod mixtum est, satis patet ex antehabitis. *Ibid.*, ll.14-27.

13) Dico igitur quod virtus caloris ignei est congregare subtile sibi omogenium, et segregare grossum terrestre, quo facto terminatur humidum subtile attractum ad modum et formam mixti, et resultat ex huiusmodi humido spiritus pulsans in ipso sicut motor in mobili: et hoc tunc virtutes caelestes quae sunt in ipso quantumcumque possible est, elevant et assimilant aequalitati caeli removentes complexionem ipsius ab excellentia contrariorum agentium et passivorum et fundantes ipsum in medio quantum possibile est caelo simili: et tunc illud est propinquum ut suscipiat vitam et vitae opera: quae quia sine animae virtute et membrorum virtutibus fieri non possunt, ideo animae virtus et membrorum tunc informant spritum et calorem, ut forment figuras organorum per quae exercentur animae et vitae opera: quibus in figura perfectis, virtute intellectus primi creatur in eo anima quae operatur opera vitae: et haec determinantur ad multiplicitatem virium organicarum per intellectus moventes speras inferiores, hoc est per virtutes eorum quae sunt in semine. *Ibid.*, ll.28-43.

14) Omnes igitur dictae virtutes, sunt in seminibus plantarum et animalium sicut ars actu operans est in instrumentis artis uti diximus saepius: et hoc modo anima dicitur esse in semine sicut diximus in antehabitis: et cum manifestantur haec opera, erit manifestatio ipsarum virtutum successiva, eo quod primo manifestantur virtutes ignei caloris et mixti et postea caelestes: et postea primo in operibus animae et membrorum incipiunt opera quae sunt virtutum quae sunt principia vitae: et cum manifestat vitae opera, complementum animae erit per intellectum. Et ideo dicit Aristoteles quod unumquodque istorum non simul est cum suo complemento: sicut enim humor seminis non fit attractus et digestus simul cum figuratione membrorum, ita etiam non est simul vitae opus in ipso et species et perfectio plantae per animam vegetabilem: et in animalibus non est simul vitae opus et perfectio secundum sensum, ad genus et speciem animalis: sed in plantis succedunt sibi duo gradus et in animalibus tres et in hominibus quatuor. In aliis autem sunt gradus mixtionum et qui sunt ante vitam et vitae principia. In plantis enim vitae opus est ab eo quod est sicut ars in semine, quando format organa plantae, plantae autem perfectio quando

anima vegetabilis est in ipsis organis formatis. In animalibus autem est vitae opus sicut dictum est. Et quia eadem organa ut in pluribus sunt vitae et sensus simul, eo quod in animalibus sentire est esse, ideo etiam quando fiunt organa sensus inest virtus animalitatis, et post illam est adeptio formae specificae perfectae secundum determinatam formam quae dat esse et rationem in specie equo vel asino vel alii animali quod generatur. Et sic intelligit Aristoteles quod non est vivum et sensibile simul nec animal et equus simul. *Ibid.*, p.1092, l.44 - p.1093, l.25.

15） Cum enim probatum sit quod una anima est in corpore uno, et una quiditas sit unius quod est in specie et una forma, sicut nos ostendimus in libro de Anima, si semen primo haberet animam vegetabilem sicut substantiam et postea aqquireret animam sensibilem, mutaretur de forma una substantiali ad aliam formam substantialem et de complexione vegetabilis ad complexionem sensibilis: quae omnia sunt absurda aput omnem recte philosophantem. Si autem quis diceret quod vegetativa substantia est alia a sensibili, sed uniuntur in uno actu animandi corpus, hoc est figmentum quod in scinetia de Anima improbavimus: nec oportet ea quae ibi probata sunt hic reiterare. *Ibid.*, ll.26-35.

16） Rationale autem sive intellectuale principium vitae in homine subiecto quidem idem est cum vegetabili et sensitivo sed secundum esse alterum est: quia una substantia est anima rationalis a qua effluunt potentiae vegetativae et sensibiles et intellectuales quarum quaedam affixae sunt corpori et quaedam non: et ideo illae quae non sunt affixae corpori, nichil virtutis habent quod educat eas de corporea materia, sed potius illae sunt quaedam similitudo lucis intellectus agentis in natura et principiis spermatis: propter quod a toto extrinseco materiae spermatis et virtutum eius a luce intellectus qui secundum Anaxagoram et Aristotelem est primum agens in omnibus praeinductis virtutibus, in conceptum inducitur anima rationalis et intellectualis quae postea completur per speculationis formas, sicut ostendimus in libro de Intellectu et Intelligibili. Hic ergo est etiam ordo quod non est vivum et sentiens simul et non est sentiens et homo simul. Et iste est intellectus verborum Aristotelis, cum qua expositione concordant Avicenna et Avenroys et Theophrastus et omnes peritiores Perypathetici. *Ibid.*, p.1093, l.36 - p.1094, l.12.

17） Si igitur quaeratur utrum principium vitae et seusus et rationis quod est anima, sit in semine, dico quod principium vitae et sensus dicitur duobus modis. Est enim principium vitae quod est enthelechia corporis organici secundum potentiam vitae: et hoc modo principium vitae non est in semine neque etiam principium sensus, quia si hoc modo principium vitae esset in semine plantae vel animalis, semen esset planta quando est semen plantae, et esset animal quando est semen animalis. Si autem principium vitae dicatur quod est ad vitae organa operans, principium vitae est in semine hoc modo quo ars est in instrumentis artis sicut saepe diximus. Et hoc modo etiam est in semine anima, sicut ars et non sicut enthelechia corporis organici. Ars enim est factivum principium secundum rationem operans. Verius tamen dicitur quod id quod est in semine, est aliquid animae et non anima: est enim actus animae sicut ex praehabitis est manifestum. *Ibid.*, ll.13-26.

18） Ex omnibus autem dictis constat quod cum ratio non sit coniuncta alicui parti coporis sicut

actus alicuius membri existens, quod oportet quod nec ex materia nec per instrumenta corporea inducatur in conceptum, sed potius ab eo quod non commiscetur alicui materiae corporis nec aliquibus virtutibus quae sunt in materia seminis agentes. Et ideo principium ipsius nichil aliud est nisi lux primi intellectus agentis. Intellectus enim hic purus est et immixtus et impassibilis omnino sicut ostendimus in libro tertio de Anima. *Ibid.*, ll.27-34.

19） Haec igitur sunt quae cum praecedentibus coniuncta, verum intellctum ostendunt eorum quae supra inducta sunt. *Ibid.*, ll.35-36.

結　論

1） Cf. accipimus hunc esse filium Deonis et esse agnum vel hominem, aliud autem esse lupum vel leonem, secundum quod substantiales formae mediantibus sensibilibus et non separatae ab ipsis apprehenduntur. *De anima*, lib.2, tract.3, c.5, p.102, ll.4-8.〈訳〉「これはデオンの息子であるということや，子ヒツジや人間であってオオカミやライオンではないということを我々が受容するのは，諸々の実体形相が，諸々の感覚対象を仲立ちとして，それらから分離されずに把捉されることによってである。」

2） Cf. *De homine*, q.70, a.6, p.526.

3） Albertus Magnus, *Problemata determinata*, *Opera Omnia*, Editio Coloniensis, t.17, pars 1, Münster, Aschendorff, 1975, q.12, p.53, ll.27-28.

文 献 一 覧

Albertus Magnus, *De sensu et sensato*, *B. Alberti Magni Opera Omnia*, Editio Borgnet, vol.9, Paris, Vivès, 1890.

———, *Mineralium*, *B. Alberti Magni Opera Omnia*, Editio Borgnet, vol.5, Paris, Vivès, 1890.

———, *Summa de creaturis*, secunda pars, *B. Alberti Magni Opera Omnia*, Editio Borgnet, vol.35, Paris, Vivès, 1896.

———, *Quaestiones super de animalibus*, *Alberti Magni Opera Omnia*, Editio Coloniensis, t.12, Münster, Ashendorff, 1955.

———, *Metaphysica*, *Alberti Magni Opera Omnia*, Editio Coloniensis, t.16, Münster, Aschendorff, 1960.

———, *De anima*, *Alberti Magni Opera Omnia*, Editio Coloniensis, t.7, pars 2, Münster, Aschendorff, 1968.

———, *De caelo et mundo*, *Alberti Magni Opera Omnia*, Editio Coloniensis, t.5, pars 1, Münster, Aschendorff, 1971.

———, *Problemata determinata*, *Alberti Magni Opera Omnia*, Editio Coloniensis, t.17, pars 1, Münster, Aschendorff, 1975.

———, *De generatione et corruptione*, *Alberti Magni Opera Omnia*, Editio Coloniensis, t.5, Münster, Aschendorff, 1980.

———, *Physica*, *Alberti Magni Opera Omnia*, Editio Coloniensis, t.4, pars 1, Münster, Ashendorff, 1987.

———, *Albertus Magnus On Animals: A Medieval Summa Zoologica*, translated and annotated by K.F. Kitchell Jr. and I.M. Resnick, Baltimore/London, The John Hopkins University Press, 1999.

———, *Über den Menschen : De homine*, übersetzt und herausgegeben von Henryk Anzulewicz und Joachim R. Söder, Hamburg, Felix Meiner, 2004.

———, *De homine*, *Alberti Magni Opera Omnia*, Editio Coloniensis, t.27, pars 2, Münster, Aschendorff, 2008.

Alfarabi, *Über den Ursprung der Wissenscaftten (De ortu scientiarum)*, Münster, Aschendorffsche Verlagsbuchhandlung, 1916.

Al-Ghazālī, *Algazel's Metaphysics*, ed. J. T. Muckle, Toronto, St. Michael's College, 1933.

———, *Maqāṣid al-falāsifah*, ed. S. Dunya, Cairo, Sa'ādah Press 1960.

Anzulewicz, Henryk, "Konzeptionen und Perspektiven der Sinneswahrnehmung im System Alberts der Grossen", *Micrologus*, vol.10, 2002, pp.199-238.

Aristoteles, *Aristotelis De caelo*, Oxford, Oxford University Press, 1936.

————, *Parts of Animals*, Cambridge, Massachusetts/London, Harvard University Press/ Heinemann LTD (Loeb Classical Library), 1937.

————, *Aristotelis Physica*, Oxford, Oxford University Press,1950.

————, *Aristotelis De anima*, Oxford, Oxford University Press, 1956.

————, *Aristotelis Metaphysica*, Oxford, Oxford University Press, 1957.

————, *Aristotelis Analytica Priora et Posteriora*, Oxford, Oxford University Press, 1964.

————, *Aristotelis De Generatione Animalium*, Oxford, Oxford University Press, 1965.

Augustinus, *In Ioannnis Evangelium*, Turnhout, Brepols, 1954.

Averroes, *Grand Commentaire sur le Traité de l'Ame d'Aristote*, Text latin établi par F. Stuart Crawford, Carthage, Académie Tunisienne des Sciences des Lettres et des Arts Beït al-Hikma,1997.

Avicenna, *De anima*, ed. Rahman, London, Oxford University Press, 1959.

————, *Liber De anima seu Sextus De naturalibus*, ed. S. Van Riet, Louvain/Leiden, Éditions Orientalistes/E.J.Brill, 1968.

————, *Al-Shifā', Al-Ṭabī'iyyāt*, I, ed. Said Zayed, Cairo, 1983.

————, *Liber primus naturalium*, ed. Van Riet, Louvain la Neuve/Leiden, E.Peeters/E.J. Brill, 1992.

Barrry, M.I. and Deferrari, R.J., *A Lexicon of St. Thomas Aquinas*, Kyoto, Rinsendo Book CO, 1985.

Black, D.J., "Estimation(*Wahm*) in Avicenna: The Logical and Psychological Dimension", *Dialogue: Canadian Philosophical Review*, vol.32, 1993, pp.219-258.

————, "Imagination and Estimation: Arabic Paradigms and Western Transformations", *Topoi*, vol.19, 2000, pp.59-75.

Boèce(Boethius), *Institution arithmétique*, Paris, Les Belles Lettres, 1995.

Bonin, Térèse, "The Emanative Psychology of Albertus Magnus", *Topoi*, vol. 19, 2000, pp.45-57.

Burnyeat, M.F., "Aquinas on 'Spiritual Change' in Perception", *Ancient and Medieval Theories of Intentionality*, Leiden/Boston/Köln, E,J. Brill, 2001, pp.129-153.

Deferrari, R.J. and Barrry, M.I., *A Lexicon of St. Thomas Aquinas*, Kyoto, Rinsendo Book CO, 1985.

Dewan, Lawrence, "St. Albert, the Sensibles, and Spiritual Being", *Albertus Magnus and the Sciences: Commemorative Essays 1980*, Toronto, Pontifical Institute of Medieval Studies, 1980, pp.291-320.

————, "St. Albert, St. Thomas, and Knowledge", *American Catholic Philosophical Quarterly*, vol.70, n.1, 1996, pp.121-135.

Elders, Leo, *Aristotle's Cosmology*, Assen, Van Gorcum & Comp. N.V., 1966.

Hackett, J.M.G., "The Attitude of Roger Bacon to the *Scientia* of Albertus Magnus", *Albertus Magnus and the Sciences: Commemorative Essays 1980*, Toronto, Pontifical Institute of

Medieval Studies, 1980, pp.53-71.

Hall, R.E., "The *Wahm* in Ibn Sina's Psychology", ed. J.F. Meirinhos, *Intellect et Imagination dans la Philosophie Médiéval*, Turnhout, Brepolis, 2006, vol.1, pp.533-549.

Hamlyn, D. W., *Aristotle De anima*, Oxford, Oxford University Press, 1993.

Hasse, D.N., *Avicenna's De anima in the Latin West*, London/Turin, The Warburg Institute/Nino Aragno Editore, 2000.

Hicks, R. D., *Aristotle De anima*, Amsterdam, Hakkert, 1965.

Ierodiakonou, Katerina, "Aristotle on Colours", *Aristotle and Contemporary Science*, Vol.II, New York, Peter Lang, 2001.

Joachim, H.H., *Aristotle On Coming-to-be and Passing-away: A Revised Text with Introduction and Commentary*, Oxford, Oxford University Press, 1922.

Kirwan, Christopher, *Aristotle's Metaphysics, Books Γ Δ and E*, Oxford, Oxford University Press, 1999.

Kitchell Jr., K.F. and Resnick, I.M., "Albert the Great on the 'Language' of Animals", *American Catholic Philosophical Quarterly*, vol.70, no.1, 1996.

————, *Albert the Great: A Selectively Annotated Bibliography (1900-2000)*, Tempe, Arizona Center for Medieval and Renaissance Studies, 2004.

Laumakis, S.J., "The *Sensus Communis* Reconsidered", *American Catholic Philosophical Quarterly*, vol.82, n.3, 2008, pp.429-443.

Lennox, J.G., *Aristotle's Philosophy of Biology: Studies in the Origins of Life Science*, Cambridge, Cambridge University Press, 2001.

Libera, Alain de, *Albert le Grand et la Philosophie*, Paris, J. Vrin, 1990.

————, "Les sens commun au XIIIe siècle: De Jean de La Rochelle à Albert le Grand", *Revue de Métaphysique et de Morale*, 96, n.4, 1991, pp.475-496.

————, *Métaphysique et Noétique: Albert le Grand*, Paris, J. Vrin, 2005.

Litt, Thomas, *Les Corps Célestes dans l'Univers de Saint Thomas d'Aquin*, Louvain/Paris, Publications Universitaires/Béatrice-Nauwelaerts, 1963.

Madigan, Arthur, *Aristotle's Metaphysics, Books* Β *and* Κ *1-2*, Oxford, Oxford University Press, 1999.

Mahoney, E.P., "Sense, Intellect, and Imagination in Albert, Thomas, and Siger", *The Cambridge history of Later Medieval Philosophy : From the Rediscovery of Aristotle to the Disintegration of Scholasticism 1100-1600*, ed. Norman Kretzmann, Anthony Kenny, Jan Pinborg, Cambridge, Cambridge University Press, 1988, pp.602-622.

Martino, Carla, "Ma'ānī / Intentiones et sensibilité par accident", ed. J.F. Meirinhos, *Intellect et Imagination dans la Philosophie Médiéval*, Turnhout, Brepolis, 2006, vol.1, pp.507-521.

Mccluskey, Colleen, "Worthy Constraints in Albertus Magnus's Theory of Action", *Journal of the History of Philosophy*, vol.39, 2001, pp.491-533.

Molland, A.G., "Mathematics in the Thought of Albertus Magnus", *Albertus Magnus and the*

Sciences: Commemorative Essays 1980, Toronto, Pontifical Institute of Medieval Studies, 1980, pp.463-478.

Mueller, Ian, "Aristotle's doctrine of abstraction in the commentators", *Aristotle Transformed*, ed. Richard Sorabji, London, Duckworth, 1990, pp.463-480.

Mulholland, J.A. and Riddle, J.M., "Albert on Stones and Minerals", *Albertus Magnus and the Sciences: Commemorative Essays 1980*, Toronto, Pontifical Institute of Medieval Studies, 1980, pp.203-234.

Nemesius, *De natura hominis*, ed. G. Verbeke et J. R. Moncho, Leiden, E. J. Brill, 1975.

————, *De natura hominis*, ed. Moreno Morani, Leipzig, BSB B. G. Teubner Verlagsgesellschaft, 1987.

Oggins, R.S., "Albertus Magnus on Falcons and Hawks", *Albertus Magnus and the Sciences: Commemorative Essays 1980*, Toronto, Pontifical Institute of Medieval Studies, 1980, pp.441-462.

Pasnau, Robert, "Sensible Qualities: The Case of Sound", *Journal of the History of Philosophy*, vol.38, 2000, pp.27-40.

Price, B.B., "The Physical Astronomy and Astrology of Albertus Magnus", *Albertus Magnus and the Sciences: Commemorative Essays 1980*, Toronto, Pontifical Institute of Medieval Studies, 1980, pp.155-185.

Resnick, I.M. and Kitchell Jr., K.F., "Albert the Great on the 'Language' of Animals", *American Catholic Philosophical Quarterly*, vol.70, no.1, 1996.

————, *Albert the Great: A Selectively Annotated Bibliography (1900-2000)*, Tempe, Arizona Center for Medieval and Renaissance Studies, 2004.

Riddle, J.M. and Mulholland, J.A., "Albert on Stones and Minerals", *Albertus Magnus and the Sciences: Commemorative Essays 1980*, Toronto, Pontifical Institute of Medieval Studies, 1980, pp.203-234.

Rodier, G., *Traité de l'ame*, Paris, Ernest Leroux, 1900.

Roger Bacon, *Opus Tertium*, ed. J.S. Brewer, London, Longmans, 1859.

Ross, W.D., *Aristotle's Metaphysics*, Oxford, Oxford University Press, 1924.

————, *Aristotle's Physics*, Oxford, Oxford University Press, 1936.

————, *Aristotle Parva Naturalia: A Revised Text with Introduction and Commentary*, Oxford, Oxford University Press, 1955.

Shaw, J.R., "Albertus Magnus and the Rise of an Empirical Approach in Medieval Philosophy and Science", *By Things Seen: Reference and Recognition in Medieval Thought*, ed. D.L. Jeffrey, Ottawa, The University of Ottawa Press, 1979.

Siraisi, N.G., "The Medical Learning of Albertus Magnus", *Albertus Magnus and the Sciences: Commemorative Essays 1980*, Toronto, Pontifical Institute of Medieval Studies, 1980, pp.379-404.

Steneck, N.H., "Albert the Great on the Classification and Localization of the Internal Senses", *Isis*,

vol.65, n.227, 1974, pp.193-211.

————, "Albert on the Psychology of Sense Perception", *Albertus Magnus and the Sciences: Commemorative Essays 1980*, Toronto, Pontifical Institute of Medieval Studies, 1980, pp.263-290.

Synan, Edward, "Albertus Magnus and the Sciences", *Albertus Magnus and the Sciences: Commemorative Essays 1980*, Toronto, Pontifical Institute of Medieval Studies, 1980, pp.1-12.

Takahashi, Adam, "Nature, Formative Power and Intellect in the Natural philosophy of Albert the Great", *Early Science and Medicine*, 13, 2008, pp.451-481.

Theiss, Peter, *Die Wahrnehmungspsychologie und Sinnesphysiologie des Albertus Magnus: ein Modell des Sinnes- und Hirnfunktion aus der Zeit des Mittelalters*, Frankfurt am Main/ New York, Peter Lang, 1997.

Thomas Aquinas, *In De sensu et sensato*, Torino, Marietti, 1949.

————, *De ente et essentia*, Torino, Marietti, 1957.

————, *Sentencia libri De anima, Santci Thomae de Aquino Opera Omnia*, t.45, Roma/Paris, Leonina/J.Vrin, 1984.

Tkacz, M. W., *The Use of the Aristotelian Methodology of Division and Demonstration in the "De animalibus" of Albert the Great*, Ann Arbor, UMI, 1998.

————, "Albert the Great and the Revival of Aristotle's Zoological Research Program", *Vivarium*, vol.45, 2007, pp.30-68.

Travill, A.A. and Demaitre, Luke, "Human Embryology and Development in the Works of Albertus Magnus", *Albertus Magnus and the Sciences: Commemorative Essays 1980*, Toronto, Pontifical Institute of Medieval Studies, 1980, pp.405-440.

Tricot, J., *La Métaphysique*, Paris, J.Vrin, 1991.

————, *De l'ame*, Paris, J.Vrin, 1995.

————, *Éthique à Nicomaque*, Paris, J.Vrin, 1997.

————, *De la Génération et de la Corruption*, Paris, J.Vrin, 1998.

————, *Traité du Ciel*, Paris, J.Vrin, 1998.

Twetten, D.B., "Albert the Great on whether Natural Philosophy Proves God's Existence", *Archives d' Histoire Docrinale et Littéraire du Moyen Age*, t.64, 1997, pp.7-58.

Wallace, W.A., "Albertus Magnus on Suppositional Necessity", *Albertus Magnus and the Sciences: Commemorative Essays 1980*, Toronto, Pontifical Institute of Medieval Studies, 1980, pp.103-128.

ed. Wallace, W.A., *Albertus Magnus*, *American Catholic Philosophical Quarterly*, vol.70, n.1, 1996.

Weisheipl, J.A., "Albertus Magnus and the Oxford Platonists", *Proceedings of the American Catholic Philosophical Association*, 32, 1958, pp.124-139.

————, *The Development of Physical Theory in the Middle Ages*, Ann Arbor, The University of Michigan Press, 1959.

——————, "The Axiom >Opus naturae est opus intelligentiae< and Its Origins", *Albertus Magnus Doctor universalis: 1280/1980*, ed. by Gerbert Meyer and Albert Zimmerman, Mainz, Matthias-Grunewald, 1980, pp.441-463.

——————, "The life and Works of St. Albert the Great", *Albertus Magnus and the Sciences: Commemorative Essays 1980*, Toronto, Pontifical Institute of Medieval Studies, 1980, pp.13-51.

——————, *Nature and Motion in the Middle Ages*, Washington, D. C., The Catholic University of America Press, 1985.

——————, "Classification of the Sciences in Medieval Thought", *Nature and Motion in the Middle Ages*, Washington, D. C., The Catholic University of America Press, 1985, pp.203-237.

——————, "The Evolution of Scientific Method", *Nature and Motion in the Middle Ages*, Washington, D.C., The Catholic University of America Press, 1985, pp.239-260.

——————, "Medieval Natural Philosophy and Modern Science", *Nature and Motion in the Middle Ages*, Washington, D. C., The Catholic University of America Press, 1985, pp.261-276.

ed. Weisheipl, J.A., *Albertus Magnus and the Sciences: Commemorative Essays 1980*, Toronto, Pontifical Institute of Medieval Studies, 1980.

アリストテレス『形而上学』出隆訳，岩波書店，1968 年。

——————『自然学』出隆／岩崎允胤訳，岩波書店，1968 年。

——————『自然学』出隆訳，岩波書店，1968 年。

——————『自然学小論集』副島民雄訳，岩波書店，1968 年。

——————『生成消滅論』戸塚七郎訳，岩波書店，1968 年。

——————『動物発生論』島崎三郎訳，岩波書店，1969 年。

——————『分析論後書』加藤信朗訳，岩波書店，1971 年。

——————『天について』池田康男訳，京都大学学術出版会，1997 年。

——————『魂について』中畑正志訳，京都大学学術出版会，2001 年。

アルベルトゥス・マグヌス「形而上学」小松真理子抄訳，『盛期スコラ哲学（中世思想原典集成 13）』，平凡社，1993 年，pp.369-426.

——————「動物論」小松真理子抄訳，『盛期スコラ哲学（中世思想原典集成 13）』，平凡社，1993 年，pp.511-540.

——————『鉱物論』沓掛俊夫訳，朝倉書店，2004 年。

グラント，E.『中世における科学の基礎付け―その宗教的、制度的、知的背景―』小林剛訳，知泉書館，2007 年。

ロイド，G．E．R．『後期ギリシア科学』山野耕治ほか訳，法政大学出版局，2000 年。

——————『初期ギリシア科学』山野耕治／山口義久訳，法政大学出版局，1994 年。

周藤多紀「トマス・アクィナスにおける思考力 (vis cogitativa)―表象像の準備におけるその役割」『中世思想研究』（中世哲学会）第 41 号，1999 年，pp.76-87.

俵章浩『イブン・シーナー「医学典範」第 1 巻第 1 部における精気の理論』東京大学大学院総合文化研究科修士論文，2003 年。

藤本温「志向的存在と自然的存在—トマス・アクィナスの知覚論」『アルケー』（関西哲学会）第 4 号，1996 年，pp.78-86.

小林　剛（こばやし・ごう）

1967年生まれ。京都大学大学院文学研究科博士課程修了。博士（文学）。現在明治学院大学他で非常勤講師。
〔業績〕E. グラント『中世における科学の基礎づけ―その宗教的，制度的，知的背景―』（訳書，知泉書館，2007年），「仮説と不可滅性―トマス・アクィナスの天体論―」（『哲学』第55号，2004年）他。

〔アルベルトゥス・マグヌスの感覚論〕　ISBN978-4-86285-094-2

2010年11月10日　第1刷印刷
2010年11月15日　第1刷発行

著　者　小　林　　剛
発行者　小　山　光　夫
製　版　ジ　ャ　ッ　ト

発行所　〒113-0033 東京都文京区本郷1-13-2
電話03（3814）6161 振替00120-6-117170
http://www.chisen.co.jp
株式会社　知泉書館

Printed in Japan　印刷・製本／藤原印刷